Aloys Butzkamm

Mit der Bibel im Heiligen Land

Aloys Butzkamm

Mit der Bibel
im Heiligen Land

BONIFATIUS

Imprimatur. Paderbornae, d. 04. Augusti 1999 –
Nr. A 58-21.00.2/531. Vicarius Generalis i. V. Dr. Schmitz

Bibliografische Information Der Deutschen Bibliothek
Die Deutsche Bibliothek verzeichnet diese Publikation in der
Deutschen Nationalbibliografie; detaillierte bibliografische
Informationen sind im Internet über http://dnb.ddb.de abrufbar.

Einheitsübersetzung der Heiligen Schrift
© 1980 Katholische Bibelanstalt, Stuttgart

Umschlaggrafik: Christian Knaak, Dortmund

ISBN 978-3-89710-401-3

Erweiterte Neuauflage 2008

Gesamtherstellung:
Bonifatius GmbH Druck · Buch · Verlag Paderborn

Inhaltsverzeichnis

Vorwort

Gute Bücher über Israel gibt es in Fülle.

Dieses Buch ist biblisch orientiert. Jeder Artikel gliedert sich in drei Schritte. Zunächst wird kurz zum Ort und zur Schriftstelle hingeführt. Dann erfolgt eine wörtliche Auflistung der wichtigsten Schriftstellen, die sich auf den betreffenden Ort beziehen. In einem dritten Schritt werden die Schriftstellen auf der Basis gesicherter Erkenntnisse heutiger Exegese erläutert. Dieses geschieht in der gebotenen Kürze, da man an den biblischen Orten in wenigen Minuten das Wesentliche einer Schriftstelle in verständlicher Sprache zu vermitteln hat.

Gedacht ist das Buch in erster Linie für Israelfahrer zur Vor- und Nachbereitung. Wenn jemand ohne geistliche Begleitung durch Israel reist, wird ihm dieses Buch an den heiligen Stätten von Nutzen sein. Auch unabhängig vom Besuch biblischer Stätten wird die Lektüre des Buches zu einem vertieften Bibelverständnis führen. Gruppenleiter werden am meisten profitieren. Sie haben an den verschiedenen Orten die passenden Bibelstellen mit Erläuterungen zur Hand, also das, was zu vermitteln Aufgabe des geistlichen Leiters ist. Ein „Anhang für Gruppenleiter" enthält neben einigen methodischen und grundsätzlichen Überlegungen kurze Meditationstexte und Gebete, die man an den Beginn eines neuen Tages stellen kann.

Herrn Prof. Dr. Josef Ernst, dem ehemaligen Lehrstuhlinhaber für neutestamentliche Exegese an der Theologischen Fakultät Paderborn, danke ich für die Durchsicht des Manuskriptes.

Dortmund, im August 1999   Aloys Butzkamm

Vorwort zur zweiten Auflage

Für die zweite Auflage wurden folgende Veränderungen vorgenommen:

1. Das Stichwortverzeichnis am Ende des Buches wurde erweitert.
2. Aus stilistischen Gründen wurden einige Formulierungen verändert.
3. Der Umfang des Buches ist erweitert durch die Aufnahme weiterer Orte und biblischer Texte.
4. Vor allem wurden am Ende des Buches umfangreiche „Anmerkungen zur Geschichte Israels und zum Umgang mit biblischen Texten unter historischen Aspekten" hinzugefügt

In einer aus palästinensischem Umkreis kommenden Rezension wurde kritisch angemerkt, daß sich das Buch nur mit biblischen Stätten in Israel befaßt. Für diese Kritik bin ich besonders dankbar. Tatsächlich reicht das, was man „Heiliges Land" nennt, weit über die Grenzen Israels und Palästinas hinaus. Manche in der Bibel genannte Orte liegen im Libanon, in Syrien, in Jordanien, in Ägypten und auf palästinensischem Gebiet.
Ich freue mich über die positive Resonanz auf das Buch und wünsche, daß die Lektüre der zweiten Auflage zum besseren Verständnis der Bibel und zu einem intensiveren Erleben an den Heiligen Stätten beiträgt.

Witten, im September 2007

Die alte Frage: Ist die Bibel wahr?

Für die einen ist die Bibel Gottes Wort, für andere ein Märchenbuch. Einige sind überzeugt: Was in der Bibel berichtet wird, hat sich tatsächlich so ereignet, wie es geschildert ist: Das Meer hat sich beim Auszug der Israeliten aus Ägypten geteilt; Gott zog tagsüber in Gestalt einer Wolke und nachts als lodernde Flamme vor den Israeliten her; die Mauern von Jericho stürzten beim Schall der Posaunen in sich zusammen. Wenn jemand die Historizität solcher Berichte in Frage stellt, wird er meist vorschnell als moderner, liberaler Theologe abgestempelt, der die Bibel aufweicht.

Entscheidend für das Verständnis vieler Bibelstellen ist die Erkenntnis, daß etwas wahr sein kann, auch wenn es sich nachweislich niemals so ereignet hat. Daraus folgt, daß solche unhistorischen Geschichten genauso wichtig oder vielleicht noch wichtiger sind als sogenannte Tatsachenberichte.

Fabeln und Märchen haben sich niemals so ereignet. Tiere sprechen in solchen Geschichten wie Menschen; Menschen werden in Tiere verwandelt. All das gibt es in Wirklichkeit nicht. Und doch sind Fabeln und Märchen auf einer anderen Ebene wahr, weil sie Lebenserfahrungen mitteilen. Die Fabel vom Fuchs und Raben enthält eine wichtige Lebenserfahrung. Ein Rabe sitzt mit einem Stück Fleisch im Schnabel oben in einem Baum, unerreichbar für den Fuchs. Wie gern hätte er selbst das Fleisch in den Fängen! Er lobt die an sich gräßliche Stimme des Raben, bittet ihn um ein Lied, das Fleisch fällt aus dem Schnabel auf den Boden, der Fuchs kann sich bedienen. Diese Fabel ist kein Bericht von einer Begebenheit, die tatsächlich stattgefunden hat. Sie ist erfunden und trotzdem wahr. Die Wahrheit lautet: Sei kritisch gegenüber Schmeichlern! Die Bibel wimmelt von Geschichten, die nicht historisch-realistisch ausgelegt werden wollen, sondern die eine Wahrheit auf einer anderen Ebene mitteilen. Viele sogenannte Glaubenszweifel oder Glaubensschwierigkeiten würden erst gar nicht entstehen, wenn solche Unterscheidungen früher vermittelt worden wären.

Vor Jahrzehnten haben die meisten Christen die Jona-Geschichte als Beschreibung von Ereignissen, die tatsächlich stattgefunden haben, aufgefaßt: daß Jona von einem See-Ungeheuer verschluckt wurde, drei Tage in dessen Magen blieb und schließlich wieder an Land gesetzt wurde. Natürlich kann man das alles damit erklären, daß Gott Wunder wirken kann. Heute sind sich alle Bibelwissenschaftler einig, daß es sich hier um erfundene Geschichten handelt, die wahr sind, obwohl sie nie passiert sind. Das Buch Jona vermittelt in diesen wunderschönen Geschichten, aus denen wir nebenbei auch Interessantes über die antike Schiffsfahrt erfahren, wichtige Wahrheiten, z. B.: Man kann Gott nicht entfliehen! Gott ist nicht nur der Gott einer Gruppe, sondern er ist am Heil aller Menschen interessiert und auch am Wohl der Tiere!

Auch in unserem normalen Sprachgebrauch benutzen wir viele Wendungen, die keine Ereignisse genau wiedergeben, die tatsächlich stattgefunden haben. Beim Erzählen mancher wichtiger Erlebnisse wird stark übertrieben und ausgeschmückt, damit der andere wirklich versteht, worauf es ankommt. Wenn jemand sagt: „Ich habe ihn zur Schnecke gemacht", dann versteht jeder den Satz richtig. Steht ein ähnlicher Satz in der Bibel, meinen manche, sie müßten diesen Satz so verstehen, daß ein Mensch in eine Schnecke verwandelt worden sei. Orientalen lieben es, Geschichten zu erfinden und zu erzählen. Darin vermitteln sie wichtige Einsichten. Wenn Matthäus schreiben würde: „Bei der Brotteilung wurden viele Leute satt", wäre das sogar für moderne europäische Ohren ziemlich uninteressant. Wenn er jedoch schreibt: Es gab nur fünf Brote und zwei Fische (14,19), und etwa 5000 Männer wurden satt und noch viele Frauen und Kinder (14,21), und bei alldem blieben noch zwölf Körbe voll übrig (14,20), dann hört jeder zu und kommt ins Staunen. Natürlich sind solche Zahlenangaben nicht in einem mathematischen Sinn zu verstehen. Hat jemand gezählt? Es wäre fatal, einen Althistoriker oder Archäologen, der über die Einwohnerzahlen antiker Städte informiert ist, auf solche Zahlenangaben festzulegen. Leider ist es in der Vergangenheit oft geschehen, daß man von Menschen verlangt hat, etwas als Glaubensinhalt anzunehmen, was die Bibel so gar nicht sagen möchte. In diesem Beispiel geht es auch um die Erfahrung: Wenn man teilt, können sehr viele Menschen satt werden, und es bleibt noch etwas übrig! Das ist wahr, das ist auch heute noch wahr, und das wird auch von einem Althistoriker oder Archäologen akzeptiert werden können.

Wenn viele Passagen der Bibel heute anders verstanden werden als noch vor Jahrzehnten, liegt das daran, daß auch die theologische Wissenschaft Fortschritte macht. Es kann und darf nicht Aufgabe einer seriösen Theologie und Verkündigung sein, nur das zu bestätigen, was Christen als Kinder im Religionsunterricht vor 50 Jahren gehört haben. Die Bibel enthält Gottes Wort in Menschenwort, d. h., Gott bedient sich der besonderen Mentalität verschiedener biblischer Autoren in den je verschiedenen Zeiten mit den entsprechenden unterschiedlichen Bewußtseinsqualitäten. Gottes Wort richtet sich an alle Menschen. Wenn die Bibel für die Mehrheit intelligenter Menschen ein Buch mit sieben Siegeln ist, muß man fragen, ob sie so erschlossen wurde, daß sie zumindest als akzeptabel in Frage kommt, oder ob sie nach wie vor dermaßen kindisch und unter Niveau heutiger Exegese interpretiert wird, daß man sich nur kopfschüttelnd abwenden kann.

Die Bibel ist eine Sammlung von etwa 70 Büchern, die in einem Zeitraum von ca. 1000 Jahren in einem anderen Kulturkreis allmählich schriftliche Gestalt angenommen haben. Sie enthält verschiedene literarische Gattungen, z. B. Lieder – wir nennen sie Psalmen –, Briefe, Gleichnisse. Jesus selbst ist einer der größten Erfinder und Erzähler von Gleichnissen. Vieles an Mißverständnissen und unnötigen Glaubensschwierigkeiten entsteht dann, wenn die Bibel aufgefaßt wird wie ein in einem Guß von einem Autor in einer bestimmten Zeit in unseren Denkgewohnheiten verfaßtes Buch.

Die Bibel ist wahr. Wenn wir die Wahrheit der Bibel allerdings so verstehen, als würde sie nur von Dingen berichten, die sich tatsächlich so ereignet haben, dann ist sie sicher nur zur Hälfte wahr. Auch durch „erfundene" Geschichten – das kann nicht oft genug betont werden – kann man Wahrheit mitteilen. Dies wird auf den folgenden Seiten an vielen Bibeltexten gezeigt.

Das Wort Gottes will in uns Gesinnungs- und Lebensänderung bewirken. Das ist die Intention der Bibel. Und dazu bedient sie sich vieler Mittel. So jedenfalls steht es bei Jesaja: „Denn wie der Regen und der Schnee vom Himmel fällt und nicht dorthin zurückkehrt, sondern die Erde tränkt und sie zum Keimen und Sprossen bringt, wie er dem Sämann Samen gibt und Brot zum Essen, so ist es auch mit meinem Wort, das meinen Mund verläßt: Es kehrt nicht leer zu mir zurück, sondern bewirkt, was ich will, und erreicht all das, wozu ich es ausgesandt habe" (Jes 55,10f.)

Oft wird gesagt: „Wenn man damit anfängt, die Bibel so zu deuten, kann man alles in Frage stellen. Was bleibt dann am Ende noch von der Bibel übrig?" Natürlich darf man nicht alles in der Bibel als unhistorisch deuten. Es gibt noch genügend Fakten. Um es noch einmal zu betonen: Wenn die Bibel in einer erfundenen Geschichte etwas mitteilt, geht es um Wichtiges. Die Worte „erfunden" und „unhistorisch" haben in unserem von wissenschaftlichen Methoden geprägten Denken von vornherein einen negativen Beiklang, was in der Antike nicht der Fall war. Die sicher erfundene Geschichte von dem in der Wüste zwischen Jerusalem und Jericho überfallenen Samariter (Lk 10,29-37, vgl. Seite 95) ist deshalb nicht weniger wichtig, weil sie erfunden ist. Gerade als Geschichte ohne Angabe von Personennamen wird der Zuhörer viel mehr einbezogen, als wenn er sie mit verschränkten Armen als Geschichte hört, die von anderen, namentlich genannten Personen handelt.

Ob ein berichtetes Ereignis tatsächlich so passiert ist oder nicht, kann von Fachleuten in vielen Fällen erkannt werden.

Eine zeitgenössische Bibelauslegung während einer Israelfahrt hat nicht die Aufgabe, ein früheres Bibelverständnis als einfältig oder dumm abzuwerten. Zeitgenössische Bibelauslegung will den biblischen Text auch nicht verdünnen und zurechtlegen, bis er schließlich von Menschen des 20. Jahrhunderts akzeptiert werden kann. Nein, eine zeitgenössische Bibelauslegung versucht, den biblischen Text mit allen jetzt, in dieser Zeit zur Verfügung stehenden Mitteln und Erkenntnissen auszulegen. Wenn das geschieht, wird ein früheres, vor Jahrzehnten vermitteltes Bibelverständnis weitergeführt werden können. Und ein kritisch denkender Zeitgenosse wird eine weite Strecke mitgehen können, statt sich nach den ersten Sätzen bereits zu verabschieden.

Neue Informationsangebote, die mit den bisherigen Überzeugungen in Widerspruch stehen, schaffen, wie die Psychologen sagen, eine „kognitive Dissonanz" (Festinger). Zur Reduktion einer solchen Dissonanz gibt es zwei Möglichkeiten: Entweder man lehnt das neue Informationsangebot ungeprüft ab. Eine solche Haltung sieht nach Prinzipientreue aus. Im Bereich der Religion macht sie den Eindruck eines treuen Festhaltens an der wahren Lehre. In Wirklichkeit liegt hier eine rigide Haltung vor, die aus Angst vor Identitätsverlust die Umstrukturierung im Bewußtsein vermeidet. Der mündige Mensch dagegen setzt sich mit neuen Gedankengängen auseinander, prüft die Argumente und ist bereit, gegebenenfalls bisherige Überzeugungen aufzugeben.

Bibelverständnis ist auch nicht in erster Linie eine Frage des Glaubens, sondern eine Frage des Wissens. Wer an die Schöpfung in sechs Tagen glaubt, ist nicht gläubiger als andere, sondern naiv, um es vorsichtig zu sagen. Die Diskrepanz zwischen dem aktuellen theologischen Forschungsstand – besonders in der Exegese – und dem in Predigt und Katechese vermittelten Glaubensinhalt ist unnötig groß. Die modernen Medien haben leichtes Spiel, in diese Zone einzudringen – mit Erfolg, wie die Auflagen bestimmter Bücher zeigen.

Biblische Orte und Stätten
in alphabetischer Reihenfolge

Berg der Seligkeiten

Schön liegt diese kleine Kapelle auf einer Anhöhe oberhalb vom See Gennesaret. Hier wird nach alter Überlieferung der Ort der Bergpredigt vermutet. Auch für diesen Ort gilt wie für viele andere: Die Evangelisten waren keine Landvermesser, denen es darum ging, Begebenheiten aus dem Leben Jesu möglichst genau und umständlich zu orten. Die Botschaft Jesu wollten sie weitergeben. Wenn sich Jesus an einem bekannten Ort äußerte, etwa auf dem Tempelplatz, in der Synagoge von Nazaret oder am Jakobsbrunnen, dann werden solche Orte meist einleitend wie nebenbei erwähnt. Ansonsten heißt es pauschal „am Ölberg" oder „am See Gennesaret" oder hier: „Als Jesus die vielen Menschen sah, stieg er auf einen Berg. Er setzte sich, und seine Jünger traten zu ihm. Dann begann er zu reden und lehrte sie" (Mt 5,1f.).

Wo immer Jesus die Seligpreisungen gesprochen hat, wörtlich so oder sinngemäß so, wenn sie heute auf dem Berg am See gesprochen werden, wo sie seit Jahrhunderten in allen Sprachen den Pilgergruppen verkündet wurden, hier bekommen sie tatsächlich einen besonderen Klang.

Die Seligpreisungen

Als Jesus die vielen Menschen sah, stieg er auf einen Berg. Er setzte sich, und seine Jünger traten zu ihm.
[2] *Dann begann er zu reden und lehrte sie.*
[3] *Er sagte: Selig, die arm sind vor Gott; denn ihnen gehört das Himmelreich.*
[4] *Selig die Trauernden; denn sie werden getröstet werden.*
[5] *Selig, die keine Gewalt anwenden; denn sie werden das Land erben.*

⁶ Selig, die hungern und dürsten nach der Gerechtigkeit; denn sie werden satt werden.

⁷ Selig die Barmherzigen; denn sie werden Erbarmen finden.

⁸ Selig, die ein reines Herz haben; denn sie werden Gott schauen.

⁹ Selig, die Frieden stiften; denn sie werden Söhne Gottes genannt werden.

¹⁰ Selig, die um der Gerechtigkeit willen verfolgt werden; denn ihnen gehört das Himmelreich.

¹¹ Selig seid ihr, wenn ihr um meinetwillen beschimpft und verfolgt und auf alle mögliche Weise verleumdet werdet. ¹² Freut euch und jubelt: Euer Lohn im Himmel wird groß sein. Denn so wurden schon vor euch die Propheten verfolgt.

(Mt 5,1-12)

Die Einleitung zu den Seligpreisungen ist wichtig. Matthäus spricht von einem Berg. Der wichtigste Berg für gläubige Juden ist der Sinai, von dem Mose als Übermittler der Gesetze oder – besser gesagt – der „Wegweisungen" Gottes herabsteigt. Wenn in der Bibel von einem Berg die Rede ist, klingt meist die Erinnerung an Mose auf dem Sinai mit. Hier am See Gennesaret spricht ein neuer Mose auf einem neuen Berg und verkündet ein neues Gesetz. „Er setzte sich", schreibt Matthäus „und seine Jünger traten zu ihm." Jesus setzt sich nicht, weil er müde ist. Das Sitzen wird auch nicht erwähnt, weil Jesus vorher gestanden hat und er nun rein zufällig eine andere Haltung einnimmt. Das Sitzen charakterisiert Jesus als Lehrer. Heute noch sitzen Professoren im Orient an manchen Universitäten während der Vorlesungen. Paulus „saß" in Jerusalem während seines Studiums „zu Füßen des Gamaliel" (Apg 22,3), der einer der bekanntesten Lehrer in Israel war. Manchmal heißt es noch: „Jesus öffnete seinen Mund und sprach." Es ist logisch, daß man den Mund geöffnet hat, bevor man zu sprechen beginnt. Auch dies ist eine Wendung, die auf die Wichtigkeit der folgenden Worte hinweisen soll.

Nach dem ersten Wort „selig" werden die Ausrufe Jesu „Seligpreisungen" genannt. Es handelt sich weder um Unverbindlichkeiten noch um verpflichtend formulierte Gesetze, noch um Handlungsanweisungen für einige wenige, sondern um viel mehr und um ganz anderes. Auch in unserem heutigen Sprachgebrauch formulieren wir noch manchmal in bestimmten Situationen, ähnlich wie Jesus es auf dem Berge tat, wenn wir uns staunend und anerkennend über andere äußern. Wenn Kinder miteinander spielen, kann einem Beobachter spontan der Gedanke kommen, der sich oft auch akustisch äußert: „Wie schön!" Das Verhalten der Kinder wird dadurch lobend anerkannt. Andererseits verbergen sich ein Wunsch und eine Verheißung in der Formulierung: Wie gut es wäre, wenn alle Kinder sich ebenso verhalten könnten! Welch eine Welt wäre das! – Wenn sich jemand neidlos über den Erfolg anderer mitfreuen kann oder ein Reicher sich sozial überdurchschnittlich engagiert, sagen manche staunend: „Toll, wie man sich so mitfreuen kann!" „Bewundernswert, daß man sich so für andere einsetzt!" Den Seligpreisungen liegen Handlungsanweisungen für alle zugrunde. Sie werden allerdings nicht in Gesetzesform vorgelegt, womöglich noch mit der Angabe des Strafmaßes bei Übertretung, sondern in der Weise, daß die so Handelnden glücklich und seliggepriesen werden. Bestimmte Verhaltensweisen und Glück bedingen einander.

Daß Friedensstifter seliggepriesen werden, ist verständlich, aber wie kann Jesus die Trauernden seligpreisen und die Hungernden und die Verfolgten? Jesus sagt nicht, daß es gut ist, daß Menschen trauern, hungern und verfolgt werden. Würde Jesus das meinen, wären alle sozial-karitativen Bemühungen nicht nur überflüssig, sondern geradezu unerlaubt. „Glücklich gepriesen werden sie, weil sie gerade so – in ihrer ganz konkreten menschlichen Bedürftigkeit, ohne

jeden Besitztitel – geöffnet sind für eine alle Not beheben-
de Macht, die ihnen Jesus als die kommende Gottesherrschaft zusagte und die er in seinem Reden und Wirken
angebrochen sah" (Schnackenburg, Die Bergpredigt, Seite
63-64).

Die Bergpredigt umfaßt nicht nur die Seligpreisungen, sondern bei Matthäus die Kapitel 5-7 in wörtlicher Rede. Natürlich kann auch dies so keine Mitschrift des Evangelisten
gewesen sein. Vieles, was Jesus an anderer Stelle gesagt
haben mag, ist in diesem Kapitel enthalten. Lukas z. B. überliefert einen kürzeren und etwas anderen Text der Bergpredigt (6,17-49). Aber alles steht unter der Überschrift: „Jesus
stieg auf einen Berg, setzte sich und lehrte", d. h., alles in
den Kapiteln 5-7 ist von größter Wichtigkeit.

Ist die Bergpredigt eine Handlungsanweisung für eine kleine und nach Vollkommenheit strebende elitäre Gruppe in
der Kirche? Oder gilt sie für alle Christen in gleicher Weise?
Und müssen die Regierenden die Bergpredigt durch politische Entscheidungen umsetzen? Zu diesen Fragen gibt es
eine Fülle von Fachliteratur mit unterschiedlichen Antworten. Rudolf Schnackenburg schreibt: „Wir müssen, wenn
wir die Predigt Jesu nicht verkürzen wollen, die Spannung,
die zwischen seinen Forderungen und dem uns möglichen
Verhalten in der Welt besteht, aushalten und uns immer
neu der Herausforderung, die in seinen Worten liegt, stellen" (Die Bergpredigt, Seite 55). Wie Schnackenburg weiter
ausführt, ist die Bergpredigt mit ihren radikalen Forderungen im Zusammenhang mit der Botschaft Jesu von der her-
annahenden und schon hereinbrechenden Gottesherrschaft
zu verstehen. Die Gottesherrschaft ist jetzt schon in der Person Jesu erfahrbare Realität geworden. An die Jünger Jesu,
die ihrerseits in Kontakt mit der Gottesherrschaft gekommen sind, ergeht der Appell eines entsprechenden Verhal-
tens. Jesus möchte das Herz des Menschen bis ins Innerste
treffen und zu einem Handeln motivieren, das alles gesetz-
lich geforderte großzügig überbietet. Schon die Urkirche

erkannte die Schwierigkeit, die Forderungen Jesu mit den Erfordernissen dieser Welt in Einklang zu bringen. Als moralische Höchstleistungen sind die Weisungen der Bergpredigt nicht in einem legalistischen und buchstäblichen Sinn auszulegen; aber sie sind Richtungsweiser für die konkreten Entscheidungen. Ein völliger Ausgleich der am Ziel der Gottesherrschaft orientierten Forderungen Jesu mit den Verhältnissen in dieser Welt ist nicht möglich; dennoch ist eine fortschreitende Annäherung an dieses Ziel geboten. „Von den sittlichen Perspektiven, die Jesus eröffnet hat, können und sollen starke Handlungsimpulse ausgehen, die näher an das Ziel der vollendeten Gottesherrschaft hinführen. Die Spannung zwischen Sein und Sollen ruft jeden Christen auch nach der Möglichkeit seines gesellschaftlichen Einflusses zu ständig neuer Anspannung seiner Kräfte und läßt ihn in dieser Welt nicht zur Ruhe kommen. Aber selbst wenn er immer wieder hinter den Forderungen Jesu zurückbleibt, kann er im Vertrauen auf Gottes Erbarmen und immer neu geschenkte Vergebung dem Ruf Jesu folgen“ (Seite 58-59).

Beerscheba

Die Stadt Beerscheba im Negev ist mit dem Leben der Väter Israels eng verbunden. Es gab dort einen Brunnen. Eine solche Wasserquelle mitten in der Wüste erklärt die Bedeutung des Ortes.

Hagar, die ägyptische Magd, hatte Abraham auf Vorschlag seiner kinderlosen Frau Sara einen Sohn geboren. Als auch Sara schließlich einen Sohn bekommt, drängt sie ihren Mann Abraham, Hagar und Ismael in die Wüste zu schicken. Hagar findet schließlich einen Brunnen in der Wüste von Beerscheba (Gen 21,9-20; 16,6-14). Das Leben des Kindes ist gerettet. Wie wichtig Brunnen in der Wüste sind und eine geordnete Benutzung des Wassers, wird auch in folgenden Stellen deutlich.

Abrahams Brunnen in Beerscheba

[22] Um jene Zeit sagten Abimelech und sein Feldherr Pichol zu Abraham: Gott ist mit dir bei allem, was du unternimmst. [23] Aber nun schwör mir hier bei Gott, daß du weder mich, noch meinen Thronerben, noch meine Nachfahren hintergehen wirst. Das gleiche Wohlwollen, das ich dir erwiesen habe, sollst du mir erweisen und dem Land, in dem du dich als Fremder aufhältst. [24] Abraham erwiderte: Gut, ich will den Eid leisten.

[25] Abraham stellte aber Abimelech zur Rede wegen des Brunnens, den ihm Abimelechs Knechte weggenommen hatten. [26] Abimelech antwortete: Ich weiß nicht, wer das getan hat. Du hast es mir noch nicht gemeldet, und auch ich habe erst heute davon gehört. [27] Da nahm Abraham Schafe und Rinder und gab sie Abimelech; so schlossen beide einen Vertrag. [28] Abraham stellte aber sieben Lämmer der Herde beiseite. [29] Da fragte ihn Abimelech: Was sollen die sieben

Lämmer da, die du beiseite gestellt hast? ³⁰ Die sieben Lämmer, sagte er, sollst du von mir annehmen als Beweis dafür, daß ich diesen Brunnen gegraben habe. ³¹ Darum nannte er den Ort Beerscheba (Siebenbrunn, oder: Eidbrunn); denn dort leisteten beide einen Eid. ³² Sie schlossen also zu Beerscheba einen Vertrag. Dann machten sich Abimelech und sein Feldherr Pichol auf und kehrten ins Philisterland zurück. ³³ Abraham aber pflanzte eine Tamariske in Beerscheba und rief dort den Herrn an unter dem Namen: Gott, der Ewige. ³⁴ Darauf hielt sich Abraham längere Zeit als Fremder im Philisterland auf.

(Gen 21,22-34)

Streit um Abrahams Brunnen

¹⁵ Die Philister schütteten alle Brunnen zu, die die Knechte zur Zeit seines Vaters Abraham gegraben hatten, und füllten sie mit Erde. ¹⁶ Da sagte Abimelech zu Isaak: Zieh von uns fort; denn du bist uns viel zu mächtig geworden. ¹⁷ Isaak zog fort, schlug sein Lager im Tal von Gerar auf und ließ sich dort nieder. ¹⁸ Die Brunnen, die man zur Zeit seines Vaters Abraham gegraben hatte und die die Philister nach dem Tod Abrahams zugeschüttet hatten, ließ Isaak wieder aufgraben und gab ihnen dieselben Namen, die ihnen sein Vater gegeben hatte. ¹⁹ Die Knechte Isaaks gruben in der Talsohle und fanden dort einen Brunnen mit frischem Wasser. ²⁰ Die Hirten von Gerar stritten mit den Hirten Isaaks und behaupteten: Uns gehört das Wasser. Da nannte er den Brunnen Esek (Zank), denn sie hatten mit ihm gezankt. ²¹ Als sie einen anderen Brunnen gruben, stritten sie auch um ihn; so nannte er ihn Sitna (Streit). ²² Darauf brach er von dort auf und grub wieder einen anderen Brunnen. Um ihn stritten sie nicht mehr. Da nannte er ihn Rehobot

(Weite) und sagte: Jetzt hat uns der Herr weiten Raum verschafft, und wir sind im Land fruchtbar geworden.
23 Von dort zog er nach Beerscheba hinauf. 24 In jener Nacht erschien ihm der Herr und sprach: Ich bin der Gott deines Vaters Abraham. Fürchte dich nicht, denn ich bin mit dir. Ich segne dich und mache deine Nachkommen zahlreich wegen meines Knechtes Abraham.
25 Dort baute er einen Altar, rief den Namen des Herrn an und schlug sein Zelt auf. Isaaks Knechte hoben dort einen Brunnen aus.   (Gen 26,15-25)

Man kann sich fragen, was denn die Streitereien um Brunnen vor mehr als 3 000 Jahren uns heutige Leser angehen. Der Alttestamentler Diego Arenhoevel sieht zwei Gründe (Stuttgarter Kleiner Kommentar, Seite 107). Zunächst wird die Bedeutung von Verträgen deutlich. Besonders im Alten Testament ist immer wieder von Verträgen die Rede. So wichtig auch Gefühle und Freundschaft sein mögen, sie sind flüchtig. Der Mensch braucht auch die Verläßlichkeit des Rechts. Zweitens wird durch die Vertragsabschlüsse deutlich, daß es eine ganz andere Art von Landnahme gibt als die durch List und Eroberung. „Vielfältige Interessen werden in vielerlei Verträgen gegeneinander abgegrenzt. Nicht immer sind die Verträge von herzlicher Zuneigung diktiert; aber sie erhalten Leben und Lebensmöglichkeiten. Darin sind die den einfachen und konsequenten Gewaltlösungen überlegen" (Seite 108).

Beerscheba kommt auch in einer feststehenden Formulierung vor: „von Dan bis Beerscheba" (1 Sam 3,20). Gemeint ist damit ganz Israel, so als würden wir in Deutschland sagen: „von Hamburg bis München". Dan liegt im Norden, Beerscheba im Süden von Israel.

Auch eine wunderbare Geschichte aus dem Leben des Propheten Elija spielt sich in Beerscheba ab. Nach der Ermordung der Baalspriester auf dem Karmel flieht Elija vor Isebel, der aus dem heidnischen Phönizien stammenden Frau des Königs Ahab.

Elija auf der Flucht vor Isebel

Ahab erzählte Isebel alles, was Elija getan, auch daß er alle Propheten mit dem Schwert getötet habe. ² Sie schickte einen Boten zu Elija und ließ ihm sagen: Die Götter sollen mir dies und das antun, wenn ich morgen um diese Zeit dein Leben nicht dem Leben eines jeden von ihnen gleich mache. ³ Elija geriet in Angst, machte sich auf und ging weg, um sein Leben zu retten. Er kam nach Beerscheba in Juda und ließ dort seinen Diener zurück. ⁴ Er selbst ging eine Tagereise weit in die Wüste hinein. Dort setzte er sich unter einen Ginsterstrauch und wünschte sich den Tod. Er sagte: Nun ist es genug, Herr. Nimm mein Leben; denn ich bin nicht besser als meine Väter.

⁵ Dann legte er sich unter den Ginsterstrauch und schlief ein. Doch ein Engel rührte ihn an und sprach: Steh auf und iß! ⁶ Als er um sich blickte, sah er neben seinem Kopf Brot, das in glühender Asche gebacken war, und einen Krug mit Wasser. Er aß und trank und legte sich wieder hin. ⁷ Doch der Engel des Herrn kam zum zweitenmal, rührte ihn an und sprach: Steh auf und iß! Sonst ist der Weg zu weit für dich. ⁸ Da stand er auf, aß und trank und wanderte, durch diese Speise gestärkt, vierzig Tage und vierzig Nächte bis zum Gottesberg Horeb. ⁹ Dort ging er in eine Höhle, um darin zu übernachten. Doch das Wort des Herrn erging an ihn: Was willst du hier, Elija? ¹⁰ Er sagte: Mit leidenschaftlichem Eifer bin ich für den Herrn, den Gott der Heere, eingetreten, weil die Israeliten deinen Bund verlassen, deine Altäre zerstört und deine Propheten mit dem Schwert getötet haben. Ich allein bin übriggeblieben, und nun trachten sie auch

mir nach dem Leben. ¹¹ Der Herr antwortete: Komm heraus, und stell dich auf den Berg vor den Herrn! Da zog der Herr vorüber: Ein starker, heftiger Sturm, der die Berge zerriß und die Felsen zerbrach, ging dem Herrn voraus. Doch der Herr war nicht im Sturm. Nach dem Sturm kam ein Erdbeben. Doch der Herr war nicht im Erdbeben. ¹² Nach dem Beben kam ein Feuer. Doch der Herr war nicht im Feuer. Nach dem Feuer kam ein sanftes, leises Säuseln. ¹³ Als Elija es hörte, hüllte er sein Gesicht in den Mantel, trat hinaus und stellte sich an den Eingang der Höhle.
(1 Kön 19,1-13)

An diesem Text läßt sich die typologische Schriftauslegung gut verdeutlichen, eine im Mittelalter beliebte Methode der Schriftauslegung. Mit ihrer Kenntnis kann man z. B. die innere Logik der oft wie zufällig erscheinenden Gegenüberstellung biblischer Themen in den Glasfenstern bzw. Glaswänden gotischer Kirchen verstehen.

Die typologische Schriftauslegung stellt Personen, Orten, Ereignissen aus dem Alten Testament ähnliche aus dem Neuen Testament gegenüber. Nach dieser Art von Schriftbetrachtung sind viele neutestamentliche Ereignisse schon im Alten Testament angedeutet. Das alttestamentliche Ereignis nennt man „Typos", die neutestamentliche Entsprechung und Überhöhung „Antitypos". Nach dieser Methode sind Brot und Wein und die anschließende Wanderung des Elija über 40 Tage und Nächte hindurch ein Hinweis auf die Eucharistie, auf die in der Meßfeier konsekrierten Gaben von Brot und Wein und den anschließenden Lebensweg der Christen aus der Kraft dieser Speise. Auf dem Sakramentsaltar von Dieric Bouts in Löwen, Belgien, ist gerade diese Szene mit Elija in der Wüste auf einer Seitentafel neben drei anderen alttestamentlichen Präfigurationen als Typos des auf der Mitteltafel dargestellten Abendmahles zu sehen.

Betanien

„Betanien lag nahe bei Jerusalem", erwähnt Johannes für ortsunkundige Leser, „etwa 15 Stadien entfernt" (Joh 11,18). 15 Stadien sind etwa 3 km. Das kleine Dorf an der Rückseite des Ölberges – von Jerusalem aus gesehen – hat in seinem heutigen arabischen Namen die Erinnerung an Lazarus bewahrt. Es heißt El-Lazarie. Jesus erfährt, daß Lazarus gestorben ist.

Die Auferweckung des Lazarus

Ein Mann war krank, Lazarus aus Betanien, dem Dorf, in dem Maria und ihre Schwester Marta wohnten. 2 Maria ist die, die den Herrn mit Öl gesalbt und seine Füße mit ihrem Haar abgetrocknet hat; deren Bruder Lazarus war krank.

3 Daher sandten die Schwestern Jesus die Nachricht: Herr, dein Freund ist krank.

4 Als Jesus das hörte, sagte er: Diese Krankheit wird nicht zum Tod führen, sondern dient der Verherrlichung Gottes: Durch sie soll der Sohn Gottes verherrlicht werden. 5 Denn Jesus liebte Marta, ihre Schwester und Lazarus. 6 Als er hörte, daß Lazarus krank war, blieb er noch zwei Tage an dem Ort, wo er sich aufhielt.

7 Danach sagte er zu den Jüngern: Laßt uns wieder nach Judäa gehen. 8 Die Jünger entgegneten ihm: Rabbi, eben noch wollten dich die Juden steinigen, und du gehst wieder dorthin? 9 Jesus antwortete: Hat der Tag nicht zwölf Stunden? Wenn jemand am Tag umhergeht, stößt er nicht an, weil er das Licht dieser Welt sieht; 10 wenn aber jemand in der Nacht umhergeht, stößt er an, weil das Licht nicht in ihm ist. 11 So sprach er. Dann sagte er zu ihnen: Lazarus, unser

*Freund, schläft; aber ich gehe hin, um ihn aufzu-
wecken. ¹² Da sagten die Jünger zu ihm: Herr, wenn
er schläft, dann wird er gesund werden. ¹³ Jesus hatte
aber von seinem Tod gesprochen, während sie meinten, er spreche von dem gewöhnlichen Schlaf.*

*¹⁴ Darauf sagte ihnen Jesus unverhüllt: Lazarus ist
gestorben. ¹⁵ Und ich freue mich für euch, daß ich
nicht dort war; denn ich will, daß ihr glaubt. Doch wir
wollen zu ihm gehen. ¹⁶ Da sagte Thomas, genannt
Didymus (Zwilling), zu den anderen Jüngern: Dann
laßt uns mit ihm gehen, um mit ihm zu sterben.*

*¹⁷ Als Jesus ankam, fand er Lazarus schon vier Tage
im Grab liegen. ¹⁸ Betanien war nahe bei Jerusalem,
etwa fünfzehn Stadien entfernt. ¹⁹ Viele Juden waren
zu Marta und Maria gekommen, um sie wegen ihres
Bruders zu trösten. ²⁰ Als Marta hörte, daß Jesus
komme, ging sie ihm entgegen, Maria aber blieb im
Haus. ²¹ Marta sagte zu Jesus: Herr, wärst du hier
gewesen, dann wäre mein Bruder nicht gestorben.
²² Aber auch jetzt weiß ich: Alles, worum du Gott bit-
test, wird Gott dir geben. ²³ Jesus sagte zu ihr: Dein
Bruder wird auferstehen. ²⁴ Marta sagte zu ihm: Ich
weiß, daß er auferstehen wird bei der Auferstehung
am Letzten Tag. ²⁵ Jesus erwiderte ihr: Ich bin die Auferstehung und das Leben. Wer an mich glaubt, wird
leben, auch wenn er stirbt, ²⁶ und jeder, der lebt und
an mich glaubt, wird auf ewig nicht sterben. Glaubst
du das? ²⁷ Marta antwortete ihm: Ja, Herr, ich glaube,
daß du der Messias bist, der Sohn Gottes, der in die
Welt kommen soll.*

*²⁸ Nach diesen Worten ging sie weg, rief heimlich ihre
Schwester Maria und sagte zu ihr: Der Meister ist da
und läßt dich rufen. ²⁹ Als Maria das hörte, stand sie
sofort auf und ging zu ihm. ³⁰ Denn Jesus war noch
nicht in das Dorf gekommen; er war noch dort, wo
ihn Marta getroffen hatte. ³¹ Die Juden, die bei Maria*

im Haus waren und sie trösteten, sahen, daß sie plötzlich aufstand und hinausging. Da folgten sie ihr, weil sie meinten, sie gehe zum Grab, um dort zu weinen. ³² Als Maria dorthin kam, wo Jesus war, und ihn sah, fiel sie ihm zu Füßen und sagte zu ihm: Herr, wärst du hier gewesen, dann wäre mein Bruder nicht gestorben. ³³ Als Jesus sah, wie sie weinte und wie auch die Juden weinten, die mit ihr gekommen waren, war er im Innersten erregt und erschüttert. ³⁴ Er sagte: Wo habt ihr ihn bestattet? Sie antworteten ihm: Herr, komm und sieh! ³⁵ Da weinte Jesus. ³⁶ Die Juden sagten: Seht, wie lieb er ihn hatte! ³⁷ Einige aber sagten: Wenn er dem Blinden die Augen geöffnet hat, hätte er dann nicht auch verhindern können, daß dieser hier starb? ³⁸ Da wurde Jesus wiederum innerlich erregt, und er ging zum Grab. Es war eine Höhle, die mit einem Stein verschlossen war.

³⁹ Jesus sagte: Nehmt den Stein weg! Marta, die Schwester des Verstorbenen, entgegnete ihm: Herr, er riecht aber schon, denn es ist bereits der vierte Tag. ⁴⁰ Jesus sagte zu ihr: Habe ich dir nicht gesagt: Wenn du glaubst, wirst du die Herrlichkeit Gottes sehen? ⁴¹ Da nahmen sie den Stein weg. Jesus aber erhob seine Augen und sprach: Vater, ich danke dir, daß du mich erhört hast. ⁴² Ich wußte, daß du mich immer erhörst; aber wegen der Menge, die um mich herum steht, habe ich es gesagt; denn sie sollen glauben, daß du mich gesandt hast. ⁴³ Nachdem er dies gesagt hatte, rief er mit lauter Stimme: Lazarus, komm heraus! ⁴⁴ Da kam der Verstorbene heraus; seine Füße und Hände waren mit Binden umwickelt, und sein Gesicht war mit einem Schweißtuch verhüllt. Jesus sagte zu ihnen: Löst ihm die Binden, und laßt ihn weggehen! ⁴⁵ Viele der Juden, die zu Maria gekommen waren und gesehen hatten, was Jesus getan hatte, kamen zum Glauben an ihn. ⁴⁶ Aber einige von ihnen gingen zu den Pharisäern und berichteten ihnen, was er getan hatte. ⁴⁷ Da beriefen die Hohenpriester und die Pharisäer eine Versammlung des Hohen Rates ein. Sie sagten: Was sollen wir tun? Dieser Mensch tut viele Zeichen. ⁴⁸ Wenn wir ihn gewähren lassen, werden alle an ihn glauben. Dann werden die Römer kommen und uns die heilige Stätte und das Volk nehmen. ⁴⁹ Einer von ihnen, Kajaphas, der Hohepriester jenes Jahres, sagte zu ihnen: Ihr versteht überhaupt nichts. ⁵⁰ Ihr bedenkt nicht, daß es besser für euch ist, wenn ein einziger Mensch für das Volk stirbt, als wenn das ganze Volk zugrunde geht. ⁵¹ Das sagte er nicht aus sich selbst; sondern weil er der Hohepriester jenes Jahres war, sagte er aus prophetischer Eingebung, daß Jesus für das Volk sterben werde. ⁵² Aber er sollte nicht nur für das Volk sterben, sondern auch, um die versprengten Kinder Gottes wieder zu sammeln. ⁵³ Von diesem Tag an waren sie entschlossen, ihn zu töten.

⁵⁴ Jesus bewegte sich von nun an nicht mehr öffentlich unter den Juden, sondern zog sich von dort in die Gegend nahe der Wüste zurück, an einen Ort namens Efraim. Dort blieb er mit seinen Jüngern. ⁵⁵ Das Paschafest der Juden war nahe, und viele zogen schon vor dem Paschafest aus dem ganzen Land nach Jerusalem hinauf, um sich zu heiligen. ⁵⁶ Sie fragten nach Jesus und sagten zueinander, während sie im Tempel zusammenstanden: Was meint ihr? Er wird wohl kaum zum Fest kommen. ⁵⁷ Die Hohenpriester und die Pharisäer hatten nämlich, um ihn festnehmen zu können, angeordnet: Wenn jemand weiß, wo er sich aufhält, soll er es melden. *(Joh 11)*

Johannes liebt es, ein Ereignis zu berichten und lange darüber zu meditieren. Oft führt er auch Begriffe ein, die doppeldeutig sind. Er läßt Jesus über den toten Lazarus sagen: Er

„schläft" nur. Die Jünger verstehen dies als Schlafen, Jesus meint aber den Todesschlaf. Im Gespräch mit der Samariterin am Jakobsbrunnen ist „Wasser" das mehrdeutige Wort. Die Samariterin denkt an das Wasser im Brunnen, Jesus spricht von sich selbst als lebendigem Wasser. In der Brotrede in Karfanaum ist „Brot" das zentrale Wort. Die Zuhörer erinnern sich zunächst an das Brotwunder am See Gennesaret und an das Manna. Jesus führt sie im Dialog zu immer neuen Bedeutungsebenen, typisch für mehrere groß angelegte Berichte im Johannesevangelium.

Die Lazarusgeschichte könnte eigentlich mit den Versen 25 und 26 zu Ende gehen. Das sind die entscheidenden Worte des ganzen Kapitels: „Ich bin die Auferstehung und das Leben. Wer an mich glaubt, wird leben, auch wenn er stirbt, und jeder, der lebt und an mich glaubt, wird auf ewig nicht sterben. Glaubst du das?" Jesus behauptet Ungeheuerliches von sich und von denen, die sich zu ihm bekennen und sich an ihn halten. Es geht nicht um eine Auferstehung in der Zukunft, wie Marta bekennt und wie viele Juden, besonders die Pharisäer, dies erhoffen: „Ich weiß, daß er auferstehen wird bei der Auferstehung am Letzten Tag." Nein, Jesus verheißt Auferstehung schon jetzt in der Gegenwart: „Wer an mich glaubt, wird leben, auch wenn er stirbt." Der Glaubende ist so unauflösbar mit Jesus verbunden, daß sein leiblicher Tod nur ein scheinbarer Tod ist, weil das unsterbliche Leben des Auferstandenen in ihm ist. Dies ist eine zentrale Verheißung des christlichen Glaubens. Ulrich Wilckens schreibt in seinem Kommentar zum Johannesevangelium (Seite 181): „Glaubende leben nicht, um dann einmal zu sterben, sondern sie leben und sterben, um an Gottes ewigem Leben teilzuhaben; denn im Leben wie im Sterben sind sie im Glauben mit Jesus verbunden, der die Auferstehung und das Leben ist (11,25f.)" Die Verbindung mit Jesus wird in einem eigenen Initiationsritus vollzogen, im Sakrament der Taufe. Dadurch wird auf seiten des Täuflings die Zugehörigkeit zu Jesus offiziell realisiert und dokumentiert. Wie gesagt, der

Bericht des Johannesevangeliums könnte mit dem Vers 26 abgeschlossen sein. Ausgehend von der Erfahrung des Todes seines Freundes, sagt Jesus Neues und Hoffnungsvolles über die Relativität des irdischen Todes und über das ewige Leben, welches jetzt schon verborgen und selbst durch den Tod nicht auslöschbar da ist in jenen, die an ihn glauben. Aber die Geschichte geht weiter.

Es folgt der Bericht von der Auferweckung des Lazarus. Bei jedem Zuhörer wird die Frage aufkommen: Hat sich das tatsächlich so ereignet? Die einen antworten: Jesus war Sohn Gottes und konnte als solcher Tote auferwecken. Andere vermuten: Lazarus war vielleicht nur scheintot. Diese Scheintothypothese versucht in sicher gutgemeinter Absicht, die Historizität des Berichtes verständlich zu machen. Dieser Annahme kommt aber der Bericht selbst zuvor, indem er betont, daß Lazarus schon vier Tage im Grab lag und bereits Verwesungsgeruch ausströmte. Vielleicht will die Lazarusgeschichte nicht historisch verstanden werden. Ist das Bemühen, die Historizität dieses Berichtes zu retten, vielleicht mit der guten Absicht zu vergleichen, im Mittelmeer nach einem Fisch zu suchen, der ein so großes Maul und einen so menschenfreundlichen Magen hat, daß ein ausgewachsener Mann wie Jona verschlungen werden kann und dann drei Tage im Fischmagen gastliche Aufnahme findet, bis er schließlich in Joppe wieder an Land gesetzt wird? Andere argumentieren kritisch: Totenerweckungen werden auch im Alten Testament und von den Aposteln berichtet, also von Menschen, die nicht Sohn Gottes waren. Auferstehungsgeschichten werden auch in außerchristlichen Kreisen erzählt. Und: Warum fragt man Lazarus nicht, was er im Jenseits erlebt hat? Warum berichtet Lazarus nicht von sich aus von seinen Erfahrungen während der vier Tage? Hatte er eine retrograde Amnesie wie nach einer Gehirnerschütterung, d. h., hatte er keine Erinnerungen? Auf jeden Fall hätte doch der Evangelist etwas darüber mitteilen sollen.

Was sich tatsächlich in Betanien ereignet hat, weiß niemand. Es besteht kein Anlaß, jemanden, der unumstößlich und ohne Schwierigkeiten glaubt, die Geschichte habe sich in der Realität so ereignet, wie sie im Johannesevangelium geschildert wird, von dieser Überzeugung abzubringen. Die Auferweckung des Lazarus ist für ihn Beweis und Beleg, daß Jesus, wie er in den entscheidenden Versen 25 und 26 sagt, wirklich die Macht hat, Toten ewiges Leben zu schenken.

Was aber sagen wir den vielen Menschen, die aufgrund der oben angeführten kritischen Überlegungen Schwierigkeiten haben, eine tatsächliche Auferweckung des Lazarus anzunehmen? Die Erzählung von der Lazaruserweckung kann durchaus mit der orientalischen Gewohnheit erklärt werden, abstrakte Wahrheiten durch Geschichten verstehbar zu machen. Ohne solche Geschichten wäre die Bibel sehr viel langweiliger, blutleerer und schwerer zu verstehen. Nach bibelwissenschaftlichen Erkenntnissen bringen die Verse 25 und 26 die eigentliche Botschaft des ganzen Kapitels zum Ausdruck. Diese gilt es anzunehmen. Wir bekennen im Credo die Auferstehung Jesu und nicht die Auferweckung des Lazarus. Die Frage der Historizität der Lazarusgeschichte und manch anderer Bibelstelle ist nicht in jedem Fall eindeutig zu beantworten. Die Antwort ist unter Berücksichtigung des Obendargelegten auch nicht so entscheidend wichtig. Ein Glaubenskrieg braucht deswegen nicht zu entstehen. Wichtiger ist, die Aussageabsicht einer Bibelstelle zu erkennen. Diese kann man sowohl einem Ereignisbericht entnehmen als auch einer Geschichte, die sich nicht auf ein bestimmtes Ereignis bezieht. Die Bibel wird deshalb nicht unwahr. Die einen lesen eine Schriftstelle als Ereignisgeschichte – und verstehen den Sinn –, andere lesen sie als eine Lehrgeschichte und verstehen die eigentliche Aussage genausogut. Die Aufklärung über Erkenntnisse der heutigen Exegese sollte nicht den Massenmedien überlassen werden. Der sogenannte normale Mitmensch muß rechtzeitig so informiert werden, daß er mit sensationell aufgemachten und oft unseriösen Meldungen gelassen umgehen kann.

Da Betanien nah bei Jerusalem liegt, ist es verständlich, daß sich Jesus oft dort aufhielt. Einmal besuchte er das Haus eines Mannes, der wohl vom Aussatz geheilt war, aber immer noch den Namen „Simon der Aussätzige" trug.

Die Salbung Jesu in Betanien

> *6/7 Als Jesus in Betanien im Haus Simons des Aussätzigen bei Tisch war, kam eine Frau mit einem Alabastergefäß voll kostbarem, wohlriechendem Öl zu ihm und goß es über sein Haar. 8 Die Jünger wurden unwillig, als sie das sahen, und sagten: Wozu diese Verschwendung? 9 Man hätte das Öl teuer verkaufen und das Geld den Armen geben können. 10 Jesus bemerkte ihren Unwillen und sagte zu ihnen: Warum laßt ihr die Frau nicht in Ruhe? Sie hat ein gutes Werk an mir getan. 11 Denn die Armen habt ihr immer bei euch, mich aber habt ihr nicht immer. 12 Als sie das Öl über mich goß, hat sie meinen Leib für das Begräbnis gesalbt. 13 Amen, ich sage euch: Überall auf der Welt, wo dieses Evangelium verkündet wird, wird man sich an sie erinnern und erzählen, was sie getan hat.* (Mt 26,6-13)

Jesus läßt sich von einer Frau berühren, damals etwas Anstößiges. Aber: Ungerechtfertigte Grenzen werden von Jesus überschritten, auch wenn „man" so etwas nicht tut.

Im Haus des Lazarus muß sich Jesus öfter aufgehalten haben. „Denn Jesus liebte Marta, ihre Schwester und Lazarus" (Joh 11,5).

Bei einem der Besuche kommt es zu einem Konflikt zwischen den Schwestern.

Maria von Betanien hört Jesus zu

³⁸ Sie zogen zusammen weiter, und er kam in ein Dorf. Eine Frau namens Marta nahm ihn freundlich auf. ³⁹ Sie hatte eine Schwester, die Maria hieß. Maria setzte sich dem Herrn zu Füßen und hörte seinen Worten zu. ⁴⁰ Marta aber war ganz davon in Anspruch genommen, für ihn zu sorgen. Sie kam zu ihm und sagte: Herr, kümmert es dich nicht, daß meine Schwester die ganze Arbeit mir allein überläßt? Sag ihr doch, sie soll mir helfen! ⁴¹ Der Herr antwortete: Marta, Marta, du machst dir viele Sorgen und Mühen. ⁴² Aber nur eines ist notwendig. Maria hat das Bessere gewählt, das soll ihr nicht genommen werden.   (Lk 10,38-42)

Jesus möchte nicht die Gastfreundschaft herabstufen. Sie wird im Neuen Testament mehrmals empfohlen. Aber wenn jemand gerade das Wort Gottes hört, dann ist das einem hektischen und stressigen Sorgen vorzuziehen. Marta und Maria wurden in der Kirchengeschichte als Vertreterinnen und Vorbilder für eine „vita activa" und eine „vita passiva" oder „vita meditativa" in Anspruch genommen, besonders von den verschiedenen Ordensgesellschaften. Es gibt Lebensentwürfe, die mehr nach dem Vorbild der Maria auf Ruhe und Meditation ausgerichtet sind, und solche, die wie Marta rastlos schaffen und organisieren bzw. sich verwalten lassen. Für die meisten Menschen wäre wohl eine gute Mischung ideal. Manche könnten die Skala zur einen oder anderen Seite etwas verschieben.

Betlehem

Unter der konstantinisch-justinianischen Geburtskirche wird die Höhle gezeigt, in der Jesus der Tradition nach geboren wurde. Heute ist sie kaum noch als Höhle erkennbar. Sie wirkt eher wie eine Krypta. Die Felsen sind teilweise mit feuerfesten Vorhängen bedeckt, der Boden ist mit Steinplatten belegt. Ein Silberstern mit Inschrift unter einem Altar bezeichnet den Ort der Geburt. „Hier wurde von der Jungfrau Maria Jesus Christus geboren", lautet die Übersetzung der lateinischen Inschrift. Der Text aus dem Lukasevangelium ist jedem seit Kindertagen vertraut. Sicher klingt er anders, wenn er in der Geburtsgrotte gelesen und gehört wird.

Die Geburt Jesu

In jenen Tagen erließ Kaiser Augustus den Befehl, alle Bewohner des Reiches in Steuerlisten einzutragen. [2] Dies geschah zum erstenmal; damals war Quirinius Statthalter von Syrien. [3] Da ging jeder in seine Stadt, um sich eintragen zu lassen. [4] So zog auch Josef von der Stadt Nazaret in Galiläa hinauf nach Judäa in die Stadt Davids, die Betlehem heißt; denn er war aus dem Haus und Geschlecht Davids. [5] Er wollte sich eintragen lassen mit Maria, seiner Verlobten, die ein Kind erwartete. [6] Als sie dort waren, kam für Maria die Zeit ihrer Niederkunft, [7] und sie gebar ihren Sohn, den Erstgeborenen. Sie wickelte ihn in Windeln und legte ihn in eine Krippe, weil in der Herberge kein Platz für sie war. [8] In jener Gegend lagerten Hirten auf freiem Feld und hielten Nachtwache bei ihrer Herde. [9] Da trat der Engel des Herrn zu ihnen, und der Glanz des Herrn umstrahlte sie. Sie fürchteten sich sehr, [10] der Engel aber sagte zu ihnen: Fürchtet euch nicht, denn ich verkünde euch eine große Freude, die dem ganzen Volk zuteil werden soll: ¹¹ *Heute ist euch in der Stadt Davids der Retter geboren; er ist der Messias, der Herr.* ¹² *Und das soll euch als Zeichen dienen: Ihr werdet ein Kind finden, das, in Windeln gewickelt, in einer Krippe liegt.* ¹³ *Und plötzlich war bei dem Engel ein großes himmlisches Heer, das Gott lobte und sprach:* ¹⁴ *Verherrlicht ist Gott in der Höhe, und auf Erden ist Friede bei den Menschen seiner Gnade.*

¹⁵ *Als die Engel sie verlassen hatten und in den Himmel zurückgekehrt waren, sagten die Hirten zueinander: Kommt, wir gehen nach Betlehem, um das Ereignis zu sehen, das uns der Herr verkünden ließ.* ¹⁶ *So eilten sie hin und fanden Maria und Josef und das Kind, das in der Krippe lag.* ¹⁷ *Als sie es sahen, erzählten sie, was ihnen über dieses Kind gesagt worden war.* ¹⁸ *Und alle, die es hörten, staunten über die Worte der Hirten.* ¹⁹ *Maria aber bewahrte alles, was geschehen war, in ihrem Herzen und dachte darüber nach.* ²⁰ *Die Hirten kehrten zurück, rühmten Gott und priesen ihn für das, was sie gehört und gesehen hatten; denn alles war so gewesen, wie es ihnen gesagt worden war.*   *(Lk 2,1-20)*

Beim Hören des Textes spürt vermutlich jeder, daß die Geschichte stilistisch zwei unterschiedliche Teile hat. Die ersten sieben Sätze hören sich wie ein Protokoll an. Kein Wort ist zuviel. Kurz und knapp wird berichtet mit Orts-, Zeit- und Personenangaben. Im zweiten Teil geht es poetisch zu. Wie Musik klingt der Text. Die zentralen Worte sind: Retter, Freude, Friede, Messias, Engel. Kein Wunder, daß viele Musiker die Szene in Musik und viele Maler in Farbe umgesetzt haben. Der zweite Teil scheint den ersten mehr objektiv wirkenden und fast distanziert erzählten zu deuten. Was von den Hirten gesagt wird – schön, wenn das auch auf Israelpilger zuträfe: „Sie kehrten zurück, rühmten Gott und priesen ihn für das, was sie gehört und gesehen hatten."

Ich denke, es dürfte auch die Frage aufgeworfen werden, ob Jesus überhaupt in Betlehem geboren wurde, zumal diese Frage mittlerweile in den Medien und in theologischen Zeitschriften diskutiert wird. Allerdings ist nicht die Geburtsgrotte dafür der geeignete Ort. Bei einem Vorbereitungsabend für die Fahrt oder bei einer abendlichen Gesprächsrunde im Heiligen Land kann man sich dieser Frage behutsam nähern. Einige Teilnehmer haben vermutlich schon von dieser Diskussion gehört, andere werden es demnächst erfahren. Um einer unnötigen Erschütterung in die Glaubwürdigkeit der Bibel zuvorzukommen, ist bibelkundliche Prophylaxe geboten.

In der Zeitschrift „Welt und Umwelt der Bibel-Archäologie und Geschichte" (1997, 6, Seite 24) heißt es: „Läßt sich aber ein fundiertes Urteil darüber fällen, ob Betlehem auch historisch der Geburtsort Jesu war? Hier gibt es unterschiedliche Meinungen. Die wenigen Fakten, die wir kennen, lassen eine eindeutige Antwort wohl nicht zu. Ein gewichtiges Gegenargument ist beispielsweise die Tatsache, daß Markus und Johannes Betlehem nicht als Geburtsort Jesu erwähnen." Ähnlich äußert sich der Alttestamentler Erich Zenger: „Ob Jesus in Betlehem oder in Nazaret (wohl wahrscheinlicher) geboren wurde, kann hier offenbleiben" (Das Buch Ruth, Seite 31). Um es vorweg zu sagen: Selbst wenn zweifelsfrei nachgewiesen werden könnte, daß Nazaret der Geburtsort Jesu war, müßte es deswegen keine Irritationen im Glauben geben. Betlehem würde man deswegen nicht aus dem Besuchsprogramm streichen. Nach wie vor würde man in Betlehem über die Geburt Jesu meditieren können, weil dieser Ort über 2000 Jahre hindurch mit diesem Ereignis verknüpft ist. An jedem Ort der Erde wird ja bekanntlich am Weihnachtsfest die Geburt Jesu gefeiert. Warum soll man es nicht nach wie vor auch in Betlehem können? Und

die altehrwürdige konstantinisch-justinianische Geburtskirche wird man sicher nicht abreißen und vermutlich auch
nicht umbenennen. Auf der eigentlichen Ebene bleibt die
Aussage, Jesus sei in Betlehem geboren, immer noch wahr,
denn diese Aussage ist weniger eine biographische als vielmehr eine messianische. Was heißt das? Als Herodes die
Schriftgelehrten forschen läßt, wo der Messias geboren werden sollte, antworten sie ihm: „In Betlehem in Judäa; denn
so steht es bei dem Propheten: Du, Betlehem im Gebiet von
Juda, bist keineswegs die unbedeutendste unter den führen-
den Städten von Juda; denn aus dir wird ein Fürst hervorge-
hen, der Hirt meines Volkes Israel" (Mt 2,5f.). Ursprünglich
bezieht sich dieser Text auf König David, der aus Betlehem
kommt. Matthäus zitiert den Propheten Micha (5,1) und
wendet den Vers auf die Geburt Jesu an, der für ihn der
eigentliche Hirte des Volkes Israel ist. Im Judentum gab es
Gruppen, die der Meinung waren, der kommende Messias
würde wie David aus Betlehem kommen. Lukas sagt also:
Jesus ist der Messias – weil er aus Betlehem kommt. Tatsächlich hat sich Jesus später durch ganz andere Qualitäten als
Messias ausgewiesen. Da aber Matthäus von der Geburt
und Kindheit Jesu spricht, ist es in diesem Zusammenhang
durchaus legitim, Betlehem als Geburtsort anzugeben und
damit den ohnehin schon vorhandenen Glauben an die
Messianität Jesu zusätzlich zu begründen.

Die Hieronymus-Grotte

Vom rechten Seitenschiff der direkt links an die Geburtskirche anschließenden römisch-katholischen Kirche kann man
in unterirdische Grotten hinabsteigen. In einer dieser Grotten soll Hieronymus als Einsiedler gelebt haben. Hieronymus
(† 420) war ein gelehrter Eremit. Zunächst stand er im päpst-
lichen Dienst in Rom, dann zog er mit einigen Frauen aus
römischen Adelskreisen nach Betlehem, wo sie ein Leben
der Askese führten. In Betlehem hat Hieronymus die Bibel

aus dem Hebräischen in die lateinische Sprache übersetzt. Diese Bibelübersetzung wurde so populär, daß man sie die „Vulgata" nennt, d. h. die „Volkstümliche". Bis ins 20. Jahrhundert war sie die offiziell anerkannte und benutzte Bibel der römisch-katholischen Kirche.

Betlehem ist auch verknüpft mit der legendären Berufung und der ersten Salbung Davids.

Die Salbung Davids

Der Herr sagte zu Samuel: Wie lange willst du noch um Saul trauern? Ich habe ihn doch verworfen; er soll nicht mehr als König über Israel herrschen. Fülle dein Horn mit Öl, und mach dich auf den Weg! Ich schicke dich zu dem Betlehemiter Isai; denn ich habe mir einen von seinen Söhnen als König ausersehen. 2 Samuel erwiderte: Wie kann ich da hingehen? Saul wird es erfahren und mich umbringen. Der Herr sagte: Nimm ein junges Rind mit, und sag: Ich bin gekommen, um dem Herrn ein Schlachtopfer darzubringen. 3 Lade Isai zum Opfer ein! Ich selbst werde dich dann erkennen lassen, was du tun sollst: Du sollst mir nur den salben, den ich dir nennen werde. 4 Samuel tat, was der Herr befohlen hatte. Als er nach Betlehem kam, gingen ihm die Ältesten der Stadt zitternd entgegen und fragten: Bedeutet dein Kommen Frieden? 5 Er antwortete: Frieden. Ich bin gekommen, um dem Herrn ein Schlachtopfer darzubringen. Heiligt euch, und kommt mit mir zum Opfer! Dann heiligte er Isai und seine Söhne und lud sie zum Opfer ein. 6 Als sie kamen und er den Eliab sah, dachte er: Gewiß steht nun vor dem Herrn sein Gesalbter. 7 Der Herr aber sagte zu Samuel: Sieh nicht auf sein Aussehen und seine stattliche Gestalt, denn ich habe ihn verworfen; Gott sieht nämlich nicht auf das, worauf der Mensch sieht. Der Mensch sieht, was vor den

Augen ist, der Herr aber sieht das Herz. *8* *Nun rief Isai den Abinadab und ließ ihn vor Samuel treten. Dieser sagte: Auch ihn hat der Herr nicht erwählt.* *9* *Isai ließ Schima kommen. Samuel sagte: Auch ihn hat der Herr nicht erwählt.* *10* *So ließ Isai sieben seiner Söhne vor Samuel treten, aber Samuel sagte zu Isai: Diese hat der Herr nicht erwählt.* *11* *Und er fragte Isai: Sind das alle deine Söhne? Er antwortete: Der jüngste fehlt noch, aber der hütet gerade die Schafe. Samuel sagte zu Isai: Schick jemand hin, und laß ihn holen; wir wollen uns nicht zum Mahl hinsetzen, bevor er hergekommen ist.* *12* *Isai schickte also jemand hin und ließ ihn kommen. David war blond, hatte schöne Augen und eine schöne Gestalt. Da sagte der Herr: Auf, salbe ihn! Denn er ist es.* *13* *Samuel nahm das Horn mit dem Öl und salbte David mitten unter seinen Brüdern. Und der Geist des Herrn war über David von diesem Tag an. Samuel aber brach auf und kehrte nach Rama zurück.*

14 *Der Geist des Herrn war von Saul gewichen; jetzt quälte ihn ein böser Geist, der vom Herrn kam.* *15* *Da sagten die Diener Sauls zu ihm: Du siehst, ein böser Geist Gottes quält dich.* *16* *Darum möge unser Herr seinen Knechten, die vor ihm stehen, befehlen, einen Mann zu suchen, der die Zither zu spielen versteht. Sobald dich der böse Geist Gottes überfällt, soll er auf der Zither spielen; dann wird es dir wieder gut gehen.* *17* *Saul sagte zu seinen Dienern: Seht euch für mich nach einem Mann um, der gut spielen kann, und bringt ihn her zu mir!* *18* *Einer der jungen Männer antwortete: Ich kenne einen Sohn des Betlehemiters Isai, der Zither zu spielen versteht. Und er ist tapfer und ein guter Krieger, wortgewandt, von schöner Gestalt, und der Herr ist mit ihm.* *19* *Da schickte Saul Boten zu Isai und ließ ihm sagen: Schick mir deinen Sohn David, der bei den Schafen ist.* *20* *Isai nahm einen Esel, dazu*

Brot, einen Schlauch Wein und ein Ziegenböckchen und schickte seinen Sohn David damit zu Saul. 21 So kam David zu Saul und trat in seinen Dienst; Saul gewann ihn sehr lieb, und David wurde sein Waffenträger. 22 Darum schickte Saul zu Isai und ließ ihm sagen: David soll in meinem Dienst bleiben; denn er hat mein Wohlwollen gefunden. 23 Sooft nun ein Geist Gottes Saul überfiel, nahm David die Zither und spielte darauf. Dann fühlte sich Saul erleichtert, es ging ihm wieder gut, und der böse Geist wich von ihm. *(1 Sam 16,1-23)*

Auf den Hirtenfeldern außerhalb Betlehems und auf den anderen umliegenden Bergen gibt es viele Grotten, in denen man gut leben konnte. Die Hirten trieben damals am Abend ihre Schafe in solche Höhlen, um sie vor gefährlichen Tieren zu schützen. Auch heute geschieht dies noch in manchen Gegenden Jordaniens, wo es solche Tiere gibt. Der Verkündigung an die Hirten wird in einer dieser Höhlen gedacht. Zwischen den Hirtenfeldern und dem damaligen Dorf Betlehem lagen wohl die Grundstücke des Boas. Hier spielte sich ein besonders romantischer Teil aus dem Buch Rut ab.

Rut in Betlehem

Noomi hatte einen Verwandten von ihrem Mann her, einen Grundbesitzer; er war aus dem Geschlecht Elimelechs und hieß Boas. 2 Eines Tages sagte die Moabiterin Rut zu Noomi: Ich möchte aufs Feld gehen und Ähren lesen, wo es mir jemand erlaubt. Sie antwortete ihr: Geh, Tochter! 3 Rut ging hin und las auf dem Feld hinter den Schnittern her. Dabei war sie auf ein Grundstück des Boas aus dem Geschlecht Elimelechs geraten. 4 Und nun kam Boas von Betlehem dazu. Er sagte zu den Schnittern: Der Herr sei mit euch! Sie antworteten ihm: Der Herr segne dich.

⁵ Boas fragte seinen Knecht, der die Schnitter beaufsichtigte: Wem gehört dieses Mädchen da? ⁶ Der Knecht antwortete: Es ist eine junge Moabiterin, die mit Noomi aus dem Grünland Moabs gekommen ist. ⁷ Sie hat gesagt: Ich möchte gern Ähren lesen und bei den Garben hinter den Schnittern her sammeln. So kam sie zu uns und hielt aus vom Morgen bis jetzt und gönnte sich kaum Ruhe. ⁸ Boas sagte zu Rut: Höre wohl, meine Tochter, geh auf kein anderes Feld, um zu lesen; entfern dich nicht von hier, sondern halte dich an meine Mägde; ⁹ behalte das Feld im Auge, wo sie ernten, und geh hinter ihnen her! Ich werde meinen Knechten befehlen, dich nicht anzurühren. Hast du Durst, so darfst du zu den Gefäßen gehen und von dem trinken, was die Knechte schöpfen. ¹⁰ Sie sank vor ihm nieder, beugte sich zur Erde und sagte: Wie habe ich es verdient, daß du mich so achtest, da ich doch eine Fremde bin? ¹¹ Boas antwortete ihr: Mir wurde alles berichtet, was du nach dem Tod deines Mannes für deine Schwiegermutter getan hast, wie du deinen Vater und deine Mutter, dein Land und deine Verwandtschaft verlassen hast und zu einem Volk gegangen bist, das dir zuvor unbekannt war. ¹² Der Herr, der Gott Israels, zu dem du gekommen bist, um dich unter seinen Flügeln zu bergen, möge dir dein Tun vergelten und dich reich belohnen. ¹³ Sie sagte: Du bist sehr gütig zu mir, Herr. Du hast mir Mut gemacht und so freundlich zu deiner Magd gesprochen, und ich bin nicht einmal eine deiner Mägde.

¹⁴ Zur Essenszeit sagte Boas zu ihr: Komm und iß von dem Brot, tauch deinen Bissen in die Würztunke! Sie setzte sich neben die Schnitter. Er reichte ihr geröstete Körner, und sie aß sich satt und behielt noch übrig. ¹⁵ Als sie wieder aufstand zum Ährenlesen, befahl Boas seinen Knechten: Auch wenn sie zwischen den Garben liest, dürft ihr sie nicht schelten. ¹⁶ Ihr sollt

sogar für sie etwas aus den Bündeln herausziehen und liegen lassen; sie mag es auflesen, und ihr dürft sie nicht schelten.

[17] So sammelte sie auf dem Feld bis zum Abend. Als sie ausklopfte, was sie aufgelesen hatte, war es etwa ein Efa Gerste. [18] Sie hob es auf, ging in die Stadt und zeigte ihrer Schwiegermutter, was sie aufgelesen hatte. Dann packte sie aus, was sie von ihrer Mahlzeit übrigbehalten hatte, und gab es ihr. [19] Ihre Schwiegermutter fragte: Wo hast du heute gelesen und gearbeitet? Gesegnet sei, der auf dich achthatte. Sie berichtete ihrer Schwiegermutter, bei wem sie gearbeitet hatte, und sagte: Der Mann, bei dem ich heute gearbeitet habe, heißt Boas. [20] Da sagte Noomi zu ihrer Schwiegertochter: Gesegnet sei er vom Herrn, der seine Gunst den Lebenden und Toten nicht entzogen hat. Und sie erzählte ihr: Der Mann ist mit uns verwandt, er ist einer unserer Löser. [21] Die Moabiterin Rut sagte: Er hat noch zu mir gesagt: Halte dich an meine Knechte, bis sie meine Ernte eingebracht haben. [22] Gut, meine Tochter, sagte Noomi zu Rut, wenn du mit seinen Mägden hinausgehst, dann kann man dich auf einem anderen Feld nicht belästigen.

[23] Rut hielt sich beim Ährenlesen an die Mägde des Boas, bis die Gersten- und Weizenernte beendet war. Danach blieb sie bei ihrer Schwiegermutter.   (Rut 2)

Der Levirat / Die Schwagerehe

Ein zentrales, oft wiederkehrendes und den meisten Hörern unverständliches Wort ist „lösen". „Lösen" bzw. „erlösen" bezieht sich auf einen bestimmten Rechtsvorgang in Notsituationen. In einem umfassenden Sinn meint es die Verpflichtung des nächsten Verwandten, sich in schwierigen Situationen für dessen Wohl einzusetzen, ihn zu „erlösen" oder zu „lösen" (vgl. M. Görg und B. Lang, Bibellexikon).

Die Lösepflicht kann die Form der Blutrache annehmen. Sie kann sich auch im Rückkauf eines Feldes äußern, das ein naher Verwandter aus Not veräußern mußte. Der nächste Verwandte konnte auch als „Löser" bzw. „Erlöser" auftreten, indem er einen als Sklaven verkauften Israeliten wieder zurückkaufte. Das „Lösen" kann schließlich die Form des Levirats annehmen. Der Levirat, d. h. die Schwagerehe, ist eine Form des „Lösens". „Der Levirat im eigentlichen Sinn ist dort gegeben, wo der Bruder eines sohn- bzw. kinderlos verstorbenen Mannes verpflichtet ist, dessen Witwe, seine Schwägerin, zur Frau zu nehmen, wobei dann der Erstgeborene aus dieser Verbindung als Sohn und Erbe des Verstorbenen gilt" (Zenger, Ruth, Seite 20). Manche Sitten erscheinen uns heute in einer anderen Gesellschaft fremd, aber damals waren sie sinnvoll. In einer patriarchalischen Gesellschaft war es wichtig, daß der Name in den Söhnen in die nächste Generation getragen wurde, daß die Besitzverhältnisse innerhalb der Familie und Sippe garantiert waren und daß die Witwe im Alter von ihren Söhnen versorgt wurde. Die Schwagerehe war anscheinend nicht einklagbar, es war wohl eher eine Kann- bzw. eine leichte Muß-Vorschrift. Onan z. B. kam dieser Pflicht nicht nach, obwohl er von seinem Vater dazu aufgefordert wurde. Nach dem Tod seines Bruders sagte sein Vater zu ihm: „Geh mit der Frau deines Bruders die Schwagerehe ein, und verschaff deinem Bruder Nachkommen! Onan wußte also, daß die Nachkommen ihm nicht gehören würden. Sooft er zur Frau seines Bruders ging, ließ er den Samen zur Erde fallen und verderben, um seinen Bruder Nachkommen vorzuenthalten" (Gen 38,8f.). Das Wort „Onanie" stammt aus diesem Zusammenhang. Der Sache nach hat es jedoch wenig mit Onan zu tun. Das Vergehen Onans bestand nicht darin, daß er „onanierte", sondern daß er mit seiner Schwägerin keinen Nachkommen für seinen verstorbenen Bruder zeugte.

Die Wurzel Jesse

Im Buch Rut wird eine „Löseszene" lebendig vorbereitet und erzählerisch meisterhaft geschildert. Es geht schließlich um die Abstammung des Messias, um seine Genealogie. Boas kann Rut gegenüber schließlich sein Löserecht bzw. seine Lösepflicht anmelden. Er verhält sich anders als Onan. Boas und Rut bekommen schließlich einen Sohn. Im letzten Satz des Buches wird die Abstammung aufgelistet (4,21f.) „… Boas zeugte Obed, Obed zeugte Isai, und Isai zeugte David." David wird in Betlehem geboren. Ein entfernter Nachkomme in dieser Geschlechterfolge ist Jesus, der deswegen oft „Sohn Davids" genannt wird, auch wenn er ein entfernter Sohn Davids ist. In dem bekannten Weihnachtslied „Es ist ein Ros entsprungen aus einer Wurzel zart, aus Jesse kam die Art…" wird auf die Geschlechterfolge aus dem Buch Rut Bezug genommen.

In der Kunstgeschichte ist die „Wurzel Jesse" ein Fachausdruck: Isai liegt schlafend am unteren Bildrand, aus seinem Leib wächst ein Baum, der Stammbaum. In den Ästen sind Könige Israels dargestellt. Oben im Baum thront Maria mit dem Jesuskind, dem entfernten und wichtigsten Sproß aus dem Geschlecht Davids. Häufiger noch ist Christus über Maria als Gipfel des Stammbaumes dargestellt. Die sieben Tauben über seinem Kopf symbolisieren die sieben Gaben des Heiligen Geistes.

Die Bedeutung des Buches Rut

Matthäus leitet sein Evangelium mit dem Stammbaum Jesu ein. Fünf Frauen werden genannt: Tamar, Rahab, Rut, ferner die Frau des Urija (gemeint ist Batseba) und Maria. Nach Erich Zenger (Ruth, Seite 116) geht es nicht darum, daß bewußt Sünderinnen im Stammbaum genannt werden. Das gäbe wenig Sinn. Außerdem seien die genannten Frauen in der jüdischen Tradition nie als Sünderinnen betrachtet worden. Der Grund für die Aufnahme der Frauen in den Stammbaum sei das besondere Eingreifen Gottes bei ihrer Mutterschaft. Von Rut heißt es: „Und Jahwe gab ihr Schwangerschaft" (4,13). Im Horizont der Schwangerschaft dieser vier Frauen wird die Mutterschaft Mariens in besonderer Weise herausgestellt: „Der Messias ist ein einzigartiges Geschenk Gottes an SEIN Volk" (Ruth, Seite 117).

Im Buch Rut (so Erich Zenger, Seite 121) gibt es keine spektakulären Ereignisse. Die Menschen, von denen gesprochen wird, sind keine großen Gestalten der Weltgeschichte. Es werden Alltagsgeschichten erzählt von Hunger und Tod, von Ehe und Familie. Daß einfache Menschen das alles bestehen und reifen und solidarisch zueinander stehen, das hielten die biblischen Verfasser für erzählungs- und überlieferungswürdig.

Unter feministischem Aspekt kann man beobachten, wie Rut reift und immer mehr zum Subjekt der Handlung wird. Schließlich definiert sie ihre Rolle nicht nach der traditionellen Auffassung, nur in Ehe und Mutterschaft könne eine Frau Erfüllung finden. Sie lebt als Nächste und Freundin in ihrer Beziehung zu ihrer Schwiegertochter Noemi. „Menschliches Sein wird hier nicht primär durch die Mann-Frau-Beziehung definiert, sondern dadurch, daß Menschen einander zum Nächsten werden sollen. Vom Buch Ruth her sind nicht Eros und Sexus die Grundkategorien menschlichen Zusammenlebens, sondern mitleidende und mittragende Solidarität und aktive Hingabe (nicht als ‚typisch weibliche Opferbereitschaft', sondern als auch vom Mann geforderte Fähigkeit, sich selbst zu geben, um das Leben zu fördern)! Wo Hindernisse abgebaut werden, die diesen menschlichen Grundhaltungen, auch im Zusammmenleben von Frauen und Männern, in der Gesellschaft entgegenstehen, geschieht jene Erneuerung des Gottesvolkes, für die das Buch Ruth erzählerisch plädiert – damals und heute" (Ruth, Seite 125)!

Cäsarea am Meer

Cäsarea am Meer war eine glanzvolle Hafenstadt und Sitz der römischen Prokuratoren. Herodes hatte den Vorgängerort zu einer modernen Stadt ausgebaut und mit Theater, Hippodrom, Thermen und Tempeln ausgestattet. Hier gingen Handelsschiffe aus dem gesamten Mittelmeerraum vor Anker. Hier besuchte Petrus das Haus des Hauptmanns Kornelius (Seite 173), hier wurde Paulus verhört und schließlich nach Rom gebracht. Die Apostelgeschichte berichtet in den Kapiteln 21-27 spannend über das Geschick des Paulus vor seiner Abfahrt nach Rom.

Die Schiffsreise des Paulus über Cäsarea

Als die Zeit zur Abfahrt gekommen war, trennten wir uns von ihnen, fuhren auf dem kürzesten Weg nach Kos, am anderen Tag nach Rhodos und von dort nach Patara. [2] Hier fanden wir ein Schiff, das nach Phönizien fuhr; wir gingen an Bord und fuhren ab. [3] Als wir Zypern sichteten, ließen wir es zur Linken liegen, segelten nach Syrien und landeten in Tyrus; hier sollte das Schiff seine Ladung löschen. [4] Nachdem wir die Jünger ausfindig gemacht hatten, blieben wir sieben Tage bei ihnen. Auf eine Eingebung des Geistes hin warnten sie Paulus davor, nach Jerusalem zu gehen.

[5] Als die Tage um waren, brachen wir zur Weiterreise auf, und alle, auch Frauen und Kinder, begleiteten uns bis vor die Stadt. Am Strand knieten wir nieder, beteten [6] und nahmen Abschied voneinander. Dann gingen wir an Bord; jene aber kehrten nach Hause zurück.

[7] So fuhren wir von Tyrus ab und beendeten unsere Seereise in Ptolemaïs. Wir begrüßten die Brüder und blieben einen Tag bei ihnen. [8] Am folgenden Tag

kamen wir nach Cäsarea. Wir gingen in das Haus des
Evangelisten Philippus, der einer von den Sieben war,
und blieben bei ihm. [9] Er hatte vier Töchter, prophe-
tisch begabte Jungfrauen.
[10] Wir blieben mehrere Tage. Da kam von Judäa ein
Prophet namens Agabus herab [11] und besuchte uns. Er
nahm den Gürtel des Paulus, band sich Füße und
Hände und sagte: So spricht der Heilige Geist: Den
Mann, dem dieser Gürtel gehört, werden die Juden in
Jerusalem ebenso fesseln und den Heiden ausliefern.
[12] Als wir das hörten, redeten wir ihm zusammen mit
den Einheimischen zu, nicht nach Jerusalem hinauf-
zuziehen. [13] Doch Paulus antwortete: Warum weint
ihr und macht mir das Herz schwer? Ich bin bereit,
mich in Jerusalem für den Namen Jesu, des Herrn,
fesseln zu lassen und sogar zu sterben. [14] Da er sich
nicht überreden ließ, gaben wir nach und sagten: Der
Wille des Herrn geschehe.
[15] Nach diesen Tagen bereiteten wir uns zur Reise vor
und zogen hinauf nach Jerusalem. [16] Auch einige Jün-
ger aus Cäsarea begleiteten uns und brachten uns zu
einem gewissen Mnason aus Zypern, bei dem wir
wohnen sollten; er war ein Jünger aus der Anfangs-
zeit. [17] Als wir nach Jerusalem kamen, wurden wir
von den Brüdern freudig empfangen.   (Apg 21,1-17)

Man erfährt einiges über die Stationen des Paulus, wie er,
von den ägäischen Inseln kommend, weiter nach Süden
segelt, an der heutigen libanesischen Küste entlang bis nach
Cäsarea. Antike Schiffsfahrt war Küstenfahrt, das wird hier
deutlich.
Von der Prophetin Debora wird noch die Rede (Seite 252)
sein. Prophetinnen waren keine Seltenheit in der biblischen
Zeit. Auch die vier Töchter des Diakons Philippus in Cäsarea
waren prophetisch begabt. In einer zeichenhaften Handlung
wird Paulus die bevorstehende Verhaftung angekündigt. In

Jerusalem überschlagen sich die Ereignisse. Er wird festgenommen, falsche Zeugen treten gegen ihn auf. Das Kapitel 22 gibt die Verteidigungsrede des Paulus vor dem Volk wieder. Klug beginnt er in hebräischer Sprache, erzählt von seinem früheren Haß gegen die Christen, berichtet von seinem Bekehrungserlebnis vor Damaskus, von seiner Taufe, bis schließlich die Zuhörer grölend seinen Tod fordern. Im richtigen Augenblick, als man ihn gerade geißeln will, fragt Paulus: „Dürft ihr jemand, der das römische Bürgerrecht besitzt, geißeln, noch dazu ohne Verurteilung?" (Apg 22,25). Bei einer erneuten Vernehmung (Apg 23) kommt Paulus auf die Frage nach der Auferstehung der Toten zu sprechen. Sofort entstand unter den Richtern – was er wohl beabsichtigt hatte – ein Streit über dieses Problem, und der Prozeß wurde wegen der Streitereien vertagt (Text: Apg 23,1-11).

Die Pharisäer glaubten an eine Auferstehung der Toten. Mit dieser Hoffnung vertraten sie damals eine moderne Theologie. Die Sadduzäer hielten an der in früheren biblischen Schriften enthaltenen Auffassung fest, daß der Tod das Ende allen Lebens sei. Die Verstorbenen würden in der Unterwelt ein Schattendasein führen und mehr vegetieren als leben. Deswegen kann ein Schwerkranker beten: „Laß meine Seele leben, damit sie dich preisen kann" (Ps 119,10)! Das Wort „Seele" steht in der Bibel immer für den Menschen als Leib-Seele Einheit. Auch das Wort „Fleisch" meint nie den Leib allein, sondern den ganzen Menschen als Einheit von Leib und Seele. Der Psalmist bittet also Gott, er möge ihn gesund werden lassen, denn in der Unterwelt könne er ihn nicht mehr preisen.

Paulus wird unter Bewachung nach Cäsarea gebracht (Apg 23,23). Die Kapitel 24-26 schildern die Verhöre in Cäsarea.

Sicher kann man nicht alle Kapitel in Cäsarea lesen, aber einige Kostproben am Ort des Geschehens lassen diese Kapitel, die ohnehin schon spannend geschrieben sind, noch lebendiger werden.

Cäsarea Philippi

Es sind mehrere große Städte mit dem Namen Cäsarea bekannt, z. B. Cäsarea in Kappadokien in der heutigen Türkei, Cäsarea am Mittelmeer, auch Cäsarea maritima genannt, im heutigen Israel. Herodes baute diese Stadt zu Ehren des Kaisers Augustus zu einer der modernsten Städte aus und benannte sie nach ihm. Ein Cäsarea gab es in Nordafrika im Gebiet des jetzigen Landes Algerien. Dieses Cäsarea war eine der größten Städte in Nordafrika mit einem Umfang von sieben Kilometern. Und schließlich dieses Cäsarea an einer der Jordanquellen. Philippus, Sohn des Herodes, hatte hier seine Residenz. Er benannte die Stadt nach Augustus, dem regierenden Kaiser in Rom. Ursprünglich bezieht sich der Name Cäsarea auf den historischen C. Julius Cäsar. Die folgenden Kaiser legten sich den Namen Cäsar als Titel zu. Dem deutschen Wort „Kaiser" ist die Ableitung von „Cäsar" noch anzusehen. Aus dem Namen ist ein Titel geworden. Wenn in der Antike eine Stadt „Cäsarea" genannt wurde, bezog sich diese Bezeichnung also niemals auf den historischen Cäsar, sondern auf den residierenden Kaiser, der sich den Namen „Cäsar" als Titel zugelegt hatte.

Wie gesagt: Philippus hatte seine Residenz in Cäsarea. Zur Unterscheidung dieser Stadt von den vielen anderen Städten mit gleichem Namen fügte man später den Namen „Philippi" hinzu. An einer so reich sprudelnden Quelle wird es nicht erst seit dem Herodessohn eine Stadt gegeben haben. Die Vorgängerstadt hieß Pan. Hier wurde der Hirtengott Pan verehrt. Er war ein Fruchtbarkeitsgott. Seit seiner Geburt war er am ganzen Körper behaart und mit Ziegenhörnern und Ziegenbeinen ausgestattet. Er war lüstern und zeigte sich oft in seiner nackten Gestalt. Die Menschen gerieten dann in „Panik". Aus Schilfrohren bastelte er sich eine Flöte. Man nennt sie „Panflöte". In künstlerischen Darstellungen trifft man ihn oft im Gefolge des Gottes Dionysos an.

Das Messiasbekenntnis des Petrus

¹³ Als Jesus in das Gebiet von Cäsarea Philippi kam, fragte er seine Jünger: Für wen halten die Leute den Menschensohn? ¹⁴ Sie sagten: Die einen für Johannes den Täufer, andere für Elija, wieder andere für Jeremia oder sonst einen Propheten. ¹⁵ Da sagte er zu ihnen: Ihr aber, für wen haltet ihr mich? ¹⁶ Simon Petrus antwortete: Du bist der Messias, der Sohn des lebendigen Gottes! ¹⁷ Jesus sagte zu ihm: Selig bist du, Simon Barjona; denn nicht Fleisch und Blut haben dir das offenbart, sondern mein Vater im Himmel.

¹⁸ Ich aber sage dir: Du bist Petrus, und auf diesen Felsen werde ich meine Kirche bauen, und die Mächte der Unterwelt werden sie nicht überwältigen. ¹⁹ Ich werde dir die Schlüssel des Himmelreichs geben; was du auf Erden binden wirst, das wird auch im Himmel gebunden sein, und was du auf Erden lösen wirst, das wird auch im Himmel gelöst sein.

²⁰ Dann befahl er den Jüngern, niemand zu sagen, daß er der Messias sei.   *(Mt 16,13-20)*

Jesus nimmt das Messiasbekenntnis des Petrus an. Da Jesus aber dem allgemein vorherrschenden Messiasbild nicht entspricht, sagt er Petrus mit den Formulierungen „nicht Fleisch und Blut…": Wenn du meinst, ich sei der Messias, muß dir mein Vater im Himmel zu dieser Einsicht verholfen haben. Von dir aus würdest du wohl kaum zu dieser Überzeugung kommen.

Jesus stellt Petrus dann die Leitungsgewalt über die junge Kirche in Aussicht. Das, was hier für die Zukunft angedeutet wird, mündet später am See Gennesaret in einen konkreten Auftrag (s. unter „Primatskapelle"; über den Messiasbegriff s. Seite 62).

Jesus spricht im Anschluß an die Primatsverheißung von seinem Leiden und von seinem Tod. Dadurch präzisiert er das Messiasbekenntnis des Petrus. Er werde nicht als triumpha-

ler Messias einen Aufstand gegen die römische Besatzungsmacht anzetteln. Vielmehr „müsse er nach Jerusalem gehen
und von den Ältesten, den Hohenpriestern und den Schriftgelehrten vieles erleiden; er werde getötet werden, aber am
dritten Tag werde er auferstehen" (Mt 16,21). Diese Vorstellung von einem leidenden Messias ist Petrus und den
meisten Zeitgenossen völlig fremd und inakzeptabel. Deshalb heißt es im Text weiter: „Da nahm ihn Petrus beiseite
und machte ihm Vorwürfe; er sagte: Das soll Gott verhüten,
Herr! Das darf nicht mit dir geschehen" (Mt 16,22). Daraufhin
muß sich Petrus eine scharfe Zurechtweisung gefallen
lassen. Was Jesus aus dem Mund des Petrus hört, könnte
ihm auch vom Satan direkt ähnlich so eingeflüstert werden,
deshalb die schockierende Anrede und Antwort: „Weg mit
dir, Satan, geh mir aus den Augen! Du willst mich zu Fall
bringen; denn du hast nicht das im Sinn, was Gott will, sondern was die Menschen wollen" (Mt 16,23).

Emmaus

Die Emmausgeschichte ist wohl jedem Christen vertraut. Am Ostermontag wird sie im Gottesdienst vorgetragen. Sie ist so meisterhaft erzählt, daß sie niemand vergessen wird, der sie einmal gehört hat.

In verschiedenen Gegenden hat man nach dem biblischen Ort gesucht. Nicht alle in der Bibel erwähnten Orte sind ununterbrochen bis in die Gegenwart besiedelt, deshalb ist für einige wenige Orte die genaue Lagebestimmung schwer. Dazu gehört Emmaus. Es gibt das Emmaus Quebebe. Ein anderes Emmaus wird mit dem Namen Abu Ghosh gleichgesetzt. Hier steht eine hervorragend erhaltene Kreuzfahrerkirche mit erhaltener Wandmalerei. Ein drittes Emmaus wird bei Latrun zwischen Jerusalem und Tel Aviv lokalisiert. Wichtiger als die Kenntnis des genauen Ortes ist die biblische Erzählung, die man an jedem der möglichen Emmausorte und selbstverständlich überall lesen kann.

Die Jünger auf dem Weg nach Emmaus

[13] Am gleichen Tag waren zwei von den Jüngern auf dem Weg in ein Dorf namens Emmaus, das sechzig Stadien von Jerusalem entfernt ist. [14] Sie sprachen miteinander über all das, was sich ereignet hatte. [15] Während sie redeten und ihre Gedanken austauschten, kam Jesus hinzu und ging mit ihnen. [16] Doch sie waren wie mit Blindheit geschlagen, so daß sie ihn nicht erkannten. [17] Er fragte sie: Was sind das für Dinge, über die ihr auf eurem Weg miteinander redet? Da blieben sie traurig stehen, [18] und der eine von ihnen – er hieß Kleopas – antwortete ihm: Bist du so fremd in Jerusalem, daß du als einziger nicht weißt, was in diesen Tagen dort geschehen ist? [19] Er fragte sie: Was denn? Sie antworteten ihm: Das mit Jesus

aus Nazaret. Er war ein Prophet, mächtig in Wort und Tat vor Gott und dem ganzen Volk. ²⁰ Doch unsere Hohenpriester und Führer haben ihn zum Tod verurteilen und ans Kreuz schlagen lassen. ²¹ Wir aber hatten gehofft, daß er der sei, der Israel erlösen werde. Und dazu ist heute schon der dritte Tag, seitdem das alles geschehen ist. ²² Aber nicht nur das: Auch einige Frauen aus unserem Kreis haben uns in große Aufregung versetzt. Sie waren in der Frühe beim Grab, ²³ fanden aber seinen Leichnam nicht. Als sie zurückkamen, erzählten sie, es seien ihnen Engel erschienen und hätten gesagt, er lebe. ²⁴ Einige von uns gingen dann zum Grab und fanden alles so, wie die Frauen gesagt hatten; ihn selbst aber sahen sie nicht.

²⁵ Da sagte er zu ihnen: Begreift ihr denn nicht? Wie schwer fällt es euch, alles zu glauben, was die Propheten gesagt haben. ²⁶ Mußte nicht der Messias all das erleiden, um so in seine Herrlichkeit zu gelangen? ²⁷ Und er legte ihnen dar, ausgehend von Mose und allen Propheten, was in der gesamten Schrift über ihn geschrieben steht. ²⁸ So erreichten sie das Dorf, zu dem sie unterwegs waren. Jesus tat, als wolle er weitergehen, ²⁹ aber sie drängten ihn und sagten: Bleib doch bei uns; denn es wird bald Abend, der Tag hat sich schon geneigt. Da ging er mit hinein, um bei ihnen zu bleiben. ³⁰ Und als er mit ihnen bei Tisch war, nahm er das Brot, sprach den Lobpreis, brach das Brot und gab es ihnen. ³¹ Da gingen ihnen die Augen auf, und sie erkannten ihn; dann sahen sie ihn nicht mehr. ³² Und sie sagten zueinander: Brannte uns nicht das Herz in der Brust, als er unterwegs mit uns redete und uns den Sinn der Schrift erschloß? ³³ Noch in derselben Stunde brachen sie auf und kehrten nach Jerusalem zurück, und sie fanden die Elf und die anderen Jünger versammelt. ³⁴ Diese sagten: Der Herr ist wirklich auferstanden und ist dem Simon

erschienen. [35] *Da erzählten auch sie, was sie unter-*
wegs erlebt und wie sie ihn erkannt hatten, als er das
Brot brach.   *(Lk 24,13-35)*

Die entscheidende Aussage dieser Perikope dürfte sein: Die
Begegnung mit dem auferstandenen Christus geschieht
fortan bei der sonntäglichen Feier der Eucharistie, dort, wo
die Schrift verkündet und das Brot gebrochen wird.

En-Gedi

König Saul betrachtete seinen Diener David von Tag zu Tag
mißtrauischer. David blieb schließlich keine andere Wahl, als
vom Hof zu fliehen. In den Bergen westlich des Toten Meeres fühlt er sich sicher. Die Fluchtgegend ist gut gewählt. Sie
ist weit genug von Jerusalem entfernt (ca. 30 km). Die
Gegend hat viele Höhlen zum Verstecken, Rasten und Übernachten. Schließlich gibt es in der Nähe eine Oase, wo man
sich Wasser und Proviant besorgen kann. Das in der Bibel
häufig vorkommende Wort „en" gibt es auch in der verwandten arabischen Sprache heute und bedeutet Quelle.
Das Hohelied bezieht sich auf diese blühende Oase En-Gedi:
„Eine Hennablüte ist mein Geliebter mir aus den Weinber-
gen von En-Gedi" (Hld 1,14).
Im 1. Samuelbuch wird folgende spannende Geschichte
berichtet.

Davids Achtung vor Sauls Leben

*Von dort zog David hinauf und setzte sich in den
schwer zugänglichen Bergen bei En-Gedi fest. ² Als
Saul von der Verfolgung der Philister zurückkehrte,
berichtete man ihm: Gib acht, David ist in der Steppe
von En-Gedi. ³ Da nahm Saul dreitausend Mann, aus-
gesuchte Leute aus ganz Israel, und zog aus, um David
und seine Männer bei den Steinbock-Felsen zu
suchen. ⁴ Auf seinem Weg kam er zu einigen Schaf-
hürden. Dort war eine Höhle. Saul ging hinein, um
seine Notdurft zu verrichten. David aber und seine
Männer saßen hinten in der Höhle. ⁵ Da sagten die
Männer zu David: Das ist der Tag, von dem der Herr
zu dir gesagt hat: Sieh her, ich gebe deinen Feind in
deine Gewalt, und du kannst mit ihm machen, was
dir richtig erscheint. Da stand David auf und schnitt*

heimlich einen Zipfel von Sauls Mantel ab. [6] Hinterher aber schlug David das Gewissen, weil er einen Zipfel vom Mantel Sauls abgeschnitten hatte. [7] Er sagte zu seinen Männern: Der Herr bewahre mich davor, meinem Gebieter, dem Gesalbten des Herrn, so etwas anzutun und Hand an ihn zu legen; denn er ist der Gesalbte des Herrn. [8] Und David fuhr seine Leute mit scharfen Worten an und ließ nicht zu, daß sie sich an Saul vergriffen. Als Saul die Höhle verlassen hatte und seinen Weg fortsetzte, [9] stand auch David auf, verließ die Höhle und rief Saul nach: Mein Herr und König! Als Saul sich umblickte, verneigte sich David bis zur Erde und warf sich (vor ihm) nieder. [10] Dann sagte David zu Saul: Warum hörst du auf die Worte von Leuten, die sagen: Gib acht, David will dein Verderben. [11] Doch heute kannst du mit eigenen Augen sehen, daß der Herr dich heute in der Höhle in meine Gewalt gegeben hat. Man hat mir gesagt, ich solle dich töten; aber ich habe dich geschont. Ich sagte: Ich will nicht die Hand an meinen Herrn legen; denn er ist der Gesalbte des Herrn. [12] Sieh her, mein Vater! Hier, der Zipfel deines Mantels ist in meiner Hand. Wenn ich einen Zipfel deines Mantels abgeschnitten und dich nicht getötet habe, dann kannst du erkennen und einsehen, daß ich weder Bosheit noch Aufruhr im Sinn habe und daß ich mich nicht gegen dich versündigt habe; du aber stellst mir nach, um mir das Leben zu nehmen. [13] Der Herr soll zwischen mir und dir entscheiden. Der Herr soll mich an dir rächen; aber meine Hand wird dich nicht anrühren, [14] wie das alte Sprichwort sagt: Von den Frevlern geht Frevel aus; aber meine Hand soll dich nicht anrühren. [15] Hinter wem zieht der König von Israel her? Wem jagst du nach? Einem toten Hund, einem einzigen Floh! [16] Der Herr soll unser Richter sein und zwischen mir und dir entscheiden. Er *blicke her, er soll meinen Rechtsstreit führen und mir dir gegenüber Recht verschaffen.*

[17] Als David das zu Saul gesagt hatte, antwortete Saul: Ist das nicht deine Stimme, mein Sohn David? Und Saul begann laut zu weinen [18] und sagte zu David: Du bist gerechter als ich; denn du hast mir Gutes erwiesen, während ich böse an dir gehandelt habe. [19] Du hast heute bewiesen, daß du gut an mir gehandelt hast; obwohl der Herr mich in deine Gewalt gegeben hatte, hast du mich nicht getötet. [20] Wenn jemand auf seinen Feind trifft, läßt er ihn dann im guten seinen Weg weiterziehen? Der Herr möge dir mit Gutem vergelten, was du mir heute getan hast. [21] Jetzt weiß ich, daß du König werden wirst und daß das Königtum in deiner Hand Bestand haben wird. [22] Darum schwöre mir nun beim Herrn, daß du meine Nachkommen nicht ausrotten und meinen Namen nicht aus dem Haus meines Vaters austilgen wirst. [23] Und David schwor es Saul. Saul zog nach Hause, David aber und seine Männer stiegen wieder in die unzugänglichen Berge hinauf.   *(1 Sam 24,1-23)*

Der Messiastitel

Die Geschichte ist ganz aus dem damaligen Milieu heraus geschildert. Wenn von „König" Saul die Rede ist, dürfen wir nicht an einen König unserer Tage denken, der über mehrere Residenzen und einen durchorganisierten Hofstaat verfügt. Saul wohnte bescheiden und zog selber mit einer kleinen Gruppe von Männern in den Kampf. Diese Geschichte zeigt einerseits, in welch bescheidenem Rahmen solche Kämpfe ausgeführt wurden, und läßt andererseits den Respekt ahnen, den David vor dem Gesalbten des Herrn hatte. „Ich will nicht die Hand an meinen Herrn legen; denn er ist der Gesalbte des Herrn" (1 Sam 24,11). Das griechische Wort „Christos" und das aus dem Hebräischen abgeleitete Wort „Messias" sind in der Bedeutung identisch und bedeuten „Gesalbter". „Christus" ist die latinisierte Form. Saul, der erste König Israels, wurde vom Richter und Propheten Samuel mit Öl zum König gesalbt. Als Gesalbter ist er „Christus" bzw. „Messias". Die nachfolgenden Könige Israels wurden ebenfalls gesalbt. Wenn man vom König spricht, kann man auch sagen „der Gesalbte" oder „der Messias" bzw. „der Christus". Christen geht diese Formulierung schwer über die Zunge, weil sie den Titel Christus seit Kindheit an mit dem Namen Jesus verbunden haben, so daß diese Verbindung wie ein Doppelname klingt. Tatsächlich ist es ein kleines Glaubensbekenntnis, wenn wir „Jesus Christus" sagen. Es heißt nämlich, daß wir bekennen, daß Jesus der Messias ist. In manchen Formulierungen der Bibel ist dieser Sinn noch spürbar, wenn es z. B. heißt: „Wer ist Lügner – wenn nicht der, der leugnet, daß Jesus der Christus ist?" (1 Joh 2,22).

Nach vielen Erfahrungen mit den Schwächen und Ungerechtigkeiten seiner Könige und besonders in den Zeiten des Babylonischen Exils (586-539), nachdem die staatliche Ordnung aufgelöst und der Tempel zerstört war, wuchs die Hoffnung, daß irgendwann ein junger Mann auftreten würde, der seine Abstammung bis auf König David zurückführen könne und der wieder ein neues, glanzvolles Königreich in Israel errichten würde. Die Erwartungen an diesen kommenden König, d. h. an den Gesalbten, an den Christus, an den Messias, waren in den verschiedenen religiös-politischen Gruppen des Volkes unterschiedlich. Priesterkreise erwarteten vom künftigen Messias auch priesterliche Funktionen; Kreise, die nach politischer Unabhängigkeit von der jeweiligen Besatzungsmacht strebten, hofften mehr auf einen König mit stark militärischen Ambitionen. Aus dem Apostelkreis gehörte Judas vermutlich zu einer solchen Gruppe. Er sah seine Erwartungen durch die Person Jesu nicht erfüllt und fühlte sich deshalb im Gewissen verpflichtet, Jesus aus dem Weg zu schaffen bzw. ihn am Gründonnerstag abend in eine Situation zu bringen, in der er zeigen konnte, welche Art Messias er sei. Wegen der unterschiedlichen Erwartungen, die mit dem Messiastitel verbunden waren, und wegen der in einigen Kreisen – wie gesagt – stark machtpolitisch orientierten Vorstellung verbietet Jesus den Jüngern, diesen Titel in der Öffentlichkeit zu gebrauchen. „Dann befahl er den Jüngern, niemand zu sagen, daß er der Messias sei" (Mt 16,20). In einem waren sich alle Messiaserwartungen einig: Der Messias ist ein Mensch, nicht Gottes Sohn in einem metaphysischen Sinn, wie später das Konzil von Nicäa (325) von Jesus als mit dem Vater wesensgleichen Sohn spricht. Daß der Messias nach jüdischem Verständnis tatsächlich nur Mensch und nicht Gott oder Gottes Sohn ist, geht auch aus folgender Zeremonie anläßlich der Beschneidung eines acht Tage alten Jungen hervor: Es wird ein Stuhl für den Propheten Elija freigehalten. „Jedes Kind, das geboren wird, birgt die Möglichkeit, die messianische Zeit herbeizuführen" (Shire, Die Pessach Haggada, Seite 45). Elija ist der unmittelbare Vorläufer des Messias. Da jeder Knabe der Messias sein könnte, muß man mit der Ankunft des Elija während der Beschneidungszeremonie rechnen.

Wenn in der hebräischen Bibel, also im Alten Testament, vom „Sohn Gottes" die Rede ist, dann in einem sehr weiten, bildhaften Verständnis. In diesem Sinn kann dann das Volk Israel insgesamt oder der König oder einzelne Gerechte und Fromme „Sohn Gottes" genannt werden. Daß Gott einen wesensgleichen Sohn haben könnte, ist für jüdisches Glaubensempfinden undenkbar. Täglich betet der fromme Jude bis heute zweimal am Tag das Sch'ma Israel, welches mit dem Satz beginnt: „Höre, Israel! Jahwe ist unser Gott, Jahwe ist einzig" (Dtn 6,4). Ein kleiner Kreis aus dem Judentum, die ersten Jünger, kam allmählich in der Rückschau und durch die Einwirkung des Heiligen Geistes zum Glauben: Dieser Jesus war nicht nur der erwartete Messias, sondern viel mehr. Er ist Gottes Ebenbild, sein menschgewordenes Antlitz, sein wesensgleicher Sohn.

Für gläubige Juden ist Jesus auch nicht der Messias. Wäre er das, so sagen sie, dann müßte mit ihm das Reich des Friedens angebrochen sein, wie es von allen Propheten angekündigt wird. Wo aber herrscht wirklich Friede? Sind die Lanzen schon überall in Winzermesser umgeschmiedet? Ist Elija schon wiedergekommen? Christen erwidern darauf: Wenn jemand wirklich in die Fußstapfen Jesu tritt, ist der Friede schon greifbar. Und Elija ist wiedergekommen in der Person Johannes' des Täufers. Lukas läßt den Engel über den künftigen Johannes sagen: „Er wird mit dem Geist und mit der Kraft des Elija dem Herrn vorangehen, um das Herz der Väter wieder den Kindern zuzuwenden und die Ungehorsamen zur Gerechtigkeit zu führen und so das Volk für den Herrn bereitzumachen" (Lk 1,17). Genau das ist die Aufgabe des Elija. Jesus selbst sagt über Johannes: „Ja, er ist Elija, der wiederkommen soll" (Mt 11,14).

En Karim

In diesem Dorf hat vermutlich Elisabet, die Verwandte der Gottesmutter, gewohnt. Elisabet war eine „Base" Mariens, also ihre Tante oder Cousine. Der Mann der Elisabet hieß Zacharias. Beide warteten lange auf Nachkommen. Die näheren Ereignisse vor und nach der Geburt ihres Kindes Johannes, den man später den „Täufer" nannte, berichtet Lukas im ersten Kapitel. Noch wunderbarere Zeichen als bei der Geburt des Johannes geschehen vor und nach der Geburt des Jesuskindes. Das Lukasevangelium spricht vom Engel Gabriel, der Maria die Verheißung von der Geburt eines Kindes bringt, in dem die Christen später den Messias und Sohn Gottes erkennen. Durch den Engel erfährt Maria von der Schwangerschaft ihrer Verwandten Elisabet. „Nach einigen Tagen machte sich Maria auf den Weg und eilte in eine Stadt im Bergland von Judäa" (1,39). In En Karim begegnen sich die beiden Frauen, die ein Kind erwarten. Elisabet ist schon im sechsten Monat schwanger. Sie begrüßen sich nach orientalischer Art, wünschen sich gegenseitig „Schalom" (Frieden) und umarmen sich. Tausendfach ist diese Begegnung in der Kunst des Mittelalters dargestellt. In Bilderzyklen mit Szenen aus dem Leben Mariens oder mit Themen aus dem Leben Jesu – beide sind ja weitgehend identisch – folgt auf die Verkündigung an Maria immer die Begegnung der beiden Frauen, die sogenannte „Visitatio", wie man in der Kunstgeschichte diese Begegnung nennt, wörtlich „Besuch", nämlich der Besuch Mariens bei Elisabet. Auch „Heimsuchung" wird diese Szene genannt. Die „Visitatio" ist ein Beleg für die Wahrheit dessen, was der Engel Maria verheißen hat. Er hatte von der Schwangerschaft Elisabets gesprochen, die Maria nun mit eigenen Augen überprüfen kann bzw. die hier von ihrer Verwandten bestätigt wird.

Die Heimsuchung

[39] *Nach einigen Tagen machte sich Maria auf den Weg und eilte in eine Stadt im Bergland von Judäa.* [40] *Sie ging in das Haus des Zacharias und begrüßte Elisabet.* [41] *Als Elisabet den Gruß Marias hörte, hüpfte das Kind in ihrem Leib. Da wurde Elisabet vom Heiligen Geist erfüllt* [42] *und rief mit lauter Stimme: Gesegnet bist du mehr als alle anderen Frauen, und gesegnet ist die Frucht deines Leibes.* [43] *Wer bin ich, daß die Mutter meines Herrn zu mir kommt?* [44] *In dem Augenblick, als ich deinen Gruß hörte, hüpfte das Kind vor Freude in meinem Leib.* [45] *Selig ist die, die geglaubt hat, daß sich erfüllt, was der Herr ihr sagen ließ.* [46] *Da sagte Maria:*

Meine Seele preist die Größe des Herrn,

[47] *und mein Geist jubelt über Gott, meinen Retter.*

[48] *Denn auf die Niedrigkeit seiner Magd hat er geschaut.*

Siehe, von nun an preisen mich selig alle Geschlechter.

[49] *Denn der Mächtige hat Großes an mir getan, und sein Name ist heilig.*

[50] *Er erbarmt sich von Geschlecht zu Geschlecht über alle, die ihn fürchten.*

[51] *Er vollbringt mit seinem Arm machtvolle Taten: Er zerstreut, die im Herzen voll Hochmut sind;*

[52] *er stürzt die Mächtigen vom Thron und erhöht die Niedrigen.*

[53] *Die Hungernden beschenkt er mit seinen Gaben und läßt die Reichen leer ausgehen.*

[54] *Er nimmt sich seines Knechtes Israel an und denkt an sein Erbarmen,*

[55] *das er unsern Vätern verheißen hat, Abraham und seinen Nachkommen auf ewig.*

[56] *Und Maria blieb etwa drei Monate bei ihr; dann kehrte sie nach Hause zurück.* *(Lk 1,39-56)*

Ein wunderschöner Text! Man müßte ihn eigentlich singen. Tatsächlich werden die preisenden Verse der Gottesmutter an fast allen Tagen des Kirchenjahres in vielen Klöstern rund um den Erdball gesungen. Im täglichen Gebet der Priester und Ordensgemeinschaften hat dieser Text – bis auf wenige Bußzeiten des Jahres – einen festen Platz. Es ist der Gesang des „Magnifikat". Das Wort „preisen" wird in diesem Zusammenhang mit „magnificat" übersetzt. „Magnificat anima mea Dominum" – „meine Seele preist den Herrn", so lautet der Eingangsvers. Maria hat nicht still und verhalten die Größe Gottes bewundert. Das Menschenbild der hebräischen Bibel ist eine untrennbare Einheit von Leib und Seele. Wenn der biblische Mensch Gott preist, kann man es hören und sehen. Die Verse zeigen, wie gut Maria in den Schriften bewandert war. Wenn von „der Schrift" oder „den Schriften" die Rede ist – Jesus bezieht sich oft auf sie –, dann sind die Bücher gemeint, die wir das Alte Testament nennen. Zur Zeit Jesu gab es noch kein Neues Testament. Die Heilige Schrift für Jesus und Maria und die Apostel war eben das Alte Testament. Maria zitiert im Magnifikat eine Reihe von Preisungen aus dem Munde einer anderen Frau, Hanna, der Mutter des Propheten und Richters Samuel. Sie war verzweifelt, daß ihr nach vielen Ehejahren Nachkommenschaft vorenthalten blieb. Nach der Geburt eines lang ersehnten und erbetenen Kindes bricht sie in den Jubel aus, der im 2. Kapitel des ersten Samuelbuches zitiert wird, in dem es unter anderem heißt:

„Mein Herz ist voll Freude über den Herrn, große Kraft gibt mir der Herr … Die Satten verdingen sich um Brot, doch die Hungrigen können feiern für immer … Den Schwachen hebt er [der Herr] empor aus dem Staub und erhöht den Armen, der im Schmutz liegt." Maria bedient sich einiger Worte der Hanna, die ihr wegen der ähnlichen Situation in den Sinn kommen, und ergänzt sie durch eigene Formulierungen. Ähnlich machen es Menschen aller Zeiten, wenn sie in bestimmten Situationen eine Melodie summen oder singen oder sich eines vorformulierten Gebetes bedienen, welches gerade jetzt für diese ihre Situation paßt.

Ein Zweites ist bedenkenswert. Es geht um einen einzigen Satz, eigentlich nur um ein einziges Wort, das seltsam klingt und deswegen oft nicht wörtlich übersetzt wird, dann allerdings die eigentliche Aussage verliert. Das Kind „hüpfte in ihrem Leib". Der kleine Johannes „hüpft" im Leib der Elisabet, als er den Gruß Marias hört. Ein ungeborenes Kind bewegt sich im Fruchtwasser. Es drückt auch gegen die Bauchdecke. Aber hüpfen im eigentlichen Sinn kann es nicht. Deshalb übersetzen manche das griechische Wort für „hüpfen" an dieser Stelle mit „bewegen". Dann aber geht die eigentliche Aussage verloren. Im Text seht „hüpfen". Das muß einen Grund haben. Dieses kleine Wort ist Träger einer großen Aussage, wenn man einen Vers aus dem kleinen Prophetenbuch Maleachi heranzieht. Der Prophet spricht vom Tag Jahwes, an dem der Bote Jahwes kommt und den Weg für Jahwe bahnt (3,1). Der Tag Jahwes ist ein Tag des Gerichtes. Diejenigen, die den Namen Jahwes heilighalten, „werden Freudensprünge machen wie Kälber, die aus dem Stall kommen" (3,20 b). Wenn nun Lukas von dem kleinen, noch ungeborenen Johannes sagt, daß er hüpft, ist das für schriftbewanderte damalige Zuhörer eine nicht zu überhörende Anspielung an den Maleachi-Vers. Dieses „Hüpfen" des Johanneskindes ist eine messianische Aussage. Jesus ist der vom Propheten angekündigte Bote Gottes. Schon in der Nähe des noch ungeborenen Jesus macht ein anderer, obwohl noch nicht geboren, Freudensprünge.

Das Kommen des Messias ist Anlass zu ausgelassener Freude. Jesus ist die personifizierte Frohbotschaft. Der Gedanke an ihn soll unser Gesicht verklären und nicht verfinstern.

In En Karim gibt es zwei bedeutende Kirchen. Die eine steht mitten im Dorf und erinnert an die Geburt Johannes' des Täufers; die andere auf einer Anhöhe hält die Begegnung zwischen Elisabet und Maria lebendig.

Gerasa

Gerasa wird am östlichen Ufer des Sees Gennesaret lokalisiert, einen Steinwurf von ihm entfernt. Hier steht eine frühchristliche Kirche mit einem herrlichen Mosaikboden.
Die synoptischen Evangelien erzählen eine drastische und fremdartige Geschichte aus dieser Gegend. In seiner Erzählung kommen Schweineherden vor. Daraus kann man schließen, daß in dieser Region keine Juden wohnten. Schweine sind für Juden unsaubere Tiere. Ihr Fleisch ist nicht koscher. Man darf es nicht essen. Als jüdischer Mann meidet Jesus gewöhnlich solche Gebiete. Hier der Text aus dem Lukasevangelium:

> [26] *Sie fuhren in das Gebiet von Gerasa, das dem galiläischen Ufer gegenüberliegt.* [27] *Als Jesus an Land ging, lief ihm ein Mann aus der Stadt entgegen, der von Dämonen besessen war. Schon seit langem trug er keine Kleider mehr und lebte nicht mehr in einem Haus, sondern in den Grabhöhlen.* [28] *Als er Jesus sah, schrie er auf, fiel vor ihm nieder und rief laut: Was habe ich mit dir zu tun, Jesus, Sohn des höchsten Gottes? Ich bitte dich: Quäle mich nicht!* [29] *Jesus hatte nämlich dem unreinen Geist befohlen, den Mann zu verlassen. Denn schon seit langem hatte ihn der Geist in seiner Gewalt, und man hatte ihn wie einen Gefangenen an Händen und Füßen gefesselt. Aber immer wieder zerriß er die Fesseln und wurde von dem Dämon in menschenleere Gegenden getrieben.* [30] *Jesus fragte ihn: Wie heißt du? Er antwortete: Legion. Denn er war von vielen Dämonen besessen.* [31] *Und die Dämonen baten Jesus, sie nicht zur Hölle zu schicken.*
> [32] *Nun weidete dort an einem Berg gerade eine große Schweineherde. Die Dämonen baten Jesus, ihnen zu*

erlauben, in die Schweine hineinzufahren. Er erlaubte es ihnen. ³³ Da verließen die Dämonen den Menschen und fuhren in die Schweine, und die Herde stürzte sich den Abhang hinab in den See und ertrank. ³⁴ Als die Hirten das sahen, flohen sie und erzählten alles in der Stadt und in den Dörfern. ³⁵ Darauf eilten die Leute herbei, um zu sehen, was geschehen war. Sie kamen zu Jesus und sahen, daß der Mann, den die Dämonen verlassen hatten, wieder bei Verstand war und ordentlich gekleidet Jesus zu Füßen saß. Da fürchteten sie sich. ³⁶ Die, die alles gesehen hatten, berichteten ihnen, wie der Besessene geheilt wurde. ³⁷ Darauf baten alle, die im Gebiet von Gerasa wohnten, Jesus, sie zu verlassen; denn es hatte sie große Angst gepackt. Da stieg Jesus ins Boot und fuhr zurück.

³⁸ Der Mann, den die Dämonen verlassen hatten, bat Jesus, bei ihm bleiben zu dürfen. Doch Jesus schickte ihn weg und sagte: ³⁹ Kehr in dein Haus zurück, und erzähl alles, was Gott für dich getan hat. Da ging er weg und verkündete in der ganzen Stadt, was Jesus für ihn getan hatte.　　　　　　*(Lk 8,26-39)*

Ein Mann ist von Dämonen besessen. Nach einer weitverbreiteten Auffassung verbergen sich hinter den Krankheiten böse Geister, Dämonen. Die Dämonen machen die Menschen krank. Bei Heilungen konnte Jesus entweder den bösen Geist ansprechen und ihn zum Verlassen des Kranken auffordern – jeder Zeitgenosse verstand dieses Vorgehen und fand es logisch –, oder er konnte den Kranken selbst ansprechen und ihn heilen, ohne einen Dämon zu nennen. Beider Methoden bediente sich Jesus, wie man im Neuen Testament nachlesen kann.

Wenn Jesus das Sprachrohr und Bild des unsichtbaren Gottes ist, muß er Kranke heilen, denn Gott ist ein Gott des Lebens. In einer Welt, in der die Existenz böser Geister von jedermann mit großer Selbstverständlichkeit akzeptiert wird, muß Jesus exemplarisch zeigen, daß die Macht Gottes größer ist als die faktische oder vermeintliche Macht böser Geister. Jesus besiegt durch das bloße Wort die Geister und zwingt sie zum Verlassen des Kranken – so ähnlich konnte man damals eine Heilung durch Jesus formulieren.

Man braucht nicht viel Phantasie, um sich auszumalen, welch sonderbare Geschichten von Besessenen in einer Zeit erzählt wurden, in der Erkrankungen somatischer und psychischer Natur als Ausdruck und Folge einer Besessenheit aufgefaßt wurden. Man denke vergleichsweise an die Zeit, in der man noch an Hexen glaubte. Was alles gab es an abstrusen Geschichten über Frauen, die als Hexen angesehen wurden. In Gerasa kursierten offensichtlich mehrere Geschichten über besessene Schweinehirten. Als die Christen in Gerasa von solchen Geschichten erfuhren, haben sie mit Sicherheit Jesus als Held in diese Geschichten eingebunden. Jesus steht für den damaligen Hörer souverän über den Dämonen, die ihm gehorchen. Was Lukas berichtet, ist vermutlich kein Bericht über Vorgänge, die sich tatsächlich einmal so ereignet haben. Diese Geschichte enthält wichtige Wahrheiten sowohl für den, der sie als Bericht über etwas tatsächlich so Geschehenes auffaßt, als auch für den, der das Zustandekommen dieser Geschichte ähnlich interpretiert wie es hier vorgeschlagen wird. Die entscheidenden Botschaften dieser Erzählung sind diese:

• Jesus begibt sich in heidnisches Gebiet ohne Rücksichtnahme auf Tabuverletzungen. Der Evangelist sieht hier schon einen Hinweis auf die spätere Mission unter den Heiden.
• Wo Jesus auftritt, ist kein Platz für Dämonen und Teufel.
• Der gottferne Mensch ist nackt, unbehaust und heimatlos.
• In der Begegnung mit Jesus wird der Mensch erst wirklich zum Menschen: Er kleidet sich und kommt zu Verstand.
• Jesus schickt den Menschen in seine häusliche Umwelt

zurück mit dem Auftrag, zu erzählen, was Gott für ihn getan hat.

Wenn man die Geschichte in dieser oder ähnlicher Weise versteht und auslotet, wird sie auch ein kritischer Zeitgenosse akzeptieren können. Wiederum geht es nicht um die Verwässerung eines biblischen Textes. Auch wenn eine Erzählung keinen historischen Sachverhalt berichtet, ist sie wertvoll, ja, sie ist dann besonders wichtig. Die erste Frage bei der Bibellektüre lautet nicht: „Ist das wirklich so passiert?", sondern: „Was ist die eigentliche Botschaft dieses Textes?".

Gibeon

Etwa 8 km nordwestlich von Jerusalem und 3 km nordöstlich von El Qubebe liegt der Ort El Dschib, das ehemalige Gibeon. In Gibeon sprach Josua, der Nachfolger des Mose, damals ein machtvolles Wort, das 3000 Jahre später im Prozeß gegen Galileo Galilei eine wichtige Rolle spielen sollte: „Sonne, bleib stehen über Gibeon und du, Mond, über dem Tal von Ajalon! Und die Sonne blieb stehen, und der Mond stand still, bis das Volk an seinen Feinden Rache genommen hatte" (Jos 10,13). Dann heißt es sozusagen bestätigend: „Die Sonne blieb also mitten am Himmel stehen, und ihr Untergang verzögerte sich, ungefähr einen ganzen Tag lang" (Jos 10,13). Die Bibel sagt hier ganz deutlich, daß sich die Sonne dreht und nur auf das Wort des Josua hin für eine Weile unbewegt stehenblieb. In den Prozessen gegen Galilei Anfang des 17. Jahrhunderts haben die Theologen auf diesen Satz hingewiesen und die neuen und richtigen Erkenntnisse Galileis verurteilt.

Bis in das 17. Jahrhundert hinein hielt man allgemein an dem sogenannten ptolemäischen Weltbild fest. Ptolemäus lebte im 2. Jahrhundert n. Chr. in Alexandria. Er war Mathematiker, Astronom, Geograph und verstand viel von Wahrnehmungsprozessen. Sein Hauptwerk, der Almagest, ist dem Wort nach eine arabisierte Form eines ursprünglich griechischen Titels. Von arabischen Gelehrten wurde das Werk ins Arabische übersetzt und gelangte so ins Abendland, wie übrigens viele Werke griechischer Autoren auf diese Weise überliefert wurden. Die Araber hatten besonderes Interesse an astronomischen Vorgängen, weil man die Zeiten für die täglichen Gebete und für den Fastenmonat Ramadan genau berechnen mußte. Nach dem System des Ptolemäus steht die Erde unbeweglich im Mittelpunkt des Weltalls. Die Sonne dreht sich um die Erde. Wir nennen dieses System das

„ptolemäische Sonnensystem". Mittlerweile weiß wohl jeder, daß es falsch ist.

Kopernikus (1473-1543) fand durch Beobachtungen und Berechnungen heraus, daß die Erde nur scheinbar ruhig steht. Tatsächlich dreht sie sich um die Sonne. Die Sonne, griechisch Helios, steht im Mittelpunkt. Deshalb sprechen wir von einem heliozentrischen Sonnensystem. Keppler (1571-1630) und Galilei (1564-1642) präzisierten und vollendeten die Entdeckungen des Kopernikus. Es kam zu schweren Konflikten mit der Kirche. Es ging um das Problem Naturwissenschaft und Theologie. In diesem Fall wurde eine falsche Bibelauslegung gegen naturwissenschaftliche Erkenntnisse gesetzt. Da die Theologen damals überzeugt waren, eine göttliche Wahrheit gegen eine fehlbare menschliche Entdeckung verteidigen zu müssen, war der Ausgang des Konfliktes zugunsten der Kirche vorprogrammiert. Dieser erste große Konflikt zwischen Theologie und Naturwissenschaft, der mit einem Scheinsieg der Theologie endete, ist ein Beispiel dafür, daß naturwissenschaftliche Erkenntnisse die Theologie manchmal zwingen, bestimmte Positionen zu überdenken und so zu einem vertieften oder anderen Bibelverständnis zu gelangen. Theologische Äußerungen zu naturwissenschaftlichen Phänomenen müssen gegebenenfalls korrigiert werden, wenn die Naturwissenschaft mit verifizierten Erkenntnissen aufwartet. Immer noch zu behaupten, Gott habe die Welt in sieben Tagen so geschaffen, wie es in der Bibel steht, ist fundamentalistisch und biblizistisch. Wer so etwas behauptet, hat weder von den Erkenntnissen der Naturwissenschaft noch von seriöser Bibelauslegung etwas verstanden. Er ist weder fromm, noch ist er ein Verteidiger des wahren Glaubens, sondern er ist ein Ignorant.

Gilboa-Gebirge

Südwestlich vom See Gennesaret, westlich von der Stadt Bet-Schean, erhebt sich im Osten der Jesreel-Ebene die Bergkette des Gilboa-Gebirges. Erbitterte Kämpfe zwischen den Israeliten und den Philistern fanden hier statt. Saul, der erste König Israels, war mit seinen Söhnen in die Kämpfe verwickelt. Von ihrem Tod berichtet das 1. Buch Samuel.

Sauls Tod

Als die Philister gegen Israel kämpften, flohen die Israeliten vor ihnen; viele waren gefallen und lagen erschlagen auf dem Gebirge von Gilboa. ² Die Philister verfolgten Saul und seine Söhne und erschlugen Sauls Söhne Jonatan, Abinadab und Malkischua. ³ Um Saul selbst entstand ein schwerer Kampf. Die Bogenschützen hatten ihn getroffen, und er war sehr schwer verwundet. ⁴ Da sagte Saul zu seinem Waffenträger: Zieh dein Schwert, und durchbohre mich damit! Sonst kommen diese Unbeschnittenen, durchbohren mich und treiben ihren Mutwillen mit mir. Der Waffenträger wollte es nicht tun; denn er hatte große Angst. Da nahm Saul selbst das Schwert und stürzte sich hinein. ⁵ Als der Waffenträger sah, daß Saul tot war, stürzte auch er sich in sein Schwert und starb zusammen mit Saul. ⁶ So kamen Saul, seine drei Söhne, sein Waffenträger und alle seine Männer an jenem Tag gemeinsam ums Leben. ⁷ Als die Israeliten auf der anderen Seite der Ebene und jenseits des Jordan sahen, daß die Israeliten geflohen und daß Saul und seine Söhne tot waren, verließen sie ihre Städte und flohen. Dann kamen die Philister und besetzten die Städte. ⁸ Als am nächsten Tag die Philister kamen, um die

Erschlagenen auszuplündern, fanden sie Saul und sei-
ne drei Söhne, die auf dem Gebirge von Gilboa gefal-
len waren. ⁹ Sie schlugen ihm den Kopf ab, zogen ihm
die Rüstung aus und schickten beides im Land
der Philister umher, um ihrem Götzentempel und dem
Volk die Siegesnachricht zu übermitteln. ¹⁰ Die Rü-
stung Sauls legten sie im Astartetempel nieder; seinen
Leichnam aber hefteten sie an die Mauer von Bet-
Schean.

¹¹ Als die Einwohner von Jabesch-Gilead hörten, was
die Philister mit Saul gemacht hatten, ¹² brachen alle
kriegstüchtigen Männer auf, marschierten die ganze
Nacht hindurch und nahmen die Leiche Sauls und die
Leichen seiner Söhne von der Mauer von Bet-Schean
ab; sie brachten sie nach Jabesch und verbrannten sie
dort. ¹³ Dann nahmen sie die Gebeine, begruben sie
unter der Tamariske von Jabesch und fasteten sieben
Tage lang.   *(1 Sam 31)*

Saul merkt während des Kampfes, daß die Philister die Stär-
keren sind. Er fürchtet die Gefangennahme und das, was die
Gegner alles mit ihm anstellen werden. Deshalb tötet er sich
selber. Selbstmord war und ist in Israel streng verboten. Vermutlich hat auch der depressive Gemütszustand wesentlich
dazu beigetragen, dass sich Saul ins Schwert stürzt. Nach
modernen Erkenntnissen der Psychologie und Psychiatrie
gibt es keinen Zweifel an der Tatsache, daß nicht wenige
Suizide in der Phase einer schweren Depression oder im
Zusammenhang mit einer schizophrenen Erkrankung geschehen. Kein Außenstehender kann und darf über die Selbsttötung eines Menschen urteilen. Diese Geschichte ist ein
Beispiel dafür, wie lebendig und spannend die Bibel sein
kann, wenn man die Geographie einigermaßen im Kopf hat.
Die Stadt Jabesch bzw. Gilead liegt östlich des Jordans und
ist tatsächlich einen Nachtmarsch von Bet-Schean entfernt.

Als David vom Tod Sauls und seiner Söhne hört, stimmt er ein ergreifendes Klagelied auf die Toten an.

Davids Klagelied auf Saul und Jonatan

[17] Und David sang die folgende Totenklage auf Saul und seinen Sohn Jonatan; [18] er sagte, man solle es die Söhne Judas als Bogenlied lehren; es steht im „Buch des Aufrechten":

[19] Israel, dein Stolz liegt erschlagen auf deinen Höhen. Ach, die Helden sind gefallen!

[20] Meldet es nicht in Gat, verkündet es nicht auf Aschkelons Straßen, damit die Töchter der Philister sich nicht freuen, damit die Töchter der Unbeschnittenen nicht jauchzen.

[21] Ihr Berge in Gilboa, kein Tau und kein Regen falle auf euch, ihr trügerischen Gefilde. Denn dort wurde der Schild der Helden befleckt, der Schild des Saul, als wäre er nicht mit Öl gesalbt.

[22] Ohne das Blut von Erschlagenen, ohne das Mark der Helden kam der Bogen Jonatans nie zurück; auch das Schwert Sauls kehrte niemals erfolglos zurück.

[23] Saul und Jonatan, die Geliebten und Teuren, im Leben und Tod sind sie nicht getrennt. Sie waren schneller als Adler, waren stärker als Löwen.

[24] Ihr Töchter Israels, um Saul müßt ihr weinen; er hat euch in köstlichen Purpur gekleidet, hat goldenen Schmuck auf eure Gewänder geheftet.

[25] Ach, die Helden sind gefallen mitten im Kampf. Jonatan liegt erschlagen auf deinen Höhen.

[26] Weh ist mir um dich, mein Bruder Jonatan. Du warst mir sehr lieb. Wunderbarer war deine Liebe für mich als die Liebe der Frauen.

[27] Ach, die Helden sind gefallen, die Waffen des Kampfes verloren. (2 Sam 1,17-27)

David bekennt am Schluß: „Weh ist mir um dich, mein Bruder Jonatan. Du warst mir sehr lieb. Wunderbarer war deine Liebe für mich als die Liebe der Frauen." Daraus ist eine Kontroverse über die Frage entstanden, ob David homosexuell war. Wenn die Frage gestellt oder angeschnitten oder bei einer abendlichen Gesprächsrunde behandelt wird, muß auf jeden Fall darauf hingewiesen werden, daß man in der Antike die gleichgeschlechtliche Liebe anders beurteilte als noch bis vor wenigen Jahren bei uns. Die Homoerotik war nicht anstößig. Kaiser Hadrian, obwohl verheiratet, nahm selbstverständlich seinen Geliebten Antinoos mit auf seine zahlreichen Reisen in die Provinzen des Reiches. Als dieser starb, war er untröstlich, nannte Städte nach ihm und errichtete ihm zu Ehren Tempel. Dutzende Statuen von Antinoos wurden aufgestellt. Viele sind erhalten. Was David angeht: Der Text muß nicht unbedingt im Sinne eines homoerotischen Verhältnisses zu Jonatan ausgelegt werden. Jedenfalls war David auch Vater mehrerer Kinder, was natürlich auch nicht gegen eine homophile Beziehung spricht. Die Verse werden eigentlich erst dann interessant, wenn sie keinen Sachverhalt benennen, von dem sich der Leser moralisch entrüstet abwendet, sondern den er gelassen und verständnisvoll akzeptiert. Die Verse wollen David vermutlich als jemanden charakterisieren, der von dem Klischee eines Männerbildes abweicht. Der König ist durch eine tiefe emotionale Beziehung mit einem anderen Mann verbunden, die noch enger ist als die Liebe zwischen Mann und Frau. Wahrscheinlich wird in diesem Vers nicht mehr und nicht weniger als die große Freundschaft zwischen zwei Männern ausgedrückt. – Was die bildreiche Sprache des Klageliedes angeht: Sie gehört zum Schönsten, was es in der Bibel gibt. Es ist Weltliteratur. Es lohnt sich, den Text noch einmal zu lesen.

Hebron (Mamre/Machpela)

Hebron, eine knappe Autostunde südlich von Jerusalem, ist mit dem Leben und Sterben Abrahams in besonderer Weise verbunden. Etwas außerhalb von Hebron, im Tal Mamre, hatte Abraham die geheimnisvolle Begegnung mit drei Männern, die ihm die Geburt eines leiblichen Sohnes von seiner Frau Sara ankündigen. Abraham war Kleinviehnonomade. Dieses Milieu bildet den Rahmen der folgenden spannenden Geschichte:

Die drei Männer bei Abraham

Der Herr erschien Abraham bei den Eichen von Mamre. Abraham saß zur Zeit der Mittagshitze am Zelteingang. ² Er blickte auf und sah vor sich drei Männer stehen. Als er sie sah, lief er ihnen vom Zelteingang aus entgegen, warf sich zur Erde nieder ³ und sagte: Mein Herr, wenn ich dein Wohlwollen gefunden habe, geh doch an deinem Knecht nicht vorbei! ⁴ Man wird etwas Wasser holen; dann könnt ihr euch die Füße waschen und euch unter dem Baum ausruhen. ⁵ Ich will einen Bissen Brot holen, und ihr könnt dann nach einer kleinen Stärkung weitergehen; denn deshalb seid ihr doch bei eurem Knecht vorbeigekommen. Sie erwiderten: Tu, wie du gesagt hast. ⁶ Da lief Abraham eiligst ins Zelt zu Sara und rief: Schnell drei Sea feines Mehl! Rühr es an, und backe Brotfladen! ⁷ Er lief weiter zum Vieh, nahm ein zartes, prächtiges Kalb und übergab es dem Jungknecht, der es schnell zubereitete. ⁸ Dann nahm Abraham Butter, Milch und das Kalb, das er hatte zubereiten lassen, und setzte es ihnen vor. Er wartete ihnen unter dem Baum auf, während sie aßen. ⁹ Sie fragten ihn: Wo ist deine Frau Sara? Dort im Zelt, sagte er. ¹⁰ Da sprach der Herr: In einem Jahr komme ich wieder zu dir, dann wird deine Frau Sara einen Sohn haben. Sara hörte am Zelteingang hinter seinem Rücken zu. [11] Abraham und Sara waren schon alt; sie waren in die Jahre gekommen. Sara erging es längst nicht mehr, wie es Frauen zu ergehen pflegt. [12] Sara lachte daher still in sich hinein und dachte: Ich bin doch schon alt und verbraucht und soll noch das Glück der Liebe erfahren? Auch ist mein Herr doch schon ein alter Mann! [13] Da sprach der Herr zu Abraham: Warum lacht Sara und sagt: Soll ich wirklich noch Kinder bekommen, obwohl ich so alt bin? [14] Ist beim Herrn etwas unmöglich? Nächstes Jahr um diese Zeit werde ich wieder zu dir kommen; dann wird Sara einen Sohn haben. [15] Sara leugnete: Ich habe nicht gelacht. Sie hatte nämlich Angst. Er aber sagte: Doch, du hast gelacht. (Gen 18,1-15)

Abraham sieht drei Männer und redet sie doch in der Einzahl als „mein Herr" an. Manche Kirchenväter sahen darin eine entfernte Anspielung auf die künftige Offenbarung der Dreifaltigkeit Gottes. Der russische Ikonenmaler Rubljev (1360/70-1430) hat dieses Verständnis aufgegriffen und eine Ikone mit drei Menschen bzw. Engeln gemalt, die in Größe, Farbgebung und Haltung nahezu identisch sind und in ihrer Dreiheit eine harmonische Einheit bilden. Nach dem Stand der heutigen Exegese gibt es allerdings keine Berechtigung zu einer trinitarischen Auslegung dieses Textes.

Abraham erweist sich als guter Gastgeber. Wie bei Nomaden üblich und nicht anders möglich, wird alles frisch zubereitet. Er begrüßt die Gäste durch eine tiefe Verneigung, die bis zu einem Hinwerfen auf den Boden gesteigert werden kann, eine Geste, die im Alten und Neuen Testament oft erwähnt wird. Man nennt sie „Prostration" oder „Proskynese". An orientalischen Höfen war das die übliche Ehrenbezeichnung dem König gegenüber. Ganz naiv wird erzählt, daß Sara hinter dem Vorhang versuchte, alles mitzuhören, was die Gäste mit ihrem Mann zu besprechen hatten. Damit wird nicht nur ein durchaus übliches Verhalten nebenher erwähnt. Dieser Hinweis ist auch wichtig für die spätere Namensgebung ihres Sohnes Isaak. Dieser Name drückt verkürzt aus: „Gott möge lächeln" oder „Gott hat gelächelt". Der Name des Kindes soll in Zukunft jeden daran erinnern, daß Gott gelächelt hat. Im Lächeln Saras spiegelt sich das Lächeln Gottes.

„Der Herr erschien Abraham bei den Eichen von Mamre." In diesem einleitenden Satz – so kommentiert Gerhard von Rad (Das erste Buch Mose), auf den ich mich im folgenden beziehe – wird etwas mitgeteilt, was Abraham noch nicht wissen konnte, als er die Besucher bewirtete. Damit ist eine erste und wohl auch die einzige Ungereimtheit dieser Erzählung genannt. Im Einleitungssatz wird Jahwe als Besucher genannt, im zweiten Vers ist von drei Männern die Rede, im Vers 13 ist wieder von einer einzigen Person die Rede, im Vers 16 wieder von mehreren Männern, im darauffolgenden ist es wieder nur der Herr, und so geht es weiter in einem unbekümmerten Wechsel der Anzahl der Besucher. „Tatsächlich haben wir hier eine jener in alle Welt verbreiteten Erzählungen vor uns, die von der Einkehr göttlicher Wesen bei Menschen berichtet" (Seite 160). Und: „Besonders nahe verwandt mit unserer Erzählung ist die griechische Sage von der Einkehr der drei Götter Zeus, Poseidon und Hermes bei dem kinderlosen Hyrieus in Böotien; nach ihrer Bewirtung verhelfen sie ihm zu dem ersehnten Sohn, dem Orion, der nach 10 Monaten zur Welt kam. Bei solcher Ähnlichkeit muß man an irgendeine, uns nicht mehr erkennbare, Verbindung mit unserer Erzählung oder besser mit einer ihrer Vorstufen denken" (Seite 160). Solche Erzählungen kreisen meist um das Motiv der Gastfreundschaft. Die Besucher bleiben in solchen Geschichten zunächst unerkannt, die Menschen werden auf eine Probe gestellt, und sie erhalten ein Versprechen. Offenbar hat Israel eine solche Erzählung von den älteren Landesbewohnern übernommen und sie mit Abraham und dessen Glaube verbunden. Die Dreizahl der Besucher ist eine Möglichkeit, den einen und einzigen Gott Israels zu verbergen. So wie in den Geschichten anderer Völker die Götter in einer anderen Gestalt auftreten, so wird das Inkognito Jahwes hier durch die Dreizahl herbeigeführt. Der Leser wird durch den Eingangssatz über das wahre Subjekt jenes merkwürdigen Besuchers unterrichtet. Für den ahnungslosen Abraham sind es drei Männer. Diese drei Männer sind auf einmal da. Abraham hat sie nicht kommen sehen. Göttliches tritt überraschend auf!

Höhepunkt der Erzählung ist die Frage der drei Männer, die eigentlich keine Frage, sondern eine Aussage ist: „Ist beim Herrn etwas unmöglich?" (Gen 18,14). Später wird Maria vom Verkündigungsengel dasselbe hören: „Für Gott ist nichts unmöglich" (Lk 1,37). Gerhard von Rad (Seite 162f.): „Das Wort ruht in der Geschichte wie ein Edelstein in kostbarer Fassung, und es steigt in seiner Bedeutung hoch hinaus über das traulich patriarchalische Milieu der Erzählung als ein richtungsweisendes Zeugnis von der Allmacht des göttlichen Heilswillens. Der Gegensatz ist vom Erzähler sehr scharf herausgearbeitet: Eben noch das ungläubige und vielleicht auch ein wenig häßliche Lachen und nun dieses Wort, das entrüstet die Denkweise straft, die Jahwes Allmacht mißtraut. Natürlich hat Sara nicht grundsätzlich und im bewußten Unglauben Jahwe abgesagt; ihr Lachen bleibt vielmehr eine psychologisch begreifbare Beiläufigkeit – gerade so, wie sich eben der Unglaube so äußert. Indessen führt diese so meisterlich psychologisch unterbaute Betrachtungsweise den Erzähler doch nicht dazu, die Sara wegen ihrer Unkenntnis über das Wesen der Gäste ganz zu entschuldigen. Vielmehr ist die für den Erzähler wie für den Leser fraglos gegebene Tatsache letztlich doch entscheidend, daß faktisch über ein Jahwewort gelacht wurde. Darin ist die Betrachtungsweise der Erzählung ganz antik. – Sara, von den Gästen derart erkannt, gibt nun ihr Versteck auf, um in Verwirrung und Unbesonnenheit abzuleugnen.

Die Motivierung dieser kecken Lüge (,denn sie fürchtete sich') ist einer jener feinen Psychologismen, die wir beim Jahwisten so oft finden. Der Gegensatz zwischen dem jetzt hervorgeschlüpften, furchtsam gewordenen Weiblein, das es mit einer Lüge versucht, und dem schroff abweisenden Nein des Herrn ist ein wirksamer ernster Abschluß dieser Szene." Soweit die Interpretation des Alttestamentlers Gerhard von Rad.

Insgesamt handelt es sich um eine Geburtsankündigungsgeschichte. Solche Erzählungen gehen der Geburt vieler bedeutender Menschen voraus. In der Bibel wird in solchen Geschichten zunächst immer auf die hoffnungslose Lage der Eheleute hingewiesen. Die Ehe ist schon seit Jahren kinderlos, oder die Frau ist zu alt geworden, um Kinder zu gebären, oder es liegen beide Ursachen vor, wie im Fall von Sara und Abraham. In Wirklichkeit wollen solche Geschichten nichts über die Eltern aussagen, sondern auf die Bedeutung des Kindes hinweisen. Wenn Gott selbst auf wunderbare Weise eingreift, dann hat er mit dem Kind etwas Besonderes vor. Solche Geschichten gibt es zum Beispiel vor der Geburt des Saul (1 Sam 1), des Johannes des Täufers (Lk 1,5-25) und vor der Geburt Jesu (Lk 1,26-38). Auch von wunderbaren Begleitumständen vor und nach der Geburt wird oft berichtet. Solche Geburtsankündigungsgeschichten gibt es nicht nur in der Bibel, sie sind anscheinend im ganzen alten Orient üblich. Wir kennen solche Berichte aus Ägypten, aus Griechenland, aus Italien; es gibt sie im Buddhismus und vermutlich in vielen anderen Kulturkreisen. Sie enthalten viel Interessantes aus dem damaligen Lebensgefühl, sie berichten von früheren Lebensgewohnheiten und sind oft meisterhaft erzählt. Und vor allem zeigen sie, welch große Bedeutung diese Menschen, von denen sie berichten, für ihr Volk hatten.

Eine zweite Geschichte, die sicher einen historischen Kern hat, ist mit Hebron verbunden: der Kauf eines Begräbnisplatzes. Sara war gestorben. Nun verhandelt Abraham mit den Hetitern, den damaligen Landesbesitzern, in Hebron um einen Begräbnisplatz für seine Frau Sara. Das 23. Kapitel des Buches Genesis schildert, wie dieser Handel nach echt orientalischer Sitte ablief.

Der Kauf eines Begräbnisplatzes

Die Lebenszeit Saras betrug hundertsiebenundzwanzig Jahre; so lange lebte Sara. ² Sie starb in Kirjat-Arba, das jetzt Hebron heißt, in Kanaan. Abraham kam, um die Totenklage über sie zu halten und sie zu beweinen. ³ Danach stand Abraham auf, ging von seiner Toten weg und redete mit den Hetitern. Er sagte: ⁴ Fremder und Halbbürger bin ich unter euch. Gebt mir ein Grab bei euch als Eigentum, damit ich meine Tote hinausbringen und begraben kann. ⁵ Die Hetiter antworteten Abraham: ⁶ Hör uns an, Herr! Du bist ein Gottesfürst in unserer Mitte. In der vornehmsten unserer Grabstätten darfst du deine Tote begraben. Keiner von uns wird dir seine Grabstätte versagen und deiner Toten das Begräbnis verweigern. ⁷ Abraham aber stand auf, verneigte sich tief vor den Bürgern des Landes, den Hetitern, ⁸ verhandelte mit ihnen und sagte: Wenn ihr damit einverstanden seid, daß ich meine Tote hinausbringe und begrabe, dann hört mich an, und setzt euch für mich ein bei Efron, dem Sohn Zohars! ⁹ Er soll mir die Höhle von Machpela überlassen, die ihm gehört, am Rand seines Grundstücks. Zum vollen Geldwert soll er sie mir überlassen als eigene Grabstätte mitten unter euch. ¹⁰ Efron saß unter den Hetitern. Der Hetiter Efron antwortete Abraham, so daß es die Hetiter, alle, die zum Tor seiner Stadt Zutritt hatten, hören konnten: ¹¹ Nein, Herr, hör mich an: Das Grundstück überlasse ich dir, und die Höhle darauf überlasse ich dir; in Gegenwart der Söhne meines Volkes überlasse ich sie dir. Begrab deine Tote! ¹² *Da verneigte sich Abraham tief in Gegenwart der Bürger des Landes* ¹³ *und sagte zu Efron, so daß es die Bürger des Landes hören konnten: Hör mich doch, bitte, an: Ich zahle das Geld für das Grundstück. Nimm es von mir an, damit ich dort meine Tote begrabe.* ¹⁴ *Efron antwortete Abraham:* ¹⁵ *Herr, hör mich an! Land im Wert von vierhundert Silberstücken, was bedeutet das schon unter uns? Begrab nur deine Tote!*

¹⁶ *Abraham hörte auf Efron und wog ihm den Geldbetrag ab, den er in Gegenwart der Hetiter genannt hatte, vierhundert Silberstücke zum üblichen Handelswert.* ¹⁷ *So ging das Grundstück Efrons in Machpela bei Mamre, das Feld mit der Höhle darauf und mit allen Bäumen auf dem Grundstück in seiner ganzen Ausdehnung ringsum,* ¹⁸ *in den Besitz Abrahams über, in Gegenwart der Hetiter, aller, die zum Tor seiner Stadt Zutritt hatten.*

¹⁹ *Dann begrub Abraham seine Frau Sara in der Höhle des Grundstücks von Machpela bei Mamre, das jetzt Hebron heißt, in Kanaan.* ²⁰ *Das Grundstück samt der Höhle darauf war also von den Hetitern als Grabstätte in den Besitz Abrahams übergegangen.*

(Gen 23)

„Sara ist sehr alt geworden", sagt die Bibel mit der Wendung: „Die Lebenszeit Saras betrug 127 Jahre" (Gen 23,1). Nach dem Tod Saras stellt sich die Frage, wo die Tote beigesetzt werden kann. Abraham lebte als grundbesitzloser Fremdling in der Nähe von Hebron und brauchte die Zustimmung der Einheimischen für einen Begräbnisplatz. „Wenn die Ortsbewohner Hethiter genannt werden, so sollten sie natürlich nicht als Angehörige jenes berühmten kleinasiatischen Volkes des 2. Jahrtausends gelten. Schon im 2. Jahrtausend gab es in Syrien und Palästina eine z. T. weit nach Süden abgewanderte hethitische Herrenschicht. Für das viel jüngere Israel ist der

Name Hethiter dann in ganz abgeblaßtem Sinn zu einer Bezeichnung für die kanaanäische Urbevölkerung geworden" (Gerhard von Rad, Seite 197).

Abraham möchte ein bestimmtes Stück Land kaufen. Zunächst sondiert er ganz allgemein die Stimmung unter den Ortsbewohnern, indem er, ohne konkret zu werden, seinen Wunsch allgemein formuliert: „Gebt mir ein Grab bei euch als Eigentum, damit ich meine Tote hinausbringen und begraben kann" (23,4). In einer äußerst höflich formulierten Antwort erhält er eine Absage. Er soll kein Land als Eigentum erhalten, wohl aber dürfe er seine Tote in einem ihrer Gräber beisetzen. „In der vornehmsten unserer Grabstätten darfst du deine Tote begraben. Keiner von uns wird dir seine Grabstätte versagen und deiner Toten das Begräbnis verweigern" (23,6). Abraham antwortet ebenso höflich und ausweichend, indem er das Angebot überhört und so redet, als hätte man seinen Wunsch nach einem Stück Land erfüllt. Er nennt sogar das Grundstück, auf das er es seit langem abgesehen hat, die Höhle von Machpela. Abraham will sie kaufen. Der Eigentümer Efron wehrt ab und will sie verschenken. Wie Gerhard von Rad schreibt (Seite 212), vermeidet man – heute noch – das Wort „verkaufen", weil dies als Beleidigung des vornehmen Käufers empfunden würde. Statt „verkaufen" sagt man lieber „hergeben" oder „verschenken". Dadurch verpflichtet man den Käufer um so mehr. Abraham versteht und bietet Geld an. Als sei es etwas ganz Nebensächliches, erwähnt Efron den exakten Verkaufspreis für das, was er „verschenkt", und läßt Abraham überhaupt keine Chance zu Einwänden, indem er sofort anschließt: „Begrab nur deine Tote!" (23,15). Damit ist von seiten des Efron der Kaufvertrag perfekt. Abraham bringt ihn zum rechtsgültigen Abschluß durch die Überreichung des Geldbetrages. Damit ist Abraham zum erstenmal Eigentümer einer kleinen Landfläche, die er rechtmäßig gekauft hat. Das Versprechen Jahwes, ihm Land zu geben, beginnt erste Konturen anzunehmen.

Sara wird in der Grabhöhle Machpela beigesetzt. Außer Sara sind auch dort Abraham, Isaak, Rebekka, Lea und Jakob bestattet.

Abraham im Islam

Abraham ist auch im Islam eine wichtige Person. Er gehört in die Reihe der fünf Propheten: Noah, Abraham, Mose, Jesus, Mohammed.

Im Islam sind die genannten Propheten Muslime, weil sie den Willen Gottes erfüllt haben. Abraham ist nach jüdischer Auffassung Stammvater des Volkes Israel. Wenn er vom Islam quasi vereinnahmt wird, gewinnt die jüngste Weltreligion an Alter. Nicht erst Mohammed, nein, bereits Abraham war Muslim. Noch weiter greift der Islam zurück: Auch Adam war Muslim. Deshalb sind alle Nachkommen Adams Muslime. Als solcher wird jeder Mensch geboren. Abraham hat zudem ein ähnliches Schicksal wie der Prophet Mohammed. Beide haben ihre Heimat verlassen, die polytheistisch durchsetzt war, und haben sich auf den Weg gemacht – der eine zog gegen Westen und der andere nach Medina –, um dem einen, wahren Gott zu dienen. Nachdem die Moslems das Land im 7. Jahrhundert in Besitz genommen hatten, errichteten sie eine Moschee über den Gräbern. Bis heute melden Moslems und Juden hier Besitzrechte an. Für beide ist die Grabhöhle Machpela eine heilige Stätte ersten Ranges.

David als König in Hebron

Auch die Geschichte Davids ist mit Hebron verbunden. Er wird in Hebron von den Männern Judas nochmals gesalbt. „Dann kamen die Männer Judas (nach Hebron) und salbten David dort zum König über das Haus Juda" (2 Sam 2,4). Er regiert von Hebron aus als König sechs Jahre lang, bis er Jerusalem erobert und diese „seine" Stadt zum politischen und religiösen Zentrum macht.

Jakobsbrunnen

Mehrere biblische Geschichten im „Alten" und „Neuen Testament" bzw. im „Ersten" und „Zweiten Testament" (Begriffe von Professor Erich Zenger, Münster) haben sich an Brunnen abgespielt. Am Brunnen treffen sich Frauen beim Wasserholen. Auch Hirten finden sich mit ihren Herden dort ein. Man hört, sieht und redet am Brunnen. In dem Ort Sychar in Samarien gibt es einen Brunnen, dessen Name in die Zeit der Patriarchen zurückweist, den „Jakobsbrunnen". Hier ereignete sich folgendes.

Jesus mit der Samariterin am Jakobsbrunnen

Jesus erfuhr, daß die Pharisäer gehört hatten, er gewinne und taufe mehr Jünger als Johannes – [2] *allerdings taufte nicht Jesus selbst, sondern seine Jünger –;* [3] *daraufhin verließ er Judäa und ging wieder nach Galiläa.* [4] *Er mußte aber den Weg durch Samarien nehmen.* [5] *So kam er zu einem Ort in Samarien, der Sychar hieß und nahe bei dem Grundstück lag, das Jakob seinem Sohn Josef vermacht hatte.* [6] *Dort befand sich der Jakobsbrunnen. Jesus war müde von der Reise und setzte sich daher an den Brunnen; es war um die sechste Stunde.*

[7] *Da kam eine samaritische Frau, um Wasser zu schöpfen. Jesus sagte zu ihr: Gib mir zu trinken!* [8] *Seine Jünger waren nämlich in den Ort gegangen, um etwas zum Essen zu kaufen.* [9] *Die samaritische Frau sagte zu ihm: Wie kannst du als Jude mich, eine Samariterin, um Wasser bitten? Die Juden verkehren nämlich nicht mit den Samaritern.* [10] *Jesus antwortete ihr: Wenn du wüßtest, worin die Gabe Gottes besteht und wer es ist, der zu dir sagt: Gib mir zu trinken!, dann hättest du ihn gebeten, und er hätte dir*

lebendiges Wasser gegeben. ¹¹ *Sie sagte zu ihm: Herr, du hast kein Schöpfgefäß, und der Brunnen ist tief; woher hast du also das lebendige Wasser?* ¹² *Bist du etwa größer als unser Vater Jakob, der uns den Brunnen gegeben und selbst daraus getrunken hat, wie seine Söhne und seine Herden?* ¹³ *Jesus antwortete ihr: Wer von diesem Wasser trinkt, wird wieder Durst bekommen;* ¹⁴ *wer aber von dem Wasser trinkt, das ich ihm geben werde, wird niemals mehr Durst haben; vielmehr wird das Wasser, das ich ihm gebe, in ihm zur sprudelnden Quelle werden, deren Wasser ewiges Leben schenkt.* ¹⁵ *Da sagte die Frau zu ihm: Herr, gib mir dieses Wasser, damit ich keinen Durst mehr habe und nicht mehr hierher kommen muß, um Wasser zu schöpfen.* ¹⁶ *Er sagte zu ihr: Geh, ruf deinen Mann, und komm wieder her!* ¹⁷ *Die Frau antwortete: Ich habe keinen Mann. Jesus sagte zu ihr: Du hast richtig gesagt: Ich habe keinen Mann.* ¹⁸ *Denn fünf Männer hast du gehabt, und der, den du jetzt hast, ist nicht dein Mann. Damit hast du die Wahrheit gesagt.*

¹⁹ *Die Frau sagte zu ihm: Herr, ich sehe, daß du ein Prophet bist.* ²⁰ *Unsere Väter haben auf diesem Berg Gott angebetet; ihr aber sagt, in Jerusalem sei die Stätte, wo man anbeten muß.* ²¹ *Jesus sprach zu ihr: Glaube mir, Frau, die Stunde kommt, zu der ihr weder auf diesem Berg noch in Jerusalem den Vater anbeten werdet.* ²² *Ihr betet an, was ihr nicht kennt, wir beten an, was wir kennen; denn das Heil kommt von den Juden.* ²³ *Aber die Stunde kommt, und sie ist schon da, zu der die wahren Beter den Vater anbeten werden im Geist und in der Wahrheit; denn so will der Vater angebetet werden.* ²⁴ *Gott ist Geist, und alle, die ihn anbeten, müssen im Geist und in der Wahrheit anbeten.* ²⁵ *Die Frau sagte zu ihm: Ich weiß, daß der Messias kommt, das ist: der Gesalbte*

(Christus). Wenn er kommt, wird er uns alles verkünden. ²⁶ Da sagte Jesus zu ihr: Ich bin es, ich, der mit dir spricht.

²⁷ Inzwischen waren seine Jünger zurückgekommen. Sie wunderten sich, daß er mit einer Frau sprach, aber keiner sagte: Was willst du?, oder: Was redest du mit ihr? ²⁸ Da ließ die Frau ihren Wasserkrug stehen, eilte in den Ort und sagte zu den Leuten: ²⁹ Kommt her, seht, da ist ein Mann, der mir alles gesagt hat, was ich getan habe: Ist er vielleicht der Messias? ³⁰ Da liefen sie hinaus aus dem Ort und gingen zu Jesus.

³¹ Währenddessen drängten ihn seine Jünger: Rabbi, iß! ³² Er aber sagte zu ihnen: Ich lebe von einer Speise, die ihr nicht kennt. ³³ Da sagten die Jünger zueinander: Hat ihm jemand etwas zu essen gebracht? ³⁴ Jesus sprach zu ihnen: Meine Speise ist es, den Willen dessen zu tun, der mich gesandt hat, und sein Werk zu Ende zu führen. ³⁵ Sagt ihr nicht: Noch vier Monate dauert es bis zur Ernte? Ich aber sage euch: Blickt umher und seht, daß die Felder weiß sind, reif zur Ernte. ³⁶ Schon empfängt der Schnitter seinen Lohn und sammelt Frucht für das ewige Leben, so daß sich der Sämann und der Schnitter gemeinsam freuen. ³⁷ Denn hier hat das Sprichwort recht: Einer sät, und ein anderer erntet. ³⁸ Ich habe euch gesandt, zu ernten, wofür ihr nicht gearbeitet habt; andere haben gearbeitet, und ihr erntet die Frucht ihrer Arbeit.

³⁹ Viele Samariter aus jenem Ort kamen zum Glauben an Jesus auf das Wort der Frau hin, die bezeugt hatte: Er hat mir alles gesagt, was ich getan habe. ⁴⁰ Als die Samariter zu ihm kamen, baten sie ihn, bei ihnen zu bleiben; und er blieb dort zwei Tage. ⁴¹ Und noch viel mehr Leute kamen zum Glauben an ihn aufgrund seiner eigenen Worte. ⁴² Und zu der Frau sagten sie: Nicht mehr aufgrund deiner Aussage glauben wir,

sondern weil wir ihn selbst gehört haben und nun wissen: Er ist wirklich der Retter der Welt.

(Joh 4,1-42)

Lange Zeit konnte man den Jakobsbrunnen nicht besuchen, weil er in einem Gebiet liegt, in dem es häufig zu Unruhen zwischen Israelis und Palästinensern kommt. Nablus war und ist wie Hebron ein heißes Pflaster. In der Nähe von Nablus liegt dieser alte, nach dem Patriarchen Jakob benannte und von ihm erworbene 32 Meter tiefe Brunnen. Um die sechste Stunde kommt Jesus zu diesem Brunnen, d. h. um zwölf Uhr mittags. Man beginnt die Stundenzählung um sechs Uhr morgens. Diese Zeitangabe sagt indirekt: Jesus ist müde und durstig. Am Brunnen trifft er eine Frau. Das ist zu erwarten, denn Wasserholen ist Sache der Frauen. Man darf gespannt sein, was nun passiert.

Jesus bittet die Samariterin um Wasser. Der heutige Leser wird die Bitte Jesu als völlig normal verstehen; an einem Brunnen bitte man eben jemand, der ein Schöpfgefäß hat, um Wasser. Das Ungewöhnliche ist, daß hier ein Jude einen Menschen aus Samarien um Wasser bittet. Auch Johannes vermutet, daß nicht alle, die sein Evangelium hören, wissen, warum dies so ungewöhnlich ist, deshalb gibt er eine Erklärung: „Die Juden verkehren nämlich nicht mit den Samaritern." Seit der Eroberung dieses Gebietes 722 v. Chr. durch die Assyrer wurden Teile der Bevölkerung deportiert und fremde Völker im Gebiet von Samarien angesiedelt. So kam es zu einer Mischbevölkerung, die von den Juden im Süden als abgefallen und heidnisch betrachtet wurde, mit denen man keine Kontakte pflegte, weil man die Reinheitsvorschriften bzgl. Essen und Geschirrbehandlung und viele andere Vorschriften über den Sabbat nicht einhalten konnte. Also vermeidet man am besten jeden Kontakt mit solchen Personen. Jesus verletzt dieses Tabu. Er schlägt eine Brücke zu einem Menschen aus Samarien. Oft kann man bei Jesus beobachten, daß er mit Traditionen bricht, die den Menschen unnötig einengen und begrenzen. Das zweite Tabu, das Jesus nicht beachtet: Er spricht mit einer Frau. Als frommer jüdischer Mann sprach man mit seiner Ehefrau und mit seinen Töchtern, aber nicht mit einer fremden Frau. Jesus hat sich gefragt – ganz im Sinn der Weisheitslehrer: „Warum eigentlich nicht?" Vorschriften werden von Jesus nicht einfach übernommen, weil das alle so tun, sondern er hinterfragt sie auf ihren Sinn. Wenn sich für ihn herausstellt, daß bestimmte Normen nur aufrechterhalten werden, weil es Normen sind, und nicht deshalb, weil sie den Menschen nützen, werden sie von ihm provokativ übertreten, was man an vielen Wunderberichten nachweisen kann und auch durch sein Verhalten in vielen anderen Situationen, wie z. B. bei seinem Besuch im Haus Simons des Aussätzigen, wo er sich zum Entsetzen des Gastgebers von einer Sünderin die Füße salben läßt (Lk 7,36-50; Mk 14,3-9).

Im Gespräch kommt es bald wieder zu den typisch johanneischen „Mißverständnissen". Ein Wort – hier „Wasser" – ist Anlaß, daß jeder am anderen vorbeiredet, weil er an ein anderes „Wasser" denkt. Die Frau redet über das Wasser im Brunnen, Jesus spricht von sich als Offenbarer Gottes, dessen Verkündigung wie lebendiges Wasser ist. Wenn die Bibel von „lebendigem Wasser" spricht, meint sie fließendes Wasser oder Quellwasser im Unterschied zu abgestandenem Zisternenwasser. Dieses „Wasser" hat Ewigkeitswert, ist unerschöpflich. Die Frau denkt an eine Art Zauberwasser. Jesus will sagen, „daß die Begegnung mit ihm eine radikale Umkehr der geläufigen Maßstäbe bedeutet: Menschlicher Besitz ist in Wahrheit Bedürftigkeit, und Jesu Bedürftigkeit verbirgt nur den Reichtum seiner Gabe" (Bultmann, Seite 131/132). Die Frau ahnt den Offenbarer, als er ihr etwas über die Zahl ihrer Ehemänner sagt. Es geht dem Evangelisten nicht darum, Jesus als eine Art von Hellseher vorzustellen. „Die Offenbarung ist für den Menschen die Aufdekkung seines eigenen Lebens", sagt der evangelische Theologe Bultmann (Seite 138). „Und zwar wird dem Menschen die Unruhe seines Lebens zum Bewußtsein gebracht, die ihn von einer scheinbaren Erfüllung zur anderen treibt und in der er nie ein Endgültiges erreicht, ehe er das Lebenswasser findet, wovon ein Trunk den Durst auf ewig stillt" (Seite 138).

Nachdem die Samariterin Jesus als Propheten erkannt hat, stellt sie ihm die zwischen Juden und Samaritern immer wieder diskutierte Frage, ob Jerusalem oder der Tempel auf dem benachbarten Berg Garizim der richtige Ort der Gottesverehrung sei. Vielleicht ist diese Frage aber auch – psychologisch gesehen – ein geschicktes Ablenkungsmanöver der Frau von ihrer Ehegeschichte. Jesus sieht in beiden vorläufige Orte. In Zukunft wird man unabhängig von lokalen Kulten Gott anbeten. Diese Zukunft ist in der Person Jesu schon angebrochen. Auch das ist ein typisch johanneischer Akzent, daß die Zukunft in Jesus schon begonnen hat. Die Geschichte gipfelt in der Selbstaussage Jesu der Samariterin gegenüber, daß er der Messias sei. Viele aus Samarien kommen zum Glauben an Jesus.

Wer das Johannesevangelium liest, stellt fest, daß dieser Evangelist oft lange wörtliche Reden Jesu wiedergibt, obwohl er selber, wie hier bei dem Gespräch Jesu mit der Samariterin, offensichtlich nicht anwesend war. Fast endlos lang wirkt auch die Rede Jesu in der Synagoge zu Kafarnaum (Joh 6,26-51; vgl. Seite 186). – Saß Johannes dabei und hat mitgeschrieben? Sicher nicht! Der Evangelist bedient sich hier einer Methode, wie sie in der Antike und auch sonst, z. B. noch bei Schiller und Shakespeare und auch bei Schriftstellern der Gegenwart, allgemein üblich ist, nämlich großen Personen wörtliche Reden in den Mund zu legen, die sie so nicht gehalten haben, die sie aber so gehalten haben könnten. Es besteht kein Anlaß zu bezweifeln, daß es ein Gespräch zwischen Jesus und der Samariterin gegeben hat; auch den wesentlichen Inhalt des Gespräches wird man erfahren haben, entweder von Jesus selbst oder von der Frau. Aber eine wörtliche Wiedergabe des Dialogs zwischen Jesus und der Samariterin ist die vorliegende Rede sicher nicht. Sie ist die Leistung eines großen Erzählers. Aber es besteht Konsens unter den Bibelwissenschaftlern. Nicht nur der ursprünglich kürzere oder längere Dialog zwischen Jesus und der Samariterin, der uns – wie gesagt – im Originalton nicht zugänglich ist, sondern das, was schließlich in der Heiligen Schrift seinen Niederschlag gefunden hat, ist „Wort Gottes".

Gelegentlich stellt Jesus den Juden gerade einen der von ihnen so geringgeschätzten Samariter vorbildhaft hin, etwa in der Geschichte von dem zwischen Jerusalem und Jericho Überfallenen, an dem ein jüdischer Tempelpriester und ein Levit vorbeigehen, obwohl sie ihn dort zerschlagen liegen sahen. Ein Samariter jedoch kümmert sich um ihn. Diese Geschichte gehört inhaltlich und erzählerisch zu den Glanzstücken im Neuen Testament.

Das Gleichnis vom barmherzigen Samariter

[29] Der Gesetzeslehrer wollte seine Frage rechtfertigen und sagte zu Jesus: Und wer ist mein Nächster?

[30] Darauf antwortete ihm Jesus: Ein Mann ging von Jerusalem nach Jericho hinab und wurde von Räubern überfallen. Sie plünderten ihn aus und schlugen ihn nieder; dann gingen sie weg und ließen ihn halbtot liegen. [31] Zufällig kam ein Priester denselben Weg herab; er sah ihn und ging weiter.

[32] Auch ein Levit kam zu der Stelle; er sah ihn und ging weiter. [33] Dann kam ein Mann aus Samarien, der auf der Reise war. Als er ihn sah, hatte er Mitleid, [34] ging zu ihm hin, goß Öl und Wein auf seine Wunden und verband sie. Dann hob er ihn auf sein Reittier, brachte ihn zu einer Herberge und sorgte für ihn. [35] Am andern Morgen holte er zwei Denare hervor, gab sie dem Wirt und sagte: Sorge für ihn, und wenn du mehr für ihn brauchst, werde ich es dir bezahlen, wenn ich wiederkomme.

³⁶ Was meinst du: Wer von diesen dreien hat sich als der Nächste dessen erwiesen, der von den Räubern überfallen wurde? ³⁷ Der Gesetzeslehrer antwortete: Der, der barmherzig an ihm gehandelt hat. Da sagte Jesus zu ihm: Dann geh und handle genauso!

(Lk 10,29-37)

Anlaß für die Geschichte ist die Frage eines Gesetzeslehrers: Wer ist mein Nächster? Über diese Frage kann man tagelang diskutieren, ohne daß irgendeinem geholfen wird. Jesus läßt sich auf diese nutzlose Diskussion nicht ein. Er erzählt eine Geschichte. Am Ende konzentriert sich alles auf den Fragesteller, nicht auf die Frage. Die Geschichte ist erfunden. Nur so kann sie wirklich Kraft freisetzen. Es wird kein Personenname genannt. Das deutet schon auf eine komponierte Erzählung hin. Zwei fromme Leute kommen nacheinander des Weges, ein Priester und ein Levit. Das müßte schon mehr als Zufall sein. Dann ein verhaßter Samariter. Da hört der Zufall sicher auf. Wieder werden keine Namen genannt. Nur der von den Juden verachtete Samariter (vgl. Seite 92) kümmert sich um den Überfallenen. Zum Schluß kehrt Jesus zu der Ausgangsfrage zurück und formuliert sie existentiell: Wer hat sich als Nächster erwiesen? Nicht mehr die theoretische Frage steht zur Diskussion: „Wer ist mein Nächster?", sondern: „Wer ist dem zum Nächsten geworden, der unter die Räuber gefallen ist? Wer hat sich als Nächster erwiesen?" Das ist es! Ich soll nicht fragen: „Wer ist mein Nächster?", sondern ich soll Nächster werden, mich um Notleidende kümmern!

Schön, daß eine alte Bauruine am Weg zwischen Jerusalem und Jericho an diese Geschichte vom barmherzigen Samariter erinnert!

Jericho

Jericho gehört zu den ältesten Städten der Welt. Es liegt in der Jordansenke in Sichtweite des Toten Meeres. Menschen, die sich in der Nord-Süd-Richtung entlang dem Jordan bewegen oder in der Ost-West-Richtung von Amman Richtung Jerusalem und weiter zum Mittelmeer, stoßen auf diese Stadt. Verständlich, daß Jericho wegen des Alters und der Lage an wichtigen Durchgangsstraßen in der Heiligen Schrift wiederholt erwähnt wird. Trotzdem hätte eine Stadt hier nicht entstehen können, gäbe es kein Trinkwasser. Eine Quelle sprudelt neben der heutigen Hauptstraße in der Nähe des Ausgrabungshügels. Wie die Bibel berichtet, war das Wasser dieser Quelle ungenießbar. Im 2. Buch der Könige wird darüber berichtet.

Elischa macht das Quellwasser genießbar

[19] Die Männer der Stadt sagten zu Elischa: Unser Herr sieht, daß man in dieser Stadt gut wohnen kann; nur das Wasser ist ungesund, und in der Gegend gibt es viele Fehlgeburten. [20] Elischa befahl: Bringt mir eine neue Schüssel, und schüttet Salz hinein! Man brachte sie ihm, [21] und er ging zur Wasserquelle und warf das Salz hinein mit den Worten: So spricht der Herr: Ich mache dieses Wasser gesund. Es wird keinen Tod und keine Fehlgeburt mehr verursachen. [22] Daher ist das Wasser bis zum heutigen Tag gesund, wie es Elischa vorausgesagt hatte. (2 Kön 2,19-22)

Elischa ist Schüler und Nachfolger des großen Propheten Elija. Am Jordan „fuhr Elija im Wirbelsturm zum Himmel empor" (2 Kön 2,11). „Ein feuriger Wagen mit feurigen Pferden (2 Kön 2,11) trennt Elija von Elischa. Feuer und Sturm sind in der Bibel oft benutzte Theophaniephänomene, verweisen auf den göttlichen Bereich. Auch beim Pfingstfest ist die Rede von etwas wie Feuer und Sturm (Apg 2,27). Nachdem Elischa den Mantel seines Lehrers als sichtbares Zeichen der Übergabe des Prophetendienstes empfangen hatte, wirkt er im nahe gelegenen Jericho sein erstes Wunder zum Wohl der dort lebenden Menschen. Die Geste der Salzzugabe wird auch heute noch praktiziert. Wenn der Priester Wasser weiht, fügt er eine Prise Salz hinzu. Es soll – wie das Wasser in Jericho – gesund und heil in einem umfassenden Sinn machen. Das geweihte Wasser, das Weihwasser, findet man am Eingang katholischer Kirchen in den Weihwasserbecken.

Ein weiterer Text, der wegen seiner Dramatik den meisten bekannt ist, schildert den Fall der Mauern von Jericho.

Jerichos Fall

Jericho hielt wegen der Israeliten die Tore fest verschlossen. Niemand konnte heraus, und niemand konnte hinein. ² Da sagte der Herr zu Josua: Sieh her, ich gebe Jericho und seinen König samt seinen Kriegern in deine Gewalt. ³ Ihr sollt mit allen Kriegern um die Stadt herumziehen und sie einmal umkreisen. Das sollst du sechs Tage lang tun. ⁴ Sieben Priester sollen sieben Widderhörner vor der Lade hertragen. Am siebten Tag sollt ihr siebenmal um die Stadt herumziehen, und die Priester sollen die Hörner blasen. ⁵ Wenn das Widderhorn geblasen wird und ihr den Hörnerschall hört, soll das ganze Volk in lautes Kriegsgeschrei ausbrechen. Darauf wird die Mauer der Stadt in sich zusammenstürzen; dann soll das Volk hinübersteigen, jeder an der nächstbesten Stelle. ⁶ Da rief Josua, der Sohn Nuns, die Priester und sagte: Nehmt die Bundeslade, und laßt sieben Priester sieben Widderhörner vor der Lade des Herrn hertragen. ⁷ Und zum Volk sagte er: Zieht rings um die Stadt herum, und laßt die bewaffneten Männer vor der Lade des Herrn herziehen!

[8] Und es geschah so, wie Josua es dem Volk gesagt hatte: Sieben Priester trugen die sieben Widderhörner vor dem Herrn her und bliesen im Gehen die Hörner, und die Bundeslade des Herrn zog hinter ihnen her. [9] Die bewaffneten Männer gingen vor den Priestern her, die die Hörner bliesen, die Nachhut folgte der Lade, und man blies ständig die Hörner. [10] Dem Volk aber befahl Josua: Erhebt kein Kriegsgeschrei, und laßt eure Stimmen nicht hören! Kein Wort komme aus eurem Mund bis zu dem Tag, an dem ich zu euch sage: Erhebt das Kriegsgeschrei! Dann sollt ihr losschreien.

[11] Darauf ließ er die Lade des Herrn um die Stadt herumziehen und sie einmal umkreisen. Dann kam man zum Lager zurück und übernachtete im Lager. [12] Früh am anderen Morgen brach Josua auf, und die Priester trugen die Lade des Herrn. [13] Sieben Priester trugen die sieben Widderhörner der Lade des Herrn voraus und bliesen ständig die Hörner. Die bewaffneten Männer zogen vor ihnen her, und die Nachhut folgte der Lade des Herrn. Man blies ständig die Hörner.

[14] So zogen sie auch am zweiten Tag einmal um die Stadt herum und kehrten wieder ins Lager zurück. Das machten sie sechs Tage lang.

[15] Am siebten Tag aber brachen sie beim Anbruch der Morgenröte auf und zogen, wie gewohnt, um die Stadt, siebenmal; nur an diesem Tag zogen sie siebenmal um die Stadt. [16] Als die Priester beim siebtenmal die Hörner bliesen, sagte Josua zum Volk: Erhebt das Kriegsgeschrei! Denn der Herr hat die Stadt in eure Gewalt gegeben. *(Jos 6,1-16)*

Drei Möglichkeiten gibt es, diesen Text zu verstehen.
1. Man sagt: Gott kann Wunder wirken, und hier hat er ein Wunder gewirkt; für mich gibt es da keine Probleme.

2. Man kann das Wunder auf natürliche Weise zu retten versuchen, indem man darauf verweist, daß bestimmte Tonhöhen und die Kombination bestimmter Frequenzen Gläser und Steine zum Bersten bringen können, vielleicht sogar auch eine Stadtmauer.

3. Der Text wird auf der Basis gesicherter Erkenntnisse heutiger Exegese interpretiert als ein Text, der nicht historisch ist, aber sehr wohl Wahrheit vermittelt.

Vielen Texten kann man aufgrund bestimmter Begriffe und Formulierungen ansehen, daß sie nicht historisch verstanden werden wollen. Oft bedarf es auch eines außerbiblischen Einwandes, bis ein Text, der bislang historisch verstanden wurde, neu überdacht wird. Was Jericho angeht, ist seit Jahren mit Sicherheit nachgewiesen, daß die Mauern schon längst zerstört waren, als einige Stämme Israels in die Gegend von Jericho eindrangen. Der biblische Bericht kann also schon aus diesem Grunde nicht historisch verstanden werden. Die Vertreter der ersten Position, die jedes wunderbare Ereignis problemlos mit der Allmacht Gottes erklären, kommen nun in Schwierigkeiten. Gottes Eingreifen war weder möglich noch nötig, da Jerichos Mauern bereits eingestürzt waren.

Auch die Anhänger der zweiten Position, die übernatürliche Phänomene rational zu erklären versuchen, geraten in Schwierigkeiten, da es hier nichts zu erklären gibt. Die Mauern waren längst zusammengefallen und sind nicht durch bestimmte Tonfrequenzen der Posaunen eingestürzt. Rationale Erklärungen werden oft zum Verstehen außerordentlicher Ereignisse herangezogen. Lazarus sei scheintot gewesen, deshalb habe ihn Jesus auferwecken können. Jesus habe im See Gennesaret bestimmte Erdaufwallungen unter der Wasseroberfläche gekannt, deshalb habe er über das Wasser gehen können. Solche Versuche sind gut gemeint, aber theologisch überholt. Sie gehen an der mittlerweile von allen Theologen akzeptierten Tatsache vorbei, daß viele Erzählungen in der Bibel nicht als Tatsachenberichte verstanden werden wollen und trotzdem ernst genommen werden müssen, weil sie auf einer anderen Ebene wahr sind. Der Sinn der Geschichte vom Umzug um die Mauern von Jericho ist ein zweifacher. Zunächst handelt es sich um eine ätiologische Erzählung. Solche Geschichten erklären einen Tatbestand, einen besonderen Brauch, ein besonderes Merkmal, bestimmte Orts- und Personennamen durch eine Geschichte. Sinn ist nicht die historisch präzise Rekonstruktion eines geschichtlichen Prozesses, sondern die plausible, oft märchenähnliche Erklärung. Ähnliches gibt es auch noch in unserer scheinbar so aufgeklärten Zeit, wenn zwei Felsen Pater und Nonne genannt werden und dann eine Geschichte erzählt wird, die erklärt, warum es zu dieser Namensgebung gekommen ist. Ein zweiter, sicher tieferer Sinn verbirgt sich in der Geschichte vom Einsturz der Mauern Jerichos: Gott gibt uns die Stadt. Gott gibt uns das Land. Nicht wir haben durch eigene Kriegszüge das Land erobert, sondern es ist uns geschenkt. Die geschilderte Einnahme von Jericho ähnelt stark einer liturgischen Prozession. So steht die „Eroberung" von Jericho vielleicht als Beispiel für die gesamte sogenannte Landnahme durch die Israeliten. Die Bibel ist eben kein Lehrbuch mit kurzen Glaubenssätzen, sondern eine Sammlung von Büchern aus mehreren Jahrhunderten, die im Orient entstanden sind, wo man möglichst viel durch Geschichten vermittelt.

Das Buch Josua schildert die Landnahme, das Eindringen einiger Stämme in das sogenannte Heilige Land. Es liest sich wie eine grausame, blutige Kriegsgeschichte. Mittlerweile ist bekannt, daß die Stämme vorsichtig und am Rande der fruchtbaren Gebiete, meist durch Verträge und Absprachen mit den Landesfürsten abgesichert, ziemlich undramatisch in das Land einsickerten. Das Buch selbst wurde in einer späteren Zeit geschrieben. In der Rückschau aus einer militärisch gefärbten Zeit und aus einer sicheren Position wird die Landnahme in der Vergangenheit im Vokabular eines siegreichen Kriegszuges geschildert und nach orientalischer Art kräftig übertrieben und ausgeschmückt.

Die Geschichte von der Hure Rahab zeigt, welch verschiedene Mittel eingesetzt werden, um in das Land einzudringen.

Josuas Kundschafter in Jericho und die Dirne Rahab

Josua, der Sohn Nuns, schickte von Schittim heimlich zwei Kundschafter aus und befahl ihnen: Geht, erkundet das Land, besonders die Stadt Jericho! Sie brachen auf und kamen zu dem Haus einer Dirne namens Rahab; dort wollten sie übernachten. [2] Man meldete dem König von Jericho: Heute nacht sind ein paar Männer hierher gekommen, Israeliten, um das Land auszukundschaften. [3] Da schickte der König von Jericho Boten zu Rahab und ließ ihr sagen: Gib die Männer heraus, die bei dir in deinem Haus eingekehrt sind; denn sie sind gekommen, um das ganze Land auszukundschaften. [4] Da nahm die Frau die beiden Männer und versteckte sie. (Zu den Boten aber) sagte sie: Ja, die Männer sind zu mir gekommen; doch ich wußte nicht, woher sie waren. [5] Als das Stadttor bei Einbruch der Dunkelheit geschlossen werden sollte, sind die Männer weggegangen; ich weiß aber nicht, wohin sie gegangen sind. Lauft ihnen schnell nach, dann könnt ihr sie noch einholen. [6] Sie hatte aber die Männer auf das flache Dach gebracht und unter den Flachsstengeln versteckt, die auf dem Dach aufgeschichtet waren. [7] Inzwischen hatte man die Verfolgung der Männer aufgenommen, und zwar in Richtung Jordan, zu den Furten hin. Und man hatte das Stadttor geschlossen, nachdem die Verfolger hinausgegangen waren.

[8] Bevor die Männer sich niederlegten, stieg Rahab zu ihnen auf das Dach hinauf [9] und sagte zu ihnen: Ich weiß, daß der Herr euch das Land gegeben hat und daß uns Furcht vor euch befallen hat und alle Bewoh-

ner des Landes aus Angst vor euch vergehen. ¹⁰ *Denn wir haben gehört, wie der Herr das Wasser des Schilfmeers euretwegen austrocknen ließ, als ihr aus Ägypten ausgezogen seid. Wir haben auch gehört, was ihr mit Sihon und Og, den beiden Königen der Amoriter jenseits des Jordan, gemacht habt: Ihr habt sie dem Untergang geweiht.* ¹¹ *Als wir das hörten, zerschmolz unser Herz, und jedem stockte euretwegen der Atem; denn der Herr, euer Gott, ist Gott droben im Himmel und hier unten auf der Erde.* ¹² *Nun schwört mir beim Herrn, daß ihr der Familie meines Vaters euer Wohlwollen erweist, wie ich es euch erwiesen habe, und gebt mir ein sicheres Zeichen dafür,* ¹³ *daß ihr meinen Vater und meine Mutter, meine Brüder und meine Schwestern und alles, was ihnen gehört, am Leben laßt und daß ihr uns vor dem Tod bewahrt.* ¹⁴ *Die Männer antworteten ihr: Wir bürgen mit unserem Leben für euch, wenn ihr nur unsere Sache nicht verratet. Wenn uns der Herr das Land gibt, werden wir dir unser Wohlwollen und unsere Treue zeigen.* ¹⁵ *Darauf ließ die Frau sie mit einem Seil durch das Fenster die Stadtmauer hinab; das Haus, in dem sie wohnte, war nämlich in die Stadtmauer eingebaut.* ¹⁶ *Sie riet ihnen: Geht ins Gebirge, damit die Verfolger euch nicht finden; dort haltet euch drei Tage lang verborgen, bis die Verfolger zurückgekehrt sind; dann könnt ihr eures Weges gehen.* ¹⁷ *Die Männer sagten zu ihr: Wir können uns nur unter folgender Bedingung an den Eid halten, den du uns hast schwören lassen:* ¹⁸ *Wenn wir in das Land eindringen, mußt du diese geflochtene purpurrote Schnur an das Fenster binden, durch das du uns herabgelassen hast, und du mußt deinen Vater, deine Mutter, deine Brüder und die ganze Familie deines Vaters bei dir in deinem Haus versammeln.* ¹⁹ *Jeder aber, der aus der Tür deines Hauses heraustritt, ist selbst schuld, wenn sein Blut vergossen wird. Wir sind dann ohne Schuld. Doch bei jedem, der mit dir in deinem Haus bleibt, tragen wir die Schuld, wenn Hand an ihn gelegt wird. [20] Auch wenn du unsere Sache verrätst, brauchen wir uns nicht an den Eid zu halten, den du uns hast schwören lassen. [21] Sie antwortete: Es sei, wie ihr gesagt habt. Dann ließ sie die beiden gehen und band die purpurrote Schnur an das Fenster. [22] Die Männer gingen also und kamen ins Gebirge; dort blieben sie drei Tage, bis die Verfolger (in die Stadt) zurückgekehrt waren. Die Verfolger hatten sie überall gesucht, aber nicht gefunden. [23] Dann machten sich die beiden Männer auf den Rückweg. Sie stiegen vom Gebirge herab, überschritten den Jordan und kamen zu Josua, dem Sohn Nuns. Sie erzählten ihm alles, was sie erfahren hatten, [24] und sagten: Der Herr hat uns das ganze Land ausgeliefert; alle Bewohner des Landes vergehen aus Angst vor uns.*   *(Jos 2)*

Auch im Neuen Testament wird Jericho erwähnt. Jesus selbst ist nachweislich durch Jericho gekommen. Zwei Ereignisse werden berichtet: eine Heilungsgeschichte und die Begegnung mit Zachäus.

Heilung des Blinden bei Jericho

[46] Sie kamen nach Jericho. Als er mit seinen Jüngern und einer großen Menschenmenge Jericho wieder verließ, saß an der Straße ein blinder Bettler, Bartimäus, der Sohn des Timäus. [47] Sobald er hörte, daß es Jesus von Nazaret war, rief er laut: Sohn Davids, Jesus, hab Erbarmen mit mir! [48] Viele wurden ärgerlich und befahlen ihm zu schweigen. Er aber schrie noch viel lauter: Sohn Davids, hab Erbarmen mit mir!
[49] Jesus blieb stehen und sagte: Ruft ihn her! Sie riefen den Blinden und sagten zu ihm: Hab nur Mut,

steh auf, er ruft dich. ⁵⁰ Da warf er seinen Mantel weg,
sprang auf und lief auf Jesus zu. ⁵¹ Und Jesus fragte
ihn: Was soll ich dir tun? Der Blinde antwortete: Rab-
buni, ich möchte wieder sehen können. ⁵² Da sagte
Jesus zu ihm: Geh! Dein Glaube hat dir geholfen. Im
gleichen Augenblick konnte er wieder sehen, und er
folgte Jesus auf seinem Weg.

(Mk 10,46-52)

Wieder ruft ein Mensch mit großem Vertrauen Jesus an.
Jesus fragt wie ein guter Therapeut: „Was soll ich dir tun?",
d. h.: „Was möchtest du?" Ganz anders als der Gelähmte
am Betesda-Teich (vgl. Seite 117) erklärt dieser klar und
deutlich: „Rabbuni, Meister, ich möchte wieder sehen können." Die Heilung führt Jesus auf das Vertrauen des Kranken zurück. Die Erfahrung zeigt, daß nicht jedes Vertrauen
entsprechend beantwortet wird. Viele flehen in schwierigsten Situationen Gott um Hilfe an und werden nicht erhört.
Aber das Vertrauen darauf, daß Gott schließlich alles zum
Guten wendet, auch wenn sich zunächst ein schwerer Weg
auftut, anders als erwartet, ist sicher die Grundlage jedes
Bittgebetes. Jesus selbst betete am Ölberg deutlich um eine
Verschonung von der Passion, aber er fügte sofort hinzu:
„Nicht mein, sondern dein Wille geschehe" (Mt 26,39).
„Abba, Vater, alles ist dir möglich. Nimm diesen Kelch von
mir. Aber nicht, was ich will, sondern was du willst (das soll
geschehen)" (Mk 14,36).
Lukas berichtet in Bildern von einem zudringlichen Freund,
daß sein hartnäckiges Bitten schließlich erfolgreich ist. Jesus
schließt seine Rede: „Wenn nun schon ihr, die ihr böse seid,
euren Kindern gebt, was gut ist, wieviel mehr wird der Vater
im Himmel den Heiligen Geist denen geben, die ihn bitten
(Lk 11,13). Jesus will nicht zum endlosen Betteln im Gebet aufmuntern. Der Vergleich bezieht sich auf Mensch und
Gott, wenn sie um etwas gebeten werden. Wenn schon die
bösen Menschen anderen helfen, wenn auch manchmal erst

nach hartnäckigen Bitten, dann wird erst recht Gott, der die Güte in Person ist, reichlich geben. Allerdings: Jesus verspricht nicht die Erfüllung unserer im Gebet vorgetragenen Bitten, sondern etwas anderes und viel mehr: den Heiligen Geist.

Wirklich amüsant beginnt die folgende Episode vom kleinen Mann Zachäus.

Der Zöllner Zachäus

Dann kam er nach Jericho und ging durch die Stadt. ²Dort wohnte ein Mann namens Zachäus; er war der oberste Zollpächter und war sehr reich. ³ Er wollte gern sehen, wer dieser Jesus sei, doch die Menschenmenge versperrte ihm die Sicht; denn er war klein. ⁴ Darum lief er voraus und stieg auf einen Maulbeerfeigenbaum, um Jesus zu sehen, der dort vorbeikommen mußte. ⁵ Als Jesus an die Stelle kam, schaute er hinauf und sagte zu ihm: Zachäus, komm schnell herunter! Denn ich muß heute in deinem Haus zu Gast sein. ⁶ Da stieg er schnell herunter und nahm Jesus freudig bei sich auf. ⁷ Als die Leute das sahen, empörten sie sich und sagten: Er ist bei einem Sünder eingekehrt. ⁸ Zachäus aber wandte sich an den Herrn und sagte: Herr, die Hälfte meines Vermögens will ich den Armen geben, und wenn ich von jemand zu viel gefordert habe, gebe ich ihm das Vierfache zurück. ⁹ Da sagte Jesus zu ihm: Heute ist diesem Haus das Heil geschenkt worden, weil auch dieser Mann ein Sohn Abrahams ist. ¹⁰ Denn der Menschensohn ist gekommen, um zu suchen und zu retten, was verloren ist. (Lk 19,1-10)

Der obenzitierte Text braucht nur insoweit kommentiert zu werden – das zu wissen ist allerdings wichtig für das Verstehen der Pointe dieses Abschnittes –, daß Zachäus Zollpächter war, d. h. damals, daß er vom Ausbeuten lebte und einen Teil der erpreßten Zolleinkünfte an die römische Besatzungsmacht abliefern mußte. Aus diesen beiden Gründen war er verabscheuungswürdig und unrein, d. h., ein frommer Jude sprach nicht mit ihm. Jesus ißt sogar mit ihm und seiner Gesellschaft aus entsprechendem Milieu. Solche Szenen wie das Essen mit einem berufsmäßigen Ausbeuter und Kollaborateur mit der römischen Besatzungsmacht mußte die religiöse Führung aufhorchen lassen. Jesus macht aber in seinem Verhalten deutlich, daß Gott niemanden von seiner Liebe ausschließt. Nach gängiger Auffassung hatten sich die Zöllner selbst aus der jüdischen Gemeinschaft exkommuniziert. Sie gehörten zu den Randexistenzen, denen ein frommer Jude aus dem Weg ging. Jesus handelt ohne Tabuängste. Er bringt in seinem Verhalten den universalen Heilswillen Gottes zum Ausdruck. Jeder ist in den Augen Gottes wertvoll. Das Buch Jona zeigt, daß sogar die sündige Großstadt Ninive außerhalb Israels Gott am Herzen liegt. Indem sich Jesus den Außenseitern zuwendet, erweist er sich als der authentische Bote Gottes. – Schön, daß man in Jericho einen Baum zeigt, auf den Zachäus gestiegen sein soll. So wird täglich an diese Geschichte erinnert.

Jerusalem

Abendmahlssaal

Wohl kaum ein Raum ist für den unvorbereiteten Besucher so irritierend wie der Abendmahlssaal. Man erwartet ein Zimmer mit Polstern, einen Speiseraum oder ein Wohnzimmer und trifft eine Kapelle im gotischen Stil an, einen hohen mittelalterlichen Raum. Von einem biblischen Abendmahlssaal ist nichts zu sehen. Der heutige Bau ist ein Werk der Kreuzfahrer. Nach deren Vertreibung muß der Raum als Moschee gedient haben, denn man sieht noch die Gebetsnische, das Mihrab. Die Jerusalemer Tradition verlegt das Mahl, das Jesus am Gründonnerstag mit seinen Freunden hielt, an diese Stelle.

Die Vorbereitung des Paschamahls

[7] Dann kam der Tag der Ungesäuerten Brote, an dem das Paschalamm geschlachtet werden mußte. [8] Jesus schickte Petrus und Johannes in die Stadt und sagte: Geht und bereitet das Paschamahl für uns vor, damit wir es gemeinsam essen können. [9] Sie fragten ihn: Wo sollen wir es vorbereiten? [10] Er antwortete ihnen: Wenn ihr in die Stadt kommt, wird euch ein Mann begegnen, der einen Wasserkrug trägt. Folgt ihm in das Haus, in das er hineingeht, [11] und sagt zu dem Herrn des Hauses: Der Meister läßt dich fragen: Wo ist der Raum, in dem ich mit meinen Jüngern das Paschalamm essen kann? [12] Und der Hausherr wird euch einen großen Raum im Obergeschoß zeigen, der mit Polstern ausgestattet ist. Dort bereitet alles vor! [13] Sie gingen und fanden alles so, wie er es ihnen gesagt hatte, und bereiteten das Paschamahl vor.

Das Mahl

[14] Als die Stunde gekommen war, begab er sich mit den Aposteln zu Tisch. [15] Und er sagte zu ihnen: Ich habe mich sehr danach gesehnt, vor meinem Leiden dieses Paschamahl mit euch zu essen. [16] Denn ich sage euch: Ich werde es nicht mehr essen, bis das Mahl seine Erfüllung findet im Reich Gottes. [17] Und er nahm den Kelch, sprach das Dankgebet und sagte: Nehmt den Wein, und verteilt ihn untereinander! [18] Denn ich sage euch: Von nun an werde ich nicht mehr von der Frucht des Weinstocks trinken, bis das Reich Gottes kommt. [19] Und er nahm Brot, sprach das Dankgebet, brach das Brot und reichte es ihnen mit den Worten: Das ist mein Leib, der für euch hingegeben wird. Tut dies zu meinem Gedächtnis! [20] Ebenso nahm er nach dem Mahl den Kelch und sagte: Dieser Kelch ist der Neue Bund in meinem Blut, das für euch vergossen wird. [21] Doch seht, der Mann, der mich verrät und ausliefert, sitzt mit mir am Tisch. [22] Der Menschensohn muß zwar den Weg gehen, der ihm bestimmt ist. Aber weh dem Menschen, durch den er verraten wird. [23] Da fragte einer den andern, wer von ihnen das wohl sei, der so etwas tun werde.

(Lk 22,7-23)

Johannes erwähnt bekanntlich die Einsetzung der Eucharistie nicht. Statt dessen legt er Wert auf den Geist des Dienens nach dem Vorbild Jesu und schildert die Fußwaschung.

Die Fußwaschung

Es war vor dem Paschafest. Jesus wußte, daß seine Stunde gekommen war, um aus dieser Welt zum Vater hinüberzugehen. Da er die Seinen, die in der Welt waren, liebte, erwies er ihnen seine Liebe bis zur Vollendung. [2] Es fand ein Mahl statt, und der Teu-

fel hatte Judas, dem Sohn des Simon Iskariot, schon ins Herz gegeben, ihn zu verraten und auszuliefern. [3] Jesus, der wußte, daß ihm der Vater alles in die Hand gegeben hatte und daß er von Gott gekommen war und zu Gott zurückkehrte, [4] stand vom Mahl auf, legte sein Gewand ab und umgürtete sich mit einem Leinentuch. [5] Dann goß er Wasser in eine Schüssel und begann, den Jüngern die Füße zu waschen und mit dem Leinentuch abzutrocknen, mit dem er umgürtet war. [6] Als er zu Simon Petrus kam, sagte dieser zu ihm: Du, Herr, willst mir die Füße waschen? [7] Jesus antwortete ihm: Was ich tue, verstehst du jetzt noch nicht; doch später wirst du es begreifen. [8] Petrus entgegnete ihm: Niemals sollst du mir die Füße waschen! Jesus erwiderte ihm: Wenn ich dich nicht wasche, hast du keinen Anteil an mir. [9] Da sagte Simon Petrus zu ihm: Herr, dann nicht nur meine Füße, sondern auch die Hände und das Haupt. [10] Jesus sagte zu ihm: Wer vom Bad kommt, ist ganz rein und braucht sich nur noch die Füße zu waschen. Auch ihr seid rein, aber nicht alle. [11] Er wußte nämlich, wer ihn verraten würde; darum sagte er: Ihr seid nicht alle rein.

[12] Als er ihnen die Füße gewaschen, sein Gewand wieder angelegt und Platz genommen hatte, sagte er zu ihnen: Begreift ihr, was ich an euch getan habe? [13] Ihr sagt zu mir Meister und Herr, und ihr nennt mich mit Recht so; denn ich bin es. [14] Wenn nun ich, der Herr und Meister, euch die Füße gewaschen habe, dann müßt auch ihr einander die Füße waschen. [15] Ich habe euch ein Beispiel gegeben, damit auch ihr so handelt, wie ich an euch gehandelt habe. [16] Amen, amen, ich sage euch: Der Sklave ist nicht größer als sein Herr, und der Abgesandte ist nicht größer als der, der ihn gesandt hat. [17] Selig seid ihr, wenn ihr das wißt und danach handelt. [18] Ich sage das nicht von euch allen. Ich weiß wohl, welche ich erwählt habe, aber das

Schriftwort muß sich erfüllen: Einer, der mein Brot aß, hat mich hintergangen.

[19] Ich sage es euch schon jetzt, ehe es geschieht, damit ihr, wenn es geschehen ist, glaubt: Ich bin es. [20] Amen, amen, ich sage euch: Wer einen aufnimmt, den ich sende, nimmt mich auf; wer aber mich aufnimmt, nimmt den auf, der mich gesandt hat.

(Joh 13,1-20)

Kurz vor seinem Tod kommt Jesus mit seinen engsten Freunden zu einem Mahl zusammen. Ein gemeinsames Essen stiftet, bedeutet und festigt die Gemeinschaft; Gemeinschaft mit dem Gastgeber und Gemeinschaft untereinander.

Zusätzlich zu diesen jedem Mahl innewohnenden Merkmalen bindet Jesus seine besondere Gegenwart an Brot und Wein. Er gibt keine Erklärungen über das Wie. Später, besonders in der Reformationszeit, werden Theologen verschiedene Erklärungs- und Verstehensmodelle vorlegen.

Der Mahlcharakter allein kann die Bedeutungsfülle der Abendmahlsfeier nicht ausloten. Wahrscheinlich hat Jesus das Abendmahl im Rahmen der jüdischen Paschafeier gestiftet. Damit ist eine Verbindung zur großen Befreiungstat Gottes durch Mose hergestellt, der Errettung aus der Knechtschaft in Ägypten. Eine viel umfassendere Errettung geschieht durch den Tod Jesu, der im Text erwähnt wird und vom Neuen Testament als Heilstod für die Menschheit gedeutet wird. Auch Bezüge zum kommenden Mahl der Heilszeit werden in den Berichten anderer Evangelisten angesprochen.

Die Anzahl verschiedener Namen für ein und dieselbe Feier deutet auf die unausschöpfliche Bedeutungsfülle dieser Feier hin: Herrenmahl (d. h.: Mahl mit dem Herrn Jesus und nicht: Mahl für Herren!), Brotbrechen, Meßfeier, Messe, Eucharistiefeier.

Das Paschamahl – Ursprung und Ritus

Da Jesus das Abendmahl wahrscheinlich im Rahmen des Paschamahles feierte, sind einige Hinweise zu diesem jüdischen Hauptfest aufschlußreich. Man nennt das Fest mit dem aramäisch-griechischen Namen Pascha (gesprochen: Pas-cha) oder im Hebräischen Pesach oder Pessach (das „e" wird kurz gesprochen).

Das Paschafest vereinigt nach der Meinung mancher Theologen zwei ursprünglich getrennte Feste. Das Schlachten eines Lammes hat seinen Ursprung im nomadischen Hirtenleben. Das Mazzenfest, d. h. das Fest der ungesäuerten Brote, wurzelt im seßhaften bäuerlichen Milieu der Kanaanäer. Es wurde zu Beginn der Gerstenernte begangen. „Man aß nach dem ersten Schnitt der Gerste (vgl. Dtn 16,9) das erste Brot des Jahres ungesäuert" (Schmidt, Seite 178). Das Schlachten eines Lammes und das Bestreichen des Zelteinganges mit Blut gehören in das Milieu eines nomadisierenden Hirtenvolkes. Vor dem Weidewechsel aus der im Winter grünen Steppe in das auch im Sommer den Tieren noch Nahrung bietende angrenzende Kulturland wurde vermutlich ein Fest gefeiert. Das Bestreichen mit Blut hat apotropäischen Charakter, d. h. Unheil abwehrende Kraft. Anscheinend wurden die Feste in zeitlicher Nachbarschaft begangen, so daß eine Zusammenlegung auch aus diesem Grund problemlos war. Der Name Paschafest setzte sich schließlich für das ganze zusammengelegte Fest durch. Der Inhalt der Feier erfuhr eine Veränderung. Die wunderbare Errettung aus der Sklaverei Ägyptens wurde zum Thema der Feier.

Einen Festtag von einer anderen Gesellschaft zu übernehmen und mit neuem Inhalt zu füllen ist ein durchaus legitimer Vorgang, der in der Geschichte, besonders in religionsgeschichtlichen Zusammenhängen, oft vorkommt. Am 25. Dezember begingen die Anhänger des Mithraskultes im Römischen Reich und darüber hinaus das Fest der Geburt des Mithras in einer Höhle. Als die Christen zahlreicher und bestimmender wurden, legten sie auf diesen Tag das Fest der Geburt Christi. Der Wechsel von der Geburtsfeier des Mithras zum Fest der Geburt des Jesus von Nazaret fiel den Zeitgenossen nicht allzu schwer, da es mehrere Parallelen zwischen beiden gab. Ähnlich müssen die beiden vorisraelitischen Feste geeignet gewesen sein, von den Israeliten leicht übernommen und mit neuem Inhalt gefüllt zu werden.

Ein Fest wie das Pascha bedarf der Vorbereitung. Vor dem sieben Tage dauernden Fest wurde ein Lamm gekauft. Es mußte mindestens acht Tage alt und durfte nicht älter als ein Jahr sein. Fehlerlos mußte es sein, da es als Opfertier Gott dargebracht wurde. Im Tempelbezirk wurde es geschlachtet. Das Blut schüttete ein Priester an den Stufen des Brandopferaltares aus. Während das Fett auf dem Altar als Opfergabe verbrannt wurde, verzehrte man das gebratene Lamm zu Hause. Kein Knochen des Lammes durfte verletzt werden.

Bevor das Fest beginnen kann, müssen alles im Haus befindliche gesäuerte Brot und der Sauerteig entfernt werden. Sieben Tage lang ißt man ungesäuertes Brot, Mazzen. Dies erinnert an den eiligen Aufbruch aus Ägypten. Damals hatte man keine Zeit, zu warten, bis der Brotteig ganz durchsäuert war. Während des Paschamahles werden vier Becher Wein herumgereicht. Bittere Kräuter gibt es zu essen, die an die harte Zeit der Sklaverei in Ägypten erinnern sollen. Schließlich wird das Lamm aufgetragen. Der jüngste Mahlteilnehmer fragt den Hausvater nach dem Sinn dieser Feier. Darauf erzählt dieser die Geschichte vom Auszug aus Ägypten.

Die Geschichte soll so erzählt und gehört werden, als sei man selbst in der Sklaverei gewesen und befreit worden. Viele Juden befanden sich im Mittelalter und vorher und nachher tatsächlich in einer Situation ähnlich der in Ägypten. Die Feier hat auch eine Zukunftsdimension: Die Sklaverei wird ein Ende haben!

Für Elija wird ein Becher Wein hingestellt, da er während einer Paschafeier wiederkommen wird (vgl. Butzkamm, Bild und

Frömmigkeit, Seite 106). Der dritte Becher Wein, der unter den Mahlteilnehmern kreist, ist der „Segensbecher" als Dank für das Mahl. Vielleicht hat Jesus über diesen Becher die Abendmahlsworte gesprochen.

Der Ritus des Festes unterlag Veränderungen, die schon im Alten Testament nachweisbar sind. Ursprünglich z. B. wurde ein Lamm an örtlichen Heiligtümern geschlachtet, später im Tempel zu Jerusalem. Nach der Zerstörung des Tempels im Jahre 70 n. Chr. konnte man keine Lämmer im Tempelbereich schlachten. Ein Lamm wurde seitdem nicht mehr beim Paschamahl verzehrt.

Aber das Fest gehört keineswegs der Vergangenheit an. Es wird auch heute in der überlieferten Form von fast allen Juden gefeiert, auch von denen, die sich nicht für religiös halten. Das Fest ist in hohem Maße identitätserhaltend. Es ist ein frohes Fest, es gibt reichlich zu essen und zu trinken.

So wie damals die Israeliten die beiden Feste aus ihrer Umgebung übernahmen und umdeuteten, so hat Jesus das Paschafest als besonders geeignet für seine Stiftung angesehen. Viele Parallelen zwischen dem vorhandenen Festgehalt und dem durch die Stiftung Jesu neu hinzugegebenen Inhalt lassen sich beobachten und weiter ausziehen. Die Schriften des Neuen Testamentes selbst formulieren diese Kontinuität an mehreren Stellen.

„Laßt uns also das Fest nicht mit dem alten Sauerteig feiern, mit dem Sauerteig der Bosheit und Schlechtigkeit, sondern mit den ungesäuerten Broten der Aufrichtigkeit und Wahrheit", schreibt Paulus den Christen in Korinth (1 Kor 5,8), „denn als unser Paschalamm ist Christus geopfert worden" (1 Kor 5,7). Wenn Johannes in seinem Evangelium betont, daß man die Beine Jesu nicht wie die der Schächer zerschlug (19,33), ist damit doch vermutlich gesagt, daß Jesus das neue Paschalamm ist. Auch die Knochen des wirklichen Lammes durften während der Paschafeier bekanntlich nicht verletzt werden. In diesem Zusammenhang erhält die Johanneische Bemerkung erst Bedeutung. Jesus ist das neue

Paschalamm mit allen Implikationen! Auch die nachfolgende Notiz, daß aus der Seitenwunde Jesu Blut und Wasser herausfloß (19,34), ist ja mehr und etwas anderes als eine klinische Anmerkung. Schon die Kirchenväter haben in dieser Formulierung eine Anspielung auf Taufe und Eucharistie gesehen.

Wenn man diesen von der Bibel vorgegebenen Zusammenhang zwischen Paschafest und Abendmahl bedenkt, der hier nur kurz skizziert wurde, ergeben sich ungeahnte Tiefen für das Verständnis der Eucharistiefeier.

Annakirche

Die Eltern von Maria heißen Anna und Joachim. In der Bibel werden beide nicht erwähnt. Aber in den Apokryphen, den bibelähnlichen Schriften aus dem 2. und 3. Jahrhundert, gibt es ausführliche Geschichten über Anna und Joachim. Lange warteten sie auf ein Kind. Solches wird von vielen Menschen im Alten und Neuen Testament berichtet. Abraham und Sara warten lange auf die Geburt eines Sohnes. Jahre vergehen, bis Elkana und Hanna ihren Sohn Samuel bekommen. Solche Geschichten wollen in Wirklichkeit weniger etwas über die Eltern aussagen als vielmehr die Bedeutung des Kindes herausstellen (s. Seite 84). Es ist wie bei einem Bogenschützen, der lange den Bogen an die Sehne anlegt, zielt und wartet und zielt und schließlich den Pfeil losschnellen läßt; die ganze Aufmerksamkeit wird auf das Ziel gerichtet. So ähnlich lenken solche Texte den Blick auf die Bedeutung des Kindes, indem sie über Ereignissen vor der Geburt berichten.

Der folgende Text aus dem apokryphen Jakobusevangelium schildert die verzweifelte Lage der kinderlosen Anna, die im Anblick eines Sperlingsnestes ihrem Kummer freien Lauf läßt.

„Und als sie zum Himmel schaute, sah sie ein Sperlingsnest im Lorbeerbaum. Da stimmte sie bei sich eine Trauerweise an und sang:

‚Weh mir! Wer hat mich gezeugt, welch ein Mutterleib hat mich hervorgebracht? Denn als Fluch bin ich geboren vor den Kindern Israels und bin mit Schimpf angetan, und mit Spott haben sie mich belegt hinaus zum Tempel des Herrn. Weh mir! Wem kann ich mich vergleichen? Nicht kann ich mich vergleichen den Vögeln des Himmels, denn auch die Vögel des Himmels erben sich fort vor dir, Herr!

Weh mir! Wem kann ich mich vergleichen? Nicht kann ich mich vergleichen den Tieren der Erde, denn auch die Tiere der Erde erben sich fort vor dir, Herr! Weh mir! Wem kann ich mich vergleichen? Nicht kann ich mich vergleichen diesen Wassern hier, denn auch diese Wasser erben sich fort vor dir, Herr! Weh mir! Wem kann ich mich vergleichen? Nicht kann ich mich vergleichen diesem Lande hier, denn auch dieses Land bringt seine Früchte zu seiner Zeit und preiset dich, Herr!' Und siehe, ein Engel des Herrn trat herzu und sprach zu ihr: ‚Anna, Anna! Erhört hat der Herr deine Bitte: Du sollst empfangen und sollst gebären, und dein Name soll in aller Welt genannt werden.' Und Anna sagte: ‚So wahr der Herr mein Gott lebt, wenn ich dann gebären werde, ob männlich oder weiblich, will ich es dem Herrn meinem Gott als Gabe darbringen, und es soll ihm alle Tage seines Lebens nach Priesterart dienen.'"

In der mittelalterlichen Kunst wird Anna oft dargestellt, meist zusammen mit ihrer Tochter Maria und ihrem Enkel Jesus. Solche Darstellungen nennt man „Anna selbdritt" („Anna zu dritt"). Im Mittelalter wandten sich besonders solche Frauen bittend an diese Gruppe, die selber auf ein Kind warteten. (Näheres über die Apokryphen s. Butzkamm, Christliche Ikonographie.)

Man kann vom Chorraum der Kirche in die Krypta hinabsteigen, wo das Haus der Anna verehrt wird. Wegen der vollendeten Akustik klingt ein Kanon in dieser Kreuzfahrerkirche besonders gut.

Betesda-Teich

Es gibt biblische Ereignisse, die mit Sicherheit lokalisiert werden können. Das gelingt immer dann, wenn es sich um präzise Angaben von Orten handelt, die ihren Platz nicht verändern können. Dazu gehören Brunnen wie der Jakobsbrunnen, wo Jesus ein langes, spannendes Gespräch mit einer Frau führt (vgl. Seite 89). Dazu gehört der Brunnen Abrahams in Beerscheba, um den es Streit mit den Hirten am Ort gab. Dazu gehören Teiche wie der Schiloach-Teich, der Zeuge einer Blindenheilung war, und dazu gehört dieser Betesda-Teich. Im Johannesevangelium ist die Rede von einem Teich mit fünf Hallen. Das ist zunächst kaum vorstellbar. Der Logik nach kann ein Teich an allen vier Seiten mit einer zum Teich hin offenen Halle in Form einer griechischen Stoa umgeben sein. Aber dieser Teich hatte tatsächlich fünf Hallen. Die fünfte zog sich mitten durch den Teich und teilte ihn ein zwei rechteckige Teiche. In den Hallen hielten sich Kranke auf. Wasser hat heilende Kraft. Wenn das Wasser in diesem Teich ab und zu, besonders in den Wintermonaten, zu quirlen begann, sagte man, ein Engel des Herrn habe das Wasser in Wallung gebracht. Die wahre Ursache für das in Bewegung kommende Wasser waren vermutlich unterirdische Zuflüsse, die besonders in den regenreichen Wintermonaten tätig waren. Wer dann zuerst in den Teich stieg, so erzählte man, der wurde geheilt. Hören wir nun eine der spannendsten Geschichte aus dem Johannesevangelium und versuchen während des Hörens bzw. Lesens, das Verhalten des Kranken möglichst vorurteilsfrei zu beurteilen.

Heilung eines Kranken am Teich Betesda

Einige Zeit später war ein Fest der Juden, und Jesus ging hinauf nach Jerusalem. [2] In Jerusalem gibt es beim Schaftor einen Teich, zu dem fünf Säulenhallen gehören; dieser Teich heißt auf hebräisch Betesda.

³ In diesen Hallen lagen viele Kranke, darunter Blinde, Lahme und Verkrüppelte. ⁵ Dort lag auch ein Mann, der schon achtunddreißig Jahre krank war. ⁶ Als Jesus ihn dort liegen sah und erkannte, daß er schon lange krank war, fragte er ihn: Willst du gesund werden? ⁷ Der Kranke antwortete ihm: Herr, ich habe keinen Menschen, der mich, sobald das Wasser aufwallt, in den Teich trägt. Während ich mich hinschleppe, steigt schon ein anderer vor mir hinein. ⁸ Da sagte Jesus zu ihm: Steh auf, nimm deine Bahre und geh! ⁹ Sofort wurde der Mann gesund, nahm seine Bahre und ging.

Dieser Tag war aber ein Sabbat. ¹⁰ Da sagten die Juden zu dem Geheilten: Es ist Sabbat, du darfst deine Bahre nicht tragen. ¹¹ Er erwiderte: Der Mann, der mich gesund gemacht hat, sagte zu mir: Nimm deine Bahre und geh! ¹² Sie fragten ihn: Wer ist das denn, der zu dir gesagt hat: Nimm deine Bahre und geh? ¹³ Der Geheilte wußte aber nicht, wer es war. Jesus war nämlich weggegangen, weil sich dort eine große Menschenmenge angesammelt hatte. ¹⁴ Später traf ihn Jesus im Tempel und sagte zu ihm: Jetzt bist du gesund; sündige nicht mehr, damit dir nicht noch Schlimmeres zustößt. ¹⁵ Der Mann ging fort und teilte den Juden mit, daß es Jesus war, der ihn gesund gemacht hatte. ¹⁶ Daraufhin verfolgten die Juden Jesus, weil er das an einem Sabbat getan hatte. ¹⁷ Jesus aber entgegnete ihnen: Mein Vater ist noch immer am Werk, und auch ich bin am Werk. ¹⁸ Darum waren die Juden noch mehr darauf aus, ihn zu töten, weil er nicht nur den Sabbat brach, sondern auch Gott seinen Vater nannte und sich damit Gott gleichstellte.

¹⁹ Jesus aber sagte zu ihnen: Amen, amen, ich sage euch: Der Sohn kann nichts von sich aus tun, sondern nur, wenn er den Vater etwas tun sieht. Was nämlich der Vater tut, das tut in gleicher Weise der

Sohn. ²⁰ Denn der Vater liebt den Sohn und zeigt ihm alles, was er tut, und noch größere Werke wird er ihm zeigen, so daß ihr staunen werdet. ²¹ Denn wie der Vater die Toten auferweckt und lebendig macht, so macht auch der Sohn lebendig, wen er will. ²² Auch richtet der Vater niemand, sondern er hat das Gericht ganz dem Sohn übertragen, ²³ damit alle den Sohn ehren, wie sie den Vater ehren. Wer den Sohn nicht ehrt, ehrt auch den Vater nicht, der ihn gesandt hat. ²⁴ Amen, amen, ich sage euch: Wer mein Wort hört und dem glaubt, der mich gesandt hat, hat das ewige Leben; er kommt nicht ins Gericht, sondern ist aus dem Tod ins Leben hinübergegangen. ²⁵ Amen, amen, ich sage euch: Die Stunde kommt, und sie ist schon da, in der die Toten die Stimme des Sohnes Gottes hören werden; und alle, die sie hören, werden leben. ²⁶ Denn wie der Vater das Leben in sich hat, so hat er auch dem Sohn gegeben, das Leben in sich zu haben. ²⁷ Und er hat ihm Vollmacht gegeben, Gericht zu halten, weil er der Menschensohn ist. ²⁸ Wundert euch nicht darüber! Die Stunde kommt, in der alle, die in den Gräbern sind, seine Stimme hören ²⁹ und herauskommen werden: Die das Gute getan haben, werden zum Leben auferstehen, die das Böse getan haben, zum Gericht. ³⁰ Von mir selbst aus kann ich nichts tun; ich richte, wie ich es (vom Vater) höre, und mein Gericht ist gerecht, weil es mir nicht um meinen Willen geht, sondern um den Willen dessen, der mich gesandt hat.

³¹ Wenn ich über mich selbst als Zeuge aussage, ist mein Zeugnis nicht gültig; ³² ein anderer ist es, der über mich als Zeuge aussagt, und ich weiß: Das Zeugnis, das er über mich ablegt, ist gültig. ³³ Ihr habt zu Johannes geschickt, und er hat für die Wahrheit Zeugnis abgelegt. ³⁴ Ich aber nehme von keinem Menschen ein Zeugnis an, sondern ich sage dies nur, damit ihr

gerettet werde. ³⁵ Jener war die Lampe, die brennt und leuchtet, und ihr wolltet euch eine Zeitlang an seinem Licht erfreuen. ³⁶ Ich aber habe ein gewichtigeres Zeugnis als das des Johannes: Die Werke, die mein Vater mir übertragen hat, damit ich sie zu Ende führe, diese Werke, die ich vollbringe, legen Zeugnis dafür ab, daß mich der Vater gesandt hat. ³⁷ Auch der Vater selbst, der mich gesandt hat, hat über mich Zeugnis abgelegt. Ihr habt weder seine Stimme gehört noch seine Gestalt je gesehen, ³⁸ und auch sein Wort bleibt nicht in euch, weil ihr dem nicht glaubt, den er gesandt hat. ³⁹ Ihr erforscht die Schriften, weil ihr meint, in ihnen das ewige Leben zu haben; gerade sie legen Zeugnis über mich ab. ⁴⁰ Und doch wollt ihr nicht zu mir kommen, um das Leben zu haben. ⁴¹ Meine Ehre empfange ich nicht von Menschen. ⁴² Ich habe erkannt, daß ihr die Liebe zu Gott nicht in euch habt. ⁴³ Ich bin im Namen meines Vaters gekommen, und doch lehnt ihr mich ab. Wenn aber ein anderer in seinem eigenen Namen kommt, dann werdet ihr ihn anerkennen. ⁴⁴ Wie könnt ihr zum Glauben kommen, wenn ihr eure Ehre voneinander empfangt, nicht aber die Ehre sucht, die von dem einen Gott kommt? ⁴⁵ Denkt nicht, daß ich euch beim Vater anklagen werde; Mose klagt euch an, auf den ihr eure Hoffnung gesetzt habt. ⁴⁶ Wenn ihr Mose glauben würdet, müßtet ihr auch mir glauben; denn über mich hat er geschrieben. ⁴⁷ Wenn ihr aber seinen Schriften nicht glaubt, wie könnt ihr dann meinen Worten glauben? (Joh 5)

Schauen wir das Verhalten des Kranken kritisch an! Schon seit 38 Jahren ist er krank. Jesus fragt ihn: „Willst du gesund werden?" Eigentlich, so könnte man denken, eine beleidigende Frage. Aber die Frage zeigt schon, daß der Kranke Jesus verdächtig erscheint. Da liegt jemand und hat sich in den 38 Jahren noch nicht mit den anderen Kranken einigen können, daß man ihn endlich einmal als ersten in das Wasser trägt, wenn es in Bewegung gerät. Die Frage Jesu muß den Kranken getroffen haben. Als Antwort würden wir erwarten: „Wie kannst du mich so fragen? Natürlich möchte ich gesund werden. Nichts lieber als gesund werden." Aber tatsächlich kommt eine andere Antwort; nicht ein Ja, sondern die Erklärung, daß ihn noch niemand als ersten ins Wasser getragen habe. Die Reaktion Jesu, vermutlich mit einem harschen Unterton: „Steh auf, nimm deine Bahre und geh!" Man erwartet, daß der Geheilte Jesus fragt, wie er ihm danken könne. Aber stillschweigend geht er weg, erkundigt sich nicht einmal nach dem Namen dessen, der ihn geheilt hat. Später, als er Jesus im Tempel wiedertrifft und seinen Namen erfährt, hat er nichts Eiligeres zu tun, als zur jüdischen Obrigkeit zu laufen und mitzuteilen – diesmal ungefragt –, wer ihn geheilt hat, obwohl er wissen mußte, daß man Jesus Schwierigkeiten machen würde, weil er ihm am Sabbat die Arbeit des Bahre-Tragens zugemutet hat. Aus alldem kann man schließen: Der Kranke wollte in Wirklichkeit nicht gesund werden. Es gibt, wie Sigmund Freud nachgewiesen und wie mancher vielleicht selbst erfahren hat, manchmal auch einen Krankheitsgewinn. Wenn sich jemand hinlegt, weil er Kopfschmerzen hat, wird er vielleicht umsorgt und bleibt von einigen unangenehmen Aufgaben verschont. Warum sich nicht ab und zu einmal hinlegen? Sicher kann man solche Hintergründe nicht bei jeder Krankheit vermuten, aber ein kritisches Hinterfragen bringt manchmal interessante Einsichten.

Dominus flevit – Der Herr weinte

Diese kleine Kapelle in der Mitte am Abhang des Ölberges, von Zypressen, Senfbäumen und anderen hohen Gewächsen umgeben, hat den lateinischen Namen „Dominus flevit", auf deutsch: „Der Herr weinte". Gott ist in Jesus wirklich Mensch geworden. Das hat die Kirche gegen andere Meinungen immer verteidigt. Auf dem Konzil zu Chalzedon (451) fanden die Bischöfe eine kurze, knappe Formel: Jesus besitzt die göttliche und die menschliche Natur „unvermischt und ungetrennt". Wenn also Gott in Jesus Mensch geworden ist, denkt und fühlt er wie ein Mensch. „Wir haben ja nicht einen Hohenpriester, der nicht mitfühlen könnte mit unserer Schwäche, sondern einen, der in allem wie wir in Versuchung geführt worden ist, aber nicht gesündigt hat" (Hebr 4,15). Selbstverständlich hat Jesus gelacht, auch wenn dies in der Bibel nicht ausdrücklich berichtet wird; und er hat geweint, was die Bibel mehrfach erwähnt. Als er am Grab seines Freundes Lazarus stand, „da weinte Jesus" (Joh 11,35). Vermutlich hat Jesus geweint, als er ein paar Schritte weiter unten am Ölberg vor seiner Gefangenschaft betete: „Und er betete in seiner Angst noch inständiger, und sein Schweiß war wie Blut, das auf die Erde tropfte" (Lk 22,44). Und er weinte – damit kommen wir zu diesem Ort zurück –, als er hier, vielleicht an dieser Stelle, an der heute die Kapelle steht, die Stadt Jerusalem vor sich sah und ihre wechselvolle Geschichte in ihm lebendig wurde. Natürlich, das muß immer wieder betont werden, waren die Verfasser der biblischen Schriften keine Landvermesser. Sie sind an der Botschaft interessiert, nicht an genauen Ortsangaben. Also irgendwo am Ölberg, vielleicht hier mit Blick auf den Tempel und die Stadt, konnte Jesus seine Tränen nicht mehr zurückhalten, als ihm diese Worte über die Lippen kamen:

Klage über Jerusalem

[41] Als er näher kam und die Stadt sah, weinte er über sie [42] und sagte: Wenn doch auch du an diesem Tag erkannt hättest, was dir Frieden bringt. Jetzt aber bleibt es vor deinen Augen verborgen. [43] Es wird eine

Zeit für dich kommen, in der deine Feinde rings um dich einen Wall aufwerfen, dich einschließen und von allen Seiten bedrängen. *⁴⁴ Sie werden dich und deine Kinder zerschmettern und keinen Stein auf dem andern lassen; denn du hast die Zeit der Gnade nicht erkannt.* (Lk 19,41-44)

Dormitio (Hagia Maria Sion)

Siehe Sion/Zion (S. 140).

Himmelfahrtskapelle

Der Ölberg wird in der Bibel oft erwähnt. Am bekanntesten ist er den meisten im Zusammenhang mit der Himmelfahrt Jesu. Plastisch wird sie im Neuen Testament geschildert.

Die Himmelfahrt Jesu

⁹ Als er das gesagt hatte, wurde er vor ihren Augen emporgehoben, und eine Wolke nahm ihn auf und entzog ihn ihren Blicken. ¹⁰ Während sie unverwandt ihm nach zum Himmel emporschauten, standen plötzlich zwei Männer in weißen Gewändern bei ihnen ¹¹ und sagten: Ihr Männer von Galiläa, was steht ihr da und schaut zum Himmel empor? Dieser Jesus, der von euch ging und in den Himmel aufgenommen wurde, wird ebenso wiederkommen, wie ihr ihn habt zum Himmel hingehen sehen.
¹² Dann kehrten sie vom Ölberg, der nur einen Sabbatweg von Jerusalem entfernt ist, nach Jerusalem zurück. (Apg 1,9-12)

Auch das Lukasevangelium verlegt die Himmelfahrt Jesu auf den Ölberg, in die Nähe von Betanien:

> [50] *Dann führte er sie hinaus in die Nähe von Betanien. Dort erhob er seine Hände und segnete sie.* [51] *Und während er sie segnete, verließ er sie und wurde zum Himmel emporgehoben;* [52] *sie aber fielen vor ihm nieder. Dann kehrten sie in großer Freude nach Jerusalem zurück.* [53] *Und sie waren immer im Tempel und priesen Gott.* (Lk 24,50-53)

Es ist rührend und menschlich, daß die Pilger schon sehr früh die Stelle der Himmelfahrt exakt zu lokalisieren versuchten. In der kleinen Kapelle aus der Kreuzfahrerzeit wird sogar der letzte Fußabdruck Jesu gezeigt, mit dem er sich sozusagen von der Erde abstieß. Entsprechend realistisch wird die Himmelfahrt auf vielen mittelalterlichen Bildern und Reliefs dargestellt: Am oberen Bildrand sind zwei Füße und der Saum eines Gewandes zu sehen.

Lukas spricht an zwei Stellen seiner Schriften von der Himmelfahrt Jesu, am Schluß seines Evangeliums und am Beginn seiner Apostelgeschichte.

Die Menschen im griechisch-römischen Kulturkreis hatten vor 2 000 Jahren keine Verständnisschwierigkeiten mit der Himmelfahrt eines Menschen. Fast alle römischen Kaiser wurden nach ihrem Tod aufgrund eines offiziellen Senatsbeschlusses divinisiert, vergöttlicht. Vorher war der Kaiser – so sagte man, und so mußte es anfangs auch durch Augenzeugen bestätigt werden – in den Himmel aufgefahren. Der erste Imperator, von dem dies erklärt wurde, war Caesar. Sein Adoptivsohn Augustus konnte sich daraufhin „divi filius" nennen, Sohn eines Göttlichen. In den Vatikanischen Museen steht die Basis für eine Ehrensäule des Kaisers Antoninus Pius (138-161). An allen Seiten dieses Sockels befinden sich Reliefdarstellungen. Eine zeigt den Kaiser mit seiner Gattin Faustina. Sie entschweben durch die Lüfte, von geflügelten Wesen begleitet, dem Himmel entgegen. Einige wenige Kaiser verfielen nach ihrem Tod aufgrund eines Senatsbeschlusses der „damnatio memoriae", der „Verdammung der Erinnerung". In diesem Fall sollte jede Erinnerung an einen verhaßten Kaiser getilgt werden. Statuen des Kaisers wurden zerstört, oder die Köpfe wurden durch den Kopf des jetzt regierenden Kaisers ersetzt. Münzen mit dem Bild des Kaisers wurden eingeschmolzen, Inschriften mit dem Namen des Kaisers wurden gelöscht. Nichts sollte an den Kaiser erinnern. Die Apotheose des Kaisers, die Vergöttlichung nach der Himmelfahrt, dokumentierte, daß der Kaiser ein Segen für das Imperium Romanum gewesen war und deshalb unter die Götter aufgenommen wurde. Wenn nun Lukas berichtet, daß Jesus in den Himmel aufgefahren sei, kann er sicher sein, daß seine Hörer verstanden, was er damit sagen wollte, denn auch in den entferntesten römischen Provinzen hatte man bis zum Ende des 1. Jahrhunderts n. Chr. bereits von mehreren Himmelfahrten römischer Kaiser gehört. Die Bedeutung konnte man mühelos auf Jesus übertragen. Jeder verstand, daß damit nicht eine räumliche Fortbewegung von der Erde gemeint war – zumindest nicht nur dies und das sicher nicht an erster Stelle –, sondern daß damit ausgedrückt wurde: Dieses Leben ist bzw. war ein gelungenes Leben, und der Tote wird als Lebender in die Welt des Göttlichen aufgenommen. Anders gesagt: Wenn Lukas vermitteln will, daß Jesus zur Rechten des Vaters sitzt, daß er in der Herrlichkeit des Himmels thront, kann er dies auch ausdrücken – den damaligen Hörern sogar besser mitteilen –, wenn er das vertraute Schema einer Himmelfahrtsgeschichte verwendet. Der Sinn einer solchen Geschichte ist nicht der, um es noch einmal anders zu sagen, eine Auffahrt in Raum und Zeit als Glaubensinhalt vorzulegen, sondern deutlich zu machen, daß das Leben Jesu insgesamt von Gott akzeptiert ist und er folglich in der Herrlichkeit des Himmels lebt. So und nicht anders hat ein Zeitgenosse eine Himmelfahrtsgeschichte verstanden. Erst später erfolgte eine Vermaterialisierung der Himmelfahrtsgeschichte, deren letzte Konsequenz der Fußabdruck Jesu in der Kapelle auf dem Ölberg ist.

Lukas ist zu beglückwünschen, daß er ein damals vertrautes und aktuelles literarisches Schema benutzte, um Entscheidendes über das Leben Jesu insgesamt und über seine jetzige Existenzweise auszusagen. Auch uns heutigen Menschen des 20./21. Jahrhunderts sagt dieser bildhaft vorstellbare Bericht im Prinzip mehr als ein Erklärungsversuch in philosophisch-theologischen Begriffen. Deshalb kann die Geschichte auch heute und in Zukunft getrost vorgelesen werden als ein guter und gelungener Versuch, etwas auszudrükken, was sich menschlicher Sprache entzieht. Nur, um das noch einmal zu betonen, darf der Verkünder den Rahmen dieser Erzählung nicht mit der eigentlichen Aussageabsicht des Textes verwechseln und zum Glaubensinhalt erheben. Nur Lukas und kein anderer Evangelist spricht von der Himmelfahrt Jesu. Auch für Paulus ist sie kein Thema. Sie formulieren das, was Lukas im Bild einer Himmelfahrt ausdrückt, auf andere Weise. Allerdings wird nachher noch deutlich werden, welche speziellen Akzente Lukas mit seinem zweiten Himmelfahrtsbericht zu setzen vermag.

Wenn jemand den Himmelfahrtsbericht auf dem Ölberg liest, gibt es bei der anschließenden oder einführenden Erklärung zwei lauernde Abgründe: Der erste tut sich auf, wenn der Eindruck vermittelt wird, als Christ müsse man an eine Himmelfahrt glauben, die auf Video hätte aufgezeichnet werden können. Wenn jemand die Geschichte so auslegt, muß er auch zu scheinbar naiven Fragen Stellung nehmen, wie: Mit welcher Geschwindigkeit fuhr Jesus empor? Wie ist er mit der Temperatur von minus 50 Grad Celsius in einer Höhe von zehn Kilometern über dem Ölberg fertig geworden? Wann und wo im dunklen Universum hat Jesus sein Ziel erreicht? Woher kam plötzlich die Wolke? Und er muß beantworten können, warum eine Himmelfahrtsgeschichte von Jesus anders zu verstehen sein soll als die vielen anderen Himmelfahrtsgeschichten aus der Antike, die alle nach dem gleichen Schema aufgebaut sind wie die Lukanische Fassung. Der andere Abgrund tut sich auf, wenn man sagt, die Himmelfahrt Jesu habe nie stattgefunden; die moderne Exegese sei viel weiter und habe das alles als unhistorisch entlarvt. Solche Negativaussagen sind Ausdruck pastoraler Verantwortungslosigkeit und exegetischer Inkompetenz, zumindest verraten sie ein mangelhaftes pädagogisch-didaktisches Geschick. Sinn und Aussageabsicht des biblischen Textes müssen erschlossen werden. Dies verlangt in den meisten Fällen intensives exegetisches Bemühen, da es sich um Texte handelt, die nicht in unserer Zeit und nicht in unserem Kulturkreis geschrieben wurden. Dann beginnen sie zu leuchten wie ein Diamant. Dann kann man auch in Zukunft auf dem Ölberg die Lukanischen Himmelfahrtsberichte lesen und hören, ohne zu erröten. Dann wird man auch den Satz aus dem Credo besser verstehen: „aufgefahren in den Himmel".

Wenn jemand in einem Vortrag zweimal die gleiche Geschichte erzählt, jedoch in unterschiedlicher Ausführlichkeit und mit neuen Akzenten, dann verfolgt er wohl eine Absicht. Lukas verfährt so in seinen Schriften. Am Anfang der Apostelgeschichte legt er einen recht ausführlichen Bericht über die Himmelfahrt Jesu vor. Jesus verspricht den Jüngern, ihnen den Hl. Geist zu senden; dann würden sie seine Zeugen sein bis an die Grenzen der Erde. Jesus kündigt ihnen also eine lange Zeit der Bewährung und Missionierung an. Diese Aussage steht neben und im Gegensatz zu anderen Texten der jungen Kirche, aus denen die Hoffnung auf eine baldige Wiederkehr des Herrn spricht. Theologen sprechen von einer „Naherwartung" der Wiederkunft des Herrn bzw. seiner Parusie, seiner Erscheinung auf den Wolken des Himmels. Dieser Lukanische Bericht ist so etwas wie eine Korrektur dieses Wartens auf das baldige Kommen des Herrn. Die zwei Männer in weißen Gewändern appellieren an die Jünger, nicht stehenzubleiben und wartend zum Himmel zu schauen. Manche Details in dieser Erzählung scheinen zu sagen: Der Herr kommt nicht so schnell wieder. Die Jünger sollen sich nicht um „Zeit und Fristen" kümmern, sondern in der Kraft des Geistes sich auf ein Zeugnisgeben bis an die Grenzen der Erde einstellen. In diese Zeit hat Gott auch uns gestellt, die wir diese herrlichen Texte des Lukas lesen und hören.

Diese Auslegung der Himmelfahrtsberichte steht ganz sicher im Einklang mit dem, was die Exegeten an den Universitäten heute lehren und was sie schreiben. Gerhard Lohfink ordnet die Lukanischen Himmelfahrtsberichte der Gattung der „Entrückungsgeschichten" (Die Himmelfahrt Jesu, Seite 10) zu. In Entrückungsgeschichten wird weder der Weg zum Himmel noch die Ankunft im Himmel berichtet, sondern nur die Entrückung bzw. das Entschwinden von der Erde. Sie sind aus der Perspektive des Zuschauers geschrieben. Wenn Himmelfahrten aus der Sicht des Auffahrenden selbst berichtet werden und entsprechende Erlebnisse von der Reise mitgeteilt werden, dann sprechen Religionswissenschaftler nicht von „Entrückungsgeschichten", sondern von einer „Himmelsreise". Eine klassische Entrückungsreise aus dem Alten Testament wird von Elija berichtet (2 Kön 2,1-18). Das Entschwinden des Elija wird aus der Sicht des beobachtenden Schülers Elischa geschildert. Eine zweite Entrückung wird von Henoch ganz kurz erwähnt (Gen 5,24). „Himmelfahrt" – so formuliert Lohfink – „meint also den für uns unanschaulichen und unbegreiflichen Weg Jesu aus dem Tod in die Herrlichkeit des Vaters" (Seite 58).

Die Kapelle wird von den Muslimen verwaltet. Einmal im Jahr, am Himmelfahrtstag, dürfen die katholischen Christen in diesem ummauerten Bereich Gottesdienst feiern.

Der Fußabdruck Jesu im Innern der Kapelle muß nicht nur Objekt des Fotografierens und Anlaß wohlwollenden oder ironischen Lächelns sein. Er könnte auch dazu anregen, über die Nachfolge Jesu nachzudenken. Christen sollen ja bekanntlich in die Fußstapfen Jesu treten.

Kirche der Nationen

Zur Kirche gelangt man seitwärts von der schmalen Straße aus, die zum Ölberg führt. Man kommt zunächst in einen großen, quadratischen Garten, der bis an die Längsseite der Kirche reicht. Hier stehen ein Dutzend uralter knorriger Ölbäume. Ihr Wurzelwerk soll bis in die Zeit Jesu zurückreichen. Ölbäume sind extrem widerstandsfähig. Ursprünglich war der ganze Ölberg mit Ölbäumen bepflanzt, daher der Name „Ölberg".

Die Kirche ahmt innen durch die vielen Säulen den mit Ölbäumen bepflanzten Berg nach. Die dämmrige Stimmung erinnert an den Abend des Gründonnerstages. Vorn in der Apsis ist ein Felsen ausgespart. Die Tradition lokalisiert hier den Ort des einsamen und erschütternden Gebetes Jesu vor seiner Gefangennahme.

Nach einer ausführlichen Schriftlesung (s. Seite 169) in der Verratsgrotte mit einer Aufzählung der einzelnen Etappen vom Gründonnerstag bis Karfreitag könnte man sich ohne Worte eine bestimmte Zeit, vielleicht zehn Minuten, in der Kirche zur persönlichen Meditation aufhalten.

Königsgräber

Leider werden die Königsgräber in der Nähe des ehemaligen Mandelbaumtores bei der englischen St.-Georgs-Kirche nur von wenigen Gruppen besucht. Dabei bieten sie einen hervorragenden Anschauungsunterricht von einem Felsengrab, das mit einem Rollstein verschlossen ist so wie das Grab des Josef von Arimathäa, in das der Leichnam Jesu gelegt wurde.

Die Königsgräber sind auch unter dem Namen „Grab der Prinzessin Helena" oder „Grab der Königin Helena" bekannt. Diese Frau stammte aus Adiabene am Tigris und ist nicht mit Helena, der Mutter Kaiser Konstantins, zu verwechseln. Sie lebte im 1. Jahrhundert n. Chr. und konvertierte zum Judentum. Anläßlich eines Besuches in Jerusalem spendete sie viel von ihrem Reichtum den Armen. Sie und viele aus ihrer Sippe wurden in dieser Nekropole beigesetzt.

Eine etwa acht Meter breite, aus dem Felsen gehauene Treppe führt unter freiem Himmel zu einem würfelförmig ausgehobenen Terrain, das ebenfalls unter freiem Himmel liegt. Das im Winter auf die Treppe fallende Regenwasser wird genial einfach gesammelt und seitwärts in Zisternen geführt.

Unten angelangt, erkennt man links an der Felswand eine etwa ein Meter hohe Öffnung. Etwas seitwärts davor liegt in einer aus dem Fels ausgehauenen Führungsrille ein schwerer Rollstein, mit dem der Eingang verschlossen werden kann. Um in die Grabanlage hineinzugelangen, muß man sich tief bücken und sozusagen hineinkriechen. Dann befindet man sich in einem zimmergroßen dunklen, aus dem Felsen gehauenen Raum. Von zwei Wänden dieses Raumes führen wieder kleine Öffnungen zu den eigentlichen Grabkammern. Ähnlich kann man sich das Grab Christi vorstellen – mit dem Unterschied, daß dieses ein Einzelgrab war. Natürlich nimmt man Kerzen oder Taschenlampen mit in die Grabkammern.

Der Text vom leeren Grab und dem im Evangelium erwähnten schweren Rollstein wird hier besonders anschaulich.

Das leere Grab

Als der Sabbat vorüber war, kauften Maria aus Magdala, Maria, die Mutter des Jakobus, und Salome wohlriechende Öle, um damit zum Grab zu gehen und Jesus zu salben. [2] Am ersten Tag der Woche kamen sie in aller Frühe zum Grab, als eben die Sonne aufging. [3] Sie sagten zueinander: Wer könnte uns den Stein vom Eingang des Grabes wegwälzen?

4 Doch als sie hinblickten, sahen sie, daß der Stein schon weggewälzt war; er war sehr groß. 5 Sie gingen in das Grab hinein und sahen auf der rechten Seite einen jungen Mann sitzen, der mit einem weißen Gewand bekleidet war; da erschraken sie sehr. 6 Er aber sagte zu ihnen: Erschreckt nicht! Ihr sucht Jesus von Nazaret, den Gekreuzigten. Er ist auferstanden; er ist nicht hier. Seht, da ist die Stelle, wo man ihn hingelegt hatte. 7 Nun aber geht und sagt seinen Jüngern, vor allem Petrus: Er geht euch voraus nach Galiläa; dort werdet ihr ihn sehen, wie er es euch gesagt hat. 8 Da verließen sie das Grab und flohen; denn Schrecken und Entsetzen hatte sie gepackt. Und sie sagten niemand etwas davon; denn sie fürchteten sich.   *(Mk 16,1-8)*

Lithostrotos

Mit „Steinpflaster" kann man dieses griechische Wort übersetzen. Im heutigen Kloster der „Dames de Sion" am Beginn der Via Dolorosa wird es gezeigt. Dieses Steinpflaster aus römischer Zeit befindet sich etwa acht Meter unter dem heutigen Straßenniveau.

Der Ort wird nach außen durch den sich über die Via Dolorosa schwingenden Ecce-Homo-Bogen markiert. Dieses Bogensegment gehörte zum mittleren größeren Bogen einer ursprünglich dreitorigen Anlage. Einer der flankierenden Bögen ist in der Kirche des Klosters noch gut sichtbar. Da man im Mittelalter in den mittleren Bogen zwei Steine vom Lithostrotos eingemauert hatte, also von dem Pflaster, auf dem der Tradition nach Jesus stand, als er von Pilatus mit den Worten „Ecce homo" – „Seht den Menschen" vorgeführt wurde, erhielt er den Namen „Ecce-Homo-Bogen". Tatsächlich stammt das Pflasterniveau des Lithostrotos aus der Zeit des römischen Kaisers Hadrian (117-138).

Ob die Verurteilung Jesu durch Pilatus auf diesem Lithostrotos stattfand oder in der Oberstadt Jerusalems im Palast des Herodes, ist eine Streitfrage und für den Jerusalempilger nicht von zentraler Bedeutung. Wenn er im Kloster zum Lithostrotos hinabsteigt, befindet er sich – wie gesagt – tief unter dem heutigen Straßenniveau. Zerstörungen und Erdbeben haben – wie in vielen anderen antiken Städten – von den ursprünglichen Bauten nur Schutt hinterlassen. Neue Generationen bauten auf diesem Schutt, so daß sich eine Siedlungsschicht auf die andere legt. Das biblische Straßenniveau aus der Zeit Jesu befindet sich noch tiefer unter dem Lithostrotos aus hadrianischer Zeit, denn nachweislich hat Hadrian Jerusalem zerstört und eine neue Stadt mit einem neuen Namen – Aelia Capitolina – auf den Trümmern errichtet. Möglicherweise wurden für diesen hadrianischen Lithostrotos bereits früher verwendete Steinpflaster aus der Zeit Jesu wiederverwendet. Jedenfalls, ob hier oder dort, ob höher oder tiefer, dieses Steinpflaster ist ein beeindruckender Ort. Auf dem hadrianischen Lithostrotos sieht man noch deutlich die eingeritzten Linien eines bekannten römischen Unterhaltungsspieles, was man auch an anderen Orten, wo römische Soldaten stationiert waren, nachweisen kann, die „margella", eine Art Mühlespiel. Der Verlierer wurde als „König" verhöhnt. Vielleicht gibt es Zusammenhänge zwischen diesem Spiel und dem nachfolgenden Text über die Verhöhnung Jesu.

Die Dornenkrönung

[27] Da nahmen die Soldaten des Statthalters Jesus, führten ihn in das Prätorium, das Amtsgebäude des Statthalters, und versammelten die ganze Kohorte um ihn. [28] Sie zogen ihn aus und legten ihm einen purpurroten Mantel um. [29] Dann flochten sie einen Kranz aus Dornen; den setzten sie ihm auf und gaben ihm einen Stock in die rechte Hand. Sie fielen vor

ihm auf die Knie und verhöhnten ihn, indem sie rie-fen: Heil dir, König der Juden! [30] *Und sie spuckten ihn an, nahmen ihm den Stock wieder weg und schlugen ihm damit auf den Kopf.* [31a] *Nachdem sie so ihren Spott mit ihm getrieben hatten, nahmen sie ihm den Mantel ab und zogen ihm seine eigenen Kleider wie-der an.* (Mt 27,27-31a)

Ölberg

Siehe Dominus flevit, Himmelfahrtskapelle, Mariengrab, Vaterunserkirche, Vaterunsergrotte, Verratsgrotte.

Mariengrab

Hier im Kidrontal, am Fuß des Ölberges, einige hundert Meter außerhalb der Stadtmauer von Jerusalem, verehren die Christen in Jerusalem und Umgebung das Grab der Got-tesmutter. Über ihrem Sterbeort auf dem Sion steht heute das deutsche Benediktinerkloster. Der Name der Kirche, „Dormitio", was Entschlafung bedeutet, hält das Gedächt-nis an das Sterben auf dem Sion wach. Im Kidrontal wurde Maria dann bestattet.
Auch auf dem Nachtigallenberg bei Ephesus wird die Erinne-rung an den Tod Mariens lebendig gehalten. Unter einer kleinen Kapelle befinden sich dort die Reste eines Hauses aus frühchristlicher Zeit. Der Lieblingsjünger Jesu, nach alter Überlieferung Johannes, habe von Jesus die Verantwortung für die Mutter Jesu übertragen bekommen und sei bald nach dem Tode Jesu mit Maria in die Metropole Ephesus gezo-gen. Dieser Ort auf dem Nachtigallenberg wurde bekannt im Anschluß an Ausgrabungen, die aufgrund der Schriften der heiligen Katharina von Emmerich (1774-1824) durchge-führt wurden. Katharina war selbst nie in Ephesus. In ihren

Visionen schildert sie trotzdem die Örtlichkeiten auf dem Nachtigallenberg.

Eine Entscheidung für den einen oder anderen Ort ist schwer. Für die Lokalisation des Todes- und Begräbnisplatzes Mariens in Ephesus gibt es Gründe, aber auch für Jerusalem, vielleicht für diesen Ort noch mehr. Entscheidend ist, daß beide Orte an das Leben und Sterben der Mutter Jesu erinnern.

In Jerusalem erreicht man über viele Stufen, die in die Tiefe führen, schließlich am Ende der Krypta das Grab der Gottesmutter. Ursprünglich befand sich eine große Kirche über dem bis heute erhaltenen Unterbau. Das Heiligtum gehört der griechisch-orthodoxen Kirche, was man schon an den vielen Öllampen, an den von der Decke herabhängenden Straußeneiern (Auferstehungssymbole) und den Ikonen erkennen kann. Hinter dem Grab befinden sich an den Wänden einer kleinen Apsis mehrere Ikonen mit dem Thema der Entschlafung der Gottesmutter. Dieses Motiv ist in der Ostkirche sehr beliebt. Man sieht Maria auf dem Totenbett. Sie ist umgeben von den Aposteln. Meist ist auch Paulus dabei, erkenntlich an der Stirnglatze und dem länglich-ovalen Gesicht mit einem Spitzbart. Hinter der Bahre steht Christus mit einem Kind im Arm. Das ist ungewöhnlich und nur in diesem Zusammenhang mit dem Tod seiner Mutter zu sehen. Das kleine Kind bedeutet die Seele der Maria. Sie wird sofort nach dem Tod von Christus in Gestalt eines Kindes in die Arme genommen. Die Seele an sich ist immateriell und nicht darstellbar. Aber schon sehr früh bediente man sich eines kleinen Kindes, oft eines Wickelkindes, um die Seele abzubilden. In der griechisch-orthodoxen Kirche wird der Tod Mariens immer in dieser Weise dargestellt. Nur geringe Abweichungen sind erlaubt. Auch bei uns im Westen kann man östlich beeinflußte Darstellungen vom Tod Mariens sehen, etwa in den Apsismosaiken von Santa Maria Maggiore oder von Santa Maria in Trastevere in Rom. Auch hier sieht man die wesentlichen Elemente dieses Themas:

Maria liegt auf der Bahre, die Apostel umgeben sie, hinter Maria steht Christus mit der Seele Mariens in Gestalt eines Kindes, welches man auch „Eidolon" (Scheinbild, Schattenbild, Spiegelbild, Idol) nennt.

Die Bibel erwähnt den Tod Mariens mit keinem Wort. Zum letztenmal ist von ihr die Rede im Zusammenhang mit der Herabkunft des Heiligen Geistes. „Sie alle verharrten dort [gemeint ist ein Obergemach nach Apg 1,13] einmütig im Gebet, zusammen mit den Frauen und mit Maria, der Mutter Jesu, und mit seinen Brüdern" (Apg 1,14). In den Apokryphen, also in den bibelähnlichen Schriften aus den ersten nachchristlichen Jahrhunderten, kann man mehr über Ereignisse vor und nach dem Tod Mariens erfahren. Es wird dort z. B. berichtet, daß der Apostel Thomas nach seiner Rückkehr von der Indienmission auf dem Ölberg sieht, wie Maria in den Himmel aufgenommen wird. Schon über dem Boden schwebend, reicht sie ihm ihren Gürtel. Diese „Gürtelspende" ist in Italien von vielen Renaissancekünstlern dargestellt worden, da der Gürtel der Tradition nach in Prato bei Florenz als kostbare Reliquie aufbewahrt wird. Thomas geht zu den Aposteln und schlägt ihnen vor, im Grab der Maria doch einmal nachzuschauen. Als man dieses voller Rosen findet, zeigt er ihnen den Gürtel der Maria und erzählt, wo und wie er ihn erhalten hat.

Solche Geschichten, die bis in die früheste Zeit zurückreichen, wollen verdeutlichen, daß Maria nicht im Grab verwest ist, sondern von Gott mit verklärtem Leib in den Himmel aufgenommen wurde, eine Glaubensüberzeugung, die also seit fast 2 000 Jahren in der Kirche lebendig ist und 1955 dogmatisiert wurde. Genau zu definieren, was ein verklärter Leib ist, übersteigt menschliches Denken. Man kann sich einer negativen Theologie bedienen – was auch die Evangelisten tun – und sagen, was der verklärte Leib nicht ist: Er ist keine Seele, und er ist kein reanimierter Leichnam, sondern eine Einheit neuer Qualität, die nicht näher definierbar ist.

Schiloah-Teich

Im Kidron-Tal, außerhalb der Stadtmauer, gibt es eine Quelle. König Hiskija ließ im 8. Jahrhundert v. Chr. von hier einen Tunnel durch den Felsen schlagen und leitete das Wasser durch den Tunnel in die Stadt. Die Quelle wurde versteckt. So war sie von außen nicht als solche zu erkennen und konnte von Feinden nicht besetzt werden. Innerhalb der Stadt sammelte man das Wasser im sogenannten Schiloah-Teich. Dieser wird im Rahmen der folgenden Heilungsgeschichte erwähnt.

Die Heilung eines Blinden

Unterwegs sah Jesus einen Mann, der seit seiner Geburt blind war. ² Da fragten ihn seine Jünger: Rabbi, wer hat gesündigt? Er selbst? Oder haben seine Eltern gesündigt, so daß er blind geboren wurde? ³ Jesus antwortete: Weder er noch seine Eltern haben gesündigt, sondern das Wirken Gottes soll an ihm offenbar werden. ⁴ Wir müssen, solange es Tag ist, die Werke dessen vollbringen, der mich gesandt hat; es kommt die Nacht, in der niemand mehr etwas tun kann. ⁵ Solange ich in der Welt bin, bin ich das Licht der Welt. ⁶ Als er dies gesagt hatte, spuckte er auf die Erde; dann machte er mit dem Speichel einen Teig, strich ihn dem Blinden auf die Augen ⁷ und sagte zu ihm: Geh und wasch dich in dem Teich Schiloach! Schiloach heißt übersetzt: Der Gesandte. Der Mann ging fort und wusch sich. Und als er zurückkam, konnte er sehen.

⁸ Die Nachbarn und andere, die ihn früher als Bettler gesehen hatten, sagten: Ist das nicht der Mann, der dasaß und bettelte? ⁹ Einige sagten: Er ist es. Andere meinten: Nein, er sieht ihm nur ähnlich. Er selbst aber sagte: Ich bin es. ¹⁰ Da fragten sie ihn: Wie sind deine

Augen geöffnet worden? [11] Er antwortete: Der Mann, der Jesus heißt, machte einen Teig, bestrich damit meine Augen und sagte zu mir: Geh zum Schiloach, und wasch dich! Ich ging hin, wusch mich und konnte wieder sehen. [12] Sie fragten ihn: Wo ist er? Er sagte: Ich weiß es nicht.

[13] Da brachten sie den Mann, der blind gewesen war, zu den Pharisäern. [14] Es war aber Sabbat an dem Tag, als Jesus den Teig gemacht und ihm die Augen geöffnet hatte. [15] Auch die Pharisäer fragten ihn, wie er sehend geworden sei. Der Mann antwortete ihnen: Er legte mir einen Teig auf die Augen; dann wusch ich mich, und jetzt kann ich sehen. [16] Einige der Pharisäer meinten: Dieser Mensch kann nicht von Gott sein, weil er den Sabbat nicht hält. Andere aber sagten: Wie kann ein Sünder solche Zeichen tun? So entstand eine Spaltung unter ihnen. [17] Da fragten sie den Blinden noch einmal: Was sagst du selbst über ihn? Er hat doch deine Augen geöffnet. Der Mann antwortete: Er ist ein Prophet.

[18] Die Juden aber wollten nicht glauben, daß er blind gewesen und sehend geworden war. Daher riefen sie die Eltern des Geheilten [19] und fragten sie: Ist das euer Sohn, von dem ihr behauptet, daß er blind geboren wurde? Wie kommt es, daß er jetzt sehen kann? [20] Seine Eltern antworteten: Wir wissen, daß er unser Sohn ist und daß er blind geboren wurde. [21] Wie es kommt, daß er jetzt sehen kann, das wissen wir nicht. Und wer seine Augen geöffnet hat, das wissen wir auch nicht. Fragt doch ihn selbst, er ist alt genug und kann selbst für sich sprechen. [22] Das sagten seine Eltern, weil sie sich vor den Juden fürchteten; denn die Juden hatten schon beschlossen, jeden, der ihn als den Messias bekenne, aus der Synagoge auszustoßen. [23] Deswegen sagten seine Eltern: Er ist alt genug, fragt doch ihn selbst.

²⁴ Da riefen die Pharisäer den Mann, der blind gewesen war, zum zweitenmal und sagten zu ihm: Gib Gott die Ehre! Wir wissen, daß dieser Mensch ein Sünder ist. ²⁵ Er antwortete: Ob er ein Sünder ist, weiß ich nicht. Nur das eine weiß ich, daß ich blind war und jetzt sehen kann. ²⁶ Sie fragten ihn: Was hat er mit dir gemacht? Wie hat er deine Augen geöffnet? ²⁷ Er antwortete ihnen: Ich habe es euch bereits gesagt, aber ihr habt nicht gehört. Warum wollt ihr es noch einmal hören? Wollt auch ihr seine Jünger werden? ²⁸ Da beschimpften sie ihn: Du bist ein Jünger dieses Menschen; wir aber sind Jünger des Mose. ²⁹ Wir wissen, daß zu Mose Gott gesprochen hat; aber von dem da wissen wir nicht, woher er kommt. ³⁰ Der Mann antwortete ihnen: Darin liegt ja das Erstaunliche, daß ihr nicht wißt, woher er kommt; dabei hat er doch meine Augen geöffnet. ³¹ Wir wissen, daß Gott einen Sünder nicht erhört; wer aber Gott fürchtet und seinen Willen tut, den erhört er. ³² Noch nie hat man gehört, daß jemand die Augen eines Blindgeborenen geöffnet hat. ³³ Wenn dieser Mensch nicht von Gott wäre, dann hätte er gewiß nichts ausrichten können. ³⁴ Sie entgegneten ihm: Du bist ganz und gar in Sünden geboren, und du willst uns belehren? Und sie stießen ihn hinaus.

³⁵ Jesus hörte, daß sie ihn hinausgestoßen hatten, und als er ihn traf, sagte er zu ihm: Glaubst du an den Menschensohn? ³⁶ Der Mann antwortete: Wer ist das, Herr? (Sag es mir,) damit ich an ihn glaube. ³⁷ Jesus sagte zu ihm: Du siehst ihn vor dir; er, der mit dir redet, ist es. ³⁸ Er aber sagte: Ich glaube, Herr! Und er warf sich vor ihm nieder. ³⁹ Da sprach Jesus: Um zu richten, bin ich in diese Welt gekommen: damit die Blinden sehend und die Sehenden blind werden. ⁴⁰ Einige Pharisäer, die bei ihm waren, hörten dies. Und sie fragten ihn: Sind etwa auch wir blind?

⁴¹ Jesus antwortete ihnen: Wenn ihr blind wärt, hättet ihr keine Sünde. Jetzt aber sagt ihr: Wir sehen. Darum bleibt eure Sünde. (Joh 9,1-41)

Zunächst ist auffallend, daß auch die Jünger Jesu noch dem Denken verhaftet sind, das eigentlich seit der Geschichte des Ijob aus dem Alten Testament überwunden sein sollte: Wenn jemand krank ist, muß er vorher gesündigt haben; wenn nicht er selbst, dann sicher seine Eltern. Im Buch Ijob wird über das Problem des Leidens intensiv nachgedacht. Ijob führt ein untadeliges Leben und wird doch von einem Unglück nach dem anderen befallen. Leiden ist nicht die Folge von persönlicher Sünde, sagt das Buch Ijob. Leiden ist nicht als Strafe Gottes zu verstehen. Trotzdem hält sich die gegenteilige Meinung offensichtlich im Volk, daß Leiden eine Strafe sei. Und sie hält sich bis heute in vielen christlichen Kreisen – trotz Ijob und trotz der anderslautenden Auffassung Jesu. Jesus selbst müßte nach diesem überholten Verständnis viel gesündigt haben, da er viel leiden mußte.

Jesus heilt hier etwas umständlich mit Hilfe von Speichel, einem anerkannten Heilmittel in der Antike. Hunde lecken ihre Wunden. Bei manchen Hautverletzungen benetzen auch Menschen heute noch spontan diese mit ihrem Speichel. Jesus berührt mit der Hand das kranke Organ, er „behandelt" es mit Speichel. Im Vertrauen auf das Wort Jesu geht der Blinde dann zum Schiloah-Teich, wäscht sich und kann wieder sehen.

Im Anschluß an diese Heilung gibt es große Auseinandersetzungen zwischen den Pharisäern und dem Geheilten. Ganz anders als der Geheilte vom Betesda-Teich bekennt sich dieser Geheilte zu Jesus und verteidigt ihn. Auch diese Geschichte hat einen Gipfel. Es ist weniger die Heilung selbst als vielmehr das Wort Jesu, daß er in die Welt gekommen sei, „damit die Blinden sehend und die Sehenden blind werden" (Joh 9,39). Jesus öffnet die Augen. Auch in unserem Sprachgebrauch kennen wir die Wendung: „jemandem die Augen öffnen", d. h. jemandem etwas mitteilen, damit er einen bestimmten Sachverhalt anders sieht. Grundsätzlich sind alle an Jesus Glaubenden sehend geworden. Sie sehen die Welt im Licht des Evangeliums. In der Bibel werden sie auch „die Sehenden" und „die Erleuchteten" genannt. Die Taufe selbst ist die Erleuchtung. „Erinnert euch an die früheren Tage, als ihr nach eurer Erleuchtung manchen harten Leidenskampf bestanden habt", mahnt der Hebräerbrief (10,32). Auch in vielen Heiligenlegenden wird deutlich, daß die Taufe sehend macht. Die um 700 auf dem Odilienberg im Elsaß als Äbtissin lebende Odilie war – so die Legende – seit ihrer Geburt blind und wurde bei der Taufe sehend.

Longinus, der Jesus die Lanze in die Seite stieß, war blind und wurde sehend, nachdem einige Blutstropfen, die aus der Seitenwunde Jesu über den Lanzenschaft herabliefen, ihn berührten. Bei solchen Geschichten geht es letztlich nicht um die Heilung der visuellen Sinnesorgane, sondern um die Aussage: Wer in die Nachfolge und Gemeinschaft mit Jesus berufen wird, sieht viele und vieles in der Welt mit anderen Augen.

Sion/Zion

Der Name Sion war ursprünglich die Bezeichnung für den Tempelberg. Später wurde er auf den Berg übertragen, auf dem heute das deutsche Benediktinerkloster Dormitio steht. 1998 erhielt das Kloster versuchsweise den Namen „Hagia Maria Sion" (hl. Maria auf dem Sion). Im Jahr 2007 wurde er zurückgenommen, und seitdem heißt der Komplex wieder „Dormitio".

Drei Ereignisse verbindet man mit dem Sion:
1. den Heimgang der Gottesmutter,
2. die Feier des letzten Abendmahles,

3. die Herabkunft des Hl. Geistes.

(Zum Heimgang der Gottesmutter s. Seite 133, zum Letzten Abendmahl s. Seite 108.)

Die Herabkunft des Hl. Geistes wird im Lukasevangelium angekündigt. „Und ich werde die Gabe, die mein Vater verheißen hat, zu euch herabsenden" (Lk 24,49). Auch im Johannesevangelium verspricht Jesus, den Hl. Geist zu senden.

Das Kommen des Beistands

[7] Doch ich sage euch die Wahrheit: Es ist gut für euch, daß ich fortgehe. Denn wenn ich nicht fortgehe, wird der Beistand nicht zu euch kommen; gehe ich aber, so werde ich ihn zu euch senden. [8] Und wenn er kommt, wird er die Welt überführen (und aufdecken), was Sünde, Gerechtigkeit und Gericht ist; [9] Sünde: daß sie nicht an mich glauben; [10] Gerechtigkeit: daß ich zum Vater gehe und ihr mich nicht mehr seht; [11] Gericht: daß der Herrscher dieser Welt gerichtet ist. [12] Noch vieles habe ich euch zu sagen, aber ihr könnt es jetzt nicht tragen. [13] Wenn aber jener kommt, der Geist der Wahrheit, wird er euch in die ganze Wahrheit führen. Denn er wird nicht aus sich selbst heraus reden, sondern er wird sagen, was er hört, und euch verkünden, was kommen wird. [14] Er wird mich verherrlichen; denn er wird von dem, was mein ist, nehmen und es euch verkünden. [15] Alles, was der Vater hat, ist mein; darum habe ich gesagt: Er nimmt von dem, was mein ist, und wird es euch verkünden.

(Joh 16,7-15)

Das Pfingstereignis selbst ist den meisten seit Kindertagen vertraut. Hier der Wortlaut:

Das Pfingstereignis

Als der Pfingsttag gekommen war, befanden sich alle am gleichen Ort. 2 Da kam plötzlich vom Himmel her ein Brausen, wie wenn ein heftiger Sturm daherfährt, und erfüllte das ganze Haus, in dem sie waren. 3 Und es erschienen ihnen Zungen wie von Feuer, die sich verteilten; auf jeden von ihnen ließ sich eine nieder. 4 Alle wurden mit dem Heiligen Geist erfüllt und begannen, in fremden Sprachen zu reden, wie es der Geist ihnen eingab.

5 In Jerusalem aber wohnten Juden, fromme Männer aus allen Völkern unter dem Himmel. 6 Als sich das Getöse erhob, strömte die Menge zusammen und war ganz bestürzt; denn jeder hörte sie in seiner Sprache reden. 7 Sie gerieten außer sich vor Staunen und sagten: Sind das nicht alles Galiläer, die hier reden? 8 Wieso kann sie jeder von uns in seiner Muttersprache hören: 9 Parther, Meder und Elamiter, Bewohner von Mesopotamien, Judäa und Kappadozien, von Pontus und der Provinz Asien, 10 von Phrygien und Pamphylien, von Ägypten und dem Gebiet Libyens nach Zyrene hin, auch die Römer, die sich hier aufhalten, 11 Juden und Proselyten, Kreter und Araber, wir hören sie in unseren Sprachen Gottes große Taten verkünden. 12 Alle gerieten außer sich und waren ratlos. Die einen sagten zueinander: Was hat das zu bedeuten? 13 Andere aber spotteten: Sie sind vom süßen Wein betrunken. (Apg 2,1-13)

Sturm und Feuer sind in den Schriften der hebräischen Bibel vertraute Begleitelemente einer Gotteserscheinung. Daß es keine Naturereignisse sind, sondern Erfahrungen, die sich menschlicher Sprache entziehen, zeigt das Wort „wie". Es waren Zungen wie von Feuer, und es war ein Brausen wie von einem heftigen Sturm.

Das jüdische Pfingstfest war ursprünglich ein Erntedankfest für das Einbringen der Weizenernte. Später verschob sich der Festinhalt vom Dank für die Ernte auf den Dank für die Gabe der Weisungen Gottes am Sinai. Am Sinai wurde ein neuer Bund geschlossen. Die Freude über die Gabe der Weisungen und die Feier des Bundesschlusses bilden den Kern des Pfingstfestes. In den Erklärungen jüdischer Gelehrter zum Sinaigeschehen wird oft auf das begleitende Feuer hingewiesen und auf die Verständlichkeit der Weisungen Gottes für alle Völker. Wenn nun Lukas berichtet, daß Zungen wie von Feuer erschienen und daß die Apostel von den Menschen aus den verschiedensten Provinzen des Römischen Reiches verstanden wurden, dann wird für jüdische Hörer sofort eine Verbindung zum Sinaigeschehen hergestellt. Es geht Lukas nicht um die Schilderung eines interessanten Feuer- und Sturmspektakels. Lukas will sagen: Jetzt schließt Gott einen neuen Bund, jetzt wird das Sinaigeschehen erneuert und überboten, jetzt erfüllt sich, was der Prophet Joël angekündigt hat: „Danach aber wird es geschehen, daß ich meinen Geist ausgieße über alles Fleisch" (Joël 3,1). Jetzt ist Wirklichkeit geworden, was Jeremia angekündigt hat: „Seht, es werden Tage kommen – Spruch des Herrn –, in denen ich mit dem Haus Israel und dem Haus Juda einen neuen Bund schließen werde, nicht wie der Bund war, den ich mit ihren Vätern geschlossen habe, als ich sie bei der Hand nahm, um sie aus Ägypten herauszuführen. Diesen meinen Bund haben sie gebrochen, obwohl ich ihr Gebieter war – Spruch des Herrn. Denn das wird der Bund sein, den ich nach diesen Tagen mit dem Haus Israel schließe – Spruch des Herrn: Ich lege mein Gesetz in sie hinein und schreibe es auf ihr Herz. Ich werde ihr Gott sein, und sie werden mein Volk sein. Keiner wird mehr den andern belehren, man wird nicht mehr zueinander sagen: Erkennt den Herrn!, sondern sie alle, klein und groß, werden mich erkennen – Spruch des Herrn. Denn ich verzeihe ihnen die Schuld, an ihre Sünde denke ich nicht mehr" (Jer 31,31-34).

Auch hier dürfte wieder deutlich werden, wie wichtig für ein vertieftes Verstehen des Neuen Testamentes die Kenntnis der hebräischen Bibel ist. Indem Lukas die Phänomene Feuer und Sturm erwähnt und darauf hinweist, daß es bei der Verkündigung durch die Jünger keine Verständnisschwierigkeiten gab, läßt er die gesamte Bundestradition des jüdischen Volkes aufleben und in das Pfingstgeschehen einmünden.

Der Effekt der Herabkunft des Hl. Geistes auf die Jünger ist die Begeisterung, ein gegenseitiges Verstehen über Sprachbarrieren hinaus und die Verkündigung der Großtaten Gottes.

Pfingsten ist ein permanentes Geschehen in der Kirche! Nicht nur in der Kirche, aber auch nicht nur außerhalb der Kirche, wie manche Kritiker glauben machen wollen, ist das Wehen des Hl. Geistes zu spüren.

Die Krypta in der Benediktinerkirche

Nach Betreten der Kirche gelangt man links über eine Treppe in die Krypta. Im Zentrum befindet sich die Skulptur der liegenden, entschlafenen Maria. Hier auf dem Sion ist sie nach Jerusalemer Tradition gestorben. Über der Statue wölbt sich ein Baldachin. Unter seiner Decke sind in Medaillonform Mosaike mit berühmten Frauen aus der Geschichte Israels im Format von Brustbildern angebracht. Es sind Eva, Ester, Jaël, Judit, Rut und Mirjam. Maria ist als Skulptur in ganzer Gestalt dargestellt, wird also zweifach gegenüber den anderen Frauen hervorgehoben. Eva hat als Urahnin aller Menschen und damit auch Israels hier ihren Platz gefunden. Ester wurde als junges Mädchen Frau des persischen Königs und verhinderte eine geplante Ausrottung ihres Volkes. Das Purimfest erinnert an die Tat Esters. Jaël trieb dem feindlichen Heerführer Sisera einen Zeltpflock durch die Schläfen. Judit schlug dem Feind Holofernes den Kopf ab und rettete dadurch das Leben ihrer Landsleute in der belagerten Stadt

Betulia. Rut hielt auch in schweren Zeiten zu ihrer Schwiegermutter Noemi, ging als Ausländerin aus Moab mit nach Betlehem, konvertierte vorher zum Gott Israels und wurde durch ihre Heirat mit Boas Urgroßmutter König Davids und gehört dadurch zu den Ahnen Jesu, des „Sohnes Davids". Mirjam, die Schwester des Mose, ist Zeugin der Errettung des Volkes aus dem Schilfmeer durch Jahwe und stimmte dem Herrn ein Siegeslied an: „Singt dem Herrn ein Lied, denn er ist hoch und erhaben! Rosse und Wagen warf er ins Meer" (Ex 15,21).

Steinigung des Stephanus

Geht man von der Kirche der Nationen bzw. vom Mariengrab die asphaltierte verkehrsreiche Straße hoch auf die Stadtmauern von Jerusalem zu, sieht man bald links direkt an der Straße eine griechisch-orthodoxe Kirche mit einem hohen viereckigen, oben abgerundeten Turm. Hier gedenkt man der Steinigung des Stephanus, des ersten Märtyrers. Im 6. Kapitel der Apostelgeschichte wird berichtet, wie Stephanus mit sechs anderen Männern „von gutem Ruf und voll Geist und Wahrheit" auf Vorschlag der Apostel von der Jerusalemer Gemeinde ausgewählt und beauftragt wird, sich um die Versorgung der Witwen zu kümmern. Die Apostel legen ihm die Hände auf. Juden geraten in Streitgespräche mit dem jungen Stephanus, der durch sein Wirken Aufmerksamkeit erregte. Es kommt – ähnlich wie beim Prozeß Jesu – zu falschen Zeugenaussagen vor Gericht und zur Verurteilung. Vor dem Gerichtshof hält Stephanus eine Rede, die einen hervorragenden Überblick über die Heilsgeschichte bietet, von Abraham angefangen bis zur salomonischen Zeit (Apg 7). Als Stephanus mit dem Blick zum Himmel ausruft: „Ich sehe den Himmel offen und den Menschensohn zur Rechten Gottes stehen" (Apg 7,56), treibt ihn die Versammlung mit lautem Geschrei zur Stadt hinaus und steinigt ihn. Das ganze Gerichtsverfahren zeigt Ähnlichkeiten mit dem Prozeß Jesu. Am Ende seiner heilsgeschichtlich orientierten Rede greift Stephanus die Versammelten mit diesen Worten an:

Aus der Verteidigungsrede des Stephanus

51 Ihr Halsstarrigen, ihr, die ihr euch mit Herz und Ohr immerzu dem Heiligen Geist widersetzt, eure Väter schon und nun auch ihr. 52 Welchen der Propheten haben eure Väter nicht verfolgt? Sie haben die getötet, die die Ankunft des Gerechten geweissagt haben, dessen Verräter und Mörder ihr jetzt geworden seid, 53 ihr, die ihr durch die Anordnung von Engeln das Gesetz empfangen, es aber nicht gehalten habt.

54 Als sie das hörten, waren sie aufs äußerste über ihn empört und knirschten mit den Zähnen. 55 Er aber, erfüllt vom Heiligen Geist, blickte zum Himmel empor, sah die Herrlichkeit Gottes und Jesus zur Rechten Gottes stehen 56 und rief: Ich sehe den Himmel offen und den Menschensohn zur Rechten Gottes stehen. 57 Da erhoben sie ein lautes Geschrei, hielten sich die Ohren zu, stürmten gemeinsam auf ihn los, 58 trieben ihn zur Stadt hinaus und steinigten ihn. Die Zeugen legten ihre Kleider zu Füßen eines jungen Mannes nieder, der Saulus hieß. 59 So steinigten sie Stephanus; er aber betete und rief: Herr Jesus, nimm meinen Geist auf! 60 Dann sank er in die Knie und schrie laut: Herr, rechne ihnen diese Sünde nicht an! Nach diesen Worten starb er.

1a Saulus aber war mit dem Mord einverstanden.

(Apg 7,51-8,1a)

Oben wurde bereits gesagt, daß der Prozeßverlauf viele Ähnlichkeiten mit dem Prozeß Jesu vor dem Hohen Rat aufweist. Die Parallelen betreffen auch inhaltliche Aspekte. Beide beten für ihre Verfolger. Dies zeigt, daß Stephanus wirklich in die Fußstapfen Jesu getreten ist, daß er seinem Beispiel folgt. Offen und begeistert bekennt er sich zu Jesus, zu seinem Evangelium und zu seinem Leben. Der junge Saulus wird hier zum erstenmal im Neuen Testament erwähnt. Er studierte bei Gamaliel, einem der berühmtesten Lehrer in Jerusalem. Er fühlte sich anscheinend im Gewissen verpflichtet, die junge Sekte der Nazoräer, wie man damals die Christen nannte, zu verfolgen. Vermutlich hat er einige schlaflose Nächte gehabt, nachdem er zum erstenmal erlebte, wie ein Christ starb. Der Prozeß seiner Bekehrung beginnt wahrscheinlich mit diesem Erlebnis. Auch beim Tode Jesu wurde jemand gläubig. „Als der Hauptmann, der Jesus gegenüberstand, ihn auf diese Weise sterben sah, sagte er: Wahrhaftig, dieser Mensch war Gottes Sohn" (Mk 15,39).

St. Peter in Gallicantu

In diesem Haus am Abhang des Sionsberges wird der Palast des Kajaphas vermutet. Dort hätte dann das nächtliche Verhör Jesu nach seiner Verhaftung am Ölberg stattgefunden. Der Name Gallicantu bedeutet Hahnenschrei und erinnert an die Verleugnung Jesu durch Petrus vor einer Magd. Über den Prozeß Jesu vor Kajaphas und dem Hohen Rat, wo immer er auch stattgefunden haben mag, berichtet das Neue Testament.

Jesus vor dem Hohen Rat und die Verleugnung durch Petrus

[53] Darauf führten sie Jesus zum Hohenpriester, und es versammelten sich alle Hohenpriester und Ältesten und Schriftgelehrten. [54] Petrus aber war Jesus von weitem bis in den Hof des hohepriesterlichen Palastes

gefolgt; nun saß er dort bei den Dienern und wärmte sich am Feuer.

⁵⁵ Die Hohenpriester und der ganze Hohe Rat bemühten sich um Zeugenaussagen gegen Jesus, um ihn zum Tod verurteilen zu können; sie fanden aber nichts. ⁵⁶ Viele machten zwar falsche Aussagen über ihn, aber die Aussagen stimmten nicht überein. ⁵⁷ Einige der falschen Zeugen, die gegen ihn auftraten, behaupteten: ⁵⁸ Wir haben ihn sagen hören: Ich werde diesen von Menschen erbauten Tempel niederreißen und in drei Tagen einen anderen errichten, der nicht von Menschenhand gemacht ist.

⁵⁹ Aber auch in diesem Fall stimmten die Aussagen nicht überein. ⁶⁰ Da stand der Hohepriester auf, trat in die Mitte und fragte Jesus: Willst du denn nichts sagen zu dem, was diese Leute gegen dich vorbringen? ⁶¹ Er aber schwieg und gab keine Antwort. Da wandte sich der Hohepriester nochmals an ihn und fragte: Bist du der Messias, der Sohn des Hochgelobten? ⁶² Jesus sagte: Ich bin es. Und ihr werdet den Menschensohn zur Rechten der Macht sitzen und mit den Wolken des Himmels kommen sehen. ⁶³ Da zerriß der Hohepriester sein Gewand und rief: Wozu brauchen wir noch Zeugen? ⁶⁴ Ihr habt die Gotteslästerung gehört. Was ist eure Meinung? Und sie fällten einstimmig das Urteil: Er ist schuldig und muß sterben.

⁶⁵ Und einige spuckten ihn an, verhüllten sein Gesicht, schlugen ihn und riefen: Zeig, daß du ein Prophet bist! Auch die Diener schlugen ihn ins Gesicht.

⁶⁶ Als Petrus unten im Hof war, kam eine von den Mägden des Hohenpriesters. ⁶⁷ Sie sah, wie Petrus sich wärmte, blickte ihn an und sagte: Auch du warst mit diesem Jesus aus Nazaret zusammen. ⁶⁸ Doch er leugnete es und sagte: Ich weiß nicht und verstehe nicht,

wovon du redest. Dann ging er in den Vorhof hinaus.
⁶⁹ Als die Magd ihn dort bemerkte, sagte sie zu denen,
die dabeistanden, noch einmal: Der gehört zu ihnen.
⁷⁰ Er aber leugnete es wieder ab. Wenig später sag-
ten die Leute, die dort standen, von neuem zu Petrus:
Du gehörst wirklich zu ihnen; du bist doch auch ein
Galiläer. ⁷¹ Da fing er an zu fluchen und schwor: Ich
kenne diesen Menschen nicht, von dem ihr redet.
⁷² Gleich darauf krähte der Hahn zum zweitenmal,
und Petrus erinnerte sich, daß Jesus zu ihm gesagt
hatte: Ehe der Hahn zweimal kräht, wirst du mich
dreimal verleugnen. Und er begann zu weinen.

(Mk 14,53-72)

Neben der Kirche wurde eine Treppe freigelegt. Sie stammt aus neutestamentlicher Zeit. Jesus ist sicher über diese Treppe vom Sion in Richtung Kidrontal und umgekehrt gegangen.

Tempelplatz

Das riesige Areal, auf dem heute die beiden islamischen Sakralbauten Felsendom und El-Aksa-Moschee stehen, ist der ehemalige Tempelplatz. Salomo errichtete hier im 10. Jahrhundert v. Chr. einen ersten Tempel und wohl auch südlich davon einige Palastbauten. Er wurde im Jahre 586 v. Chr. von den Babyloniern zerstört. Diese größte Katastrophe in der Geschichte Israels mit der Zerstörung des Tempels und der Stadt Jerusalem leitet die Babylonische Gefangenschaft ein, d. h. die Deportation besonders der Oberschicht nach Babylon. Der Perserkönig Kyros erlaubte 539 v. Chr. die Rückkehr und den Wiederaufbau des Tempels. Wenn man vom „Zweiten Tempel" spricht, ist dieser Tempel gemeint. Herodes vergrößerte und verschönerte ihn. In diesem sogenannten Herodianischen Tempel beteten Jesus und

149

die ersten Christen. Im Jahre 70 n. Chr. ließen ihn die Römer bei der Eroberung Jerusalems in Flammen aufgehen. Seitdem ist er nie wieder aufgebaut worden.

Das riesige Rechteck des Tempelbezirkes war an allen vier Seiten von Säulenhallen umgeben, die zum Tempelplatz hin offen waren und Schutz vor Hitze und Regen boten. In solchen Hallen ließ sich gut diskutieren und handeln. Man konnte auch viel Neues erfahren, denn hier traf man jüdische Pilger aus der ganzen damals bekannten Welt. Die Säulenhalle an der östlichen Längsseite, dort, wo sich das zugemauerte Goldene Tor befindet, nannte man die Halle Salomos. Jesus hielt sich hier wohl besonders gern auf. „Jesus ging im Tempel in der Halle Salomos auf und ab", schreibt Johannes (10,23). Auch in der Apostelgeschichte wird diese Halle erwähnt. Nach der Heilung eines Gelähmten durch Petrus heißt es: „Da er sich Petrus und Johannes anschloß, lief das ganze Volk bei ihnen in der sogenannten Halle Salomos zusammen, außer sich vor Staunen" (3,11). Der Tempelbereich war für jeden gläubigen Juden und somit auch für den gläubigen Juden Jesus ein besonders wichtiger und heiliger Ort. Matthäus berichtet die Vertreibung von Händlern und Käufern aus dem Tempelbereich (Mt 21,12-17). Schon im Alter von zwölf Jahren blieb Jesus anläßlich einer Wallfahrt seiner Eltern allein im Tempel zurück und diskutierte mit den Schriftgelehrten (Lk 2,46). Bei seiner Gefangennahme entgegnet Jesus: „Tag für Tag saß ich im Tempel und lehrte, und ihr habt mich nicht verhaftet" (Mt 26,55). Von den ersten Christen heißt es: „Tag für Tag verharrten sie einmütig im Tempel, brachen in ihren Häusern das Brot und hielten miteinander Mahl in Freude und Einfalt des Herzens" (Apg 2,46). Jesus und die ersten Christen in Jerusalem waren Juden. Man nennt diese Christen auch Judenchristen, d. h. Christen, die aus dem Judentum kommen, im Unterschied zu Heidenchristen, die aus nichtjüdischen Religionen zum Christentum kamen. Aus diesen beiden Gruppen konstituierten sich die urchristlichen Gemeinden rund um das Mittelmeer, denn überall in den großen Städten gab es jüdische Gemeinden und natürlich – in der Mehrheit – Nichtjuden. Die Judenchristen befolgten noch viele mosaische Gesetze. Man nennt sie deshalb auch die „Christen aus der Beschneidung" oder „die Kirche der Beschneidung" (ecclesia ex circumcisione), während die Heidenchristen die „Kirche aus den Völkern" (ecclesia ex gentibus) genannt werden. Ihr Verhältnis zueinander war oft sehr gespannt, wie man den Paulusbriefen entnehmen kann. Beide Gruppen wurden oft in den Mosaiken römischer Kirchen dargestellt. In S. Sabina auf dem Aventin sind sie personifiziert in Gestalt von Frauen mit der entsprechenden Beischrift „ecclesia ex gentibus" und „ecclesia ex circumcisione". Häufig wurden sie auch durch die Städte Jerusalem und Betlehem im Eingangsbereich des Chores, am Triumphbogen oder an der Apsisstirnwand versinnbildlicht. Jerusalem steht für die Judenchristen; Betlehem für die Heidenchristen, weil in Betlehem die Weisen aus dem Morgenland als Vertreter der Heidenvölker dem neugeborenen König huldigten.

Der Zwölfjährige im Tempel

Die Halle Salomos auf dem Tempelplatz, also der offene Säulengang in der Art einer griechischen Stoa, war wohl Schauplatz der folgenden Szene.

> [41] *Die Eltern Jesu gingen jedes Jahr zum Paschafest nach Jerusalem.* [42] *Als er zwölf Jahre alt geworden war, zogen sie wieder hinauf, wie es dem Festbrauch entsprach.* [43] *Nachdem die Festtage zu Ende waren, machten sie sich auf den Heimweg. Der junge Jesus aber blieb in Jerusalem, ohne daß seine Eltern es merkten.* [44] *Sie meinten, er sei irgendwo in der Pilgergruppe, und reisten eine Tagesstrecke weit; dann suchten sie ihn bei den Verwandten und Bekannten.*

45 Als sie ihn nicht fanden, kehrten sie nach Jerusalem zurück und suchten ihn dort. 46 Nach drei Tagen fanden sie ihn im Tempel; er saß mitten unter den Lehrern, hörte ihnen zu und stellte Fragen. 47 Alle, die ihn hörten, waren erstaunt über sein Verständnis und über seine Antworten. 48 Als seine Eltern ihn sahen, waren sie sehr betroffen, und seine Mutter sagte zu ihm: Kind, wie konntest du uns das antun? Dein Vater und ich haben dich voll Angst gesucht. 49 Da sagte er zu ihnen: Warum habt ihr mich gesucht? Wußtet ihr nicht, daß ich in dem sein muß, was meinem Vater gehört? 50 Doch sie verstanden nicht, was er damit sagen wollte. 51 Dann kehrte er mit ihnen nach Nazaret zurück und war ihnen gehorsam. Seine Mutter bewahrte alles, was geschehen war, in ihrem Herzen. 52 Jesus aber wuchs heran, und seine Weisheit nahm zu, und er fand Gefallen bei Gott und den Menschen. (Lk 2,41-52)

Zwei Kernaussagen macht der Text:

1. Jesus ist das weiseste Kind im Tempel.

An sich ist ein jüdischer Knabe mit 13 Jahren erwachsen. Ein eigenes Fest, Bar-Mizwa, nimmt den Jungen in den Kreis der Erwachsenen auf. Zum erstenmal darf er offiziell aus der Torarolle lesen. An der Westmauer des Tempels in Jerusalem oder auf der Festung Massada wird man auch heute noch oft Zeuge eines solchen Festes. Manche meinen, die Szene, die Lukas schildert, hinge mit dem Bar-Mizwa-Fest des Jesus aus Nazaret zusammen. Im evangelisch-katholischen Kommentar heißt es dagegen (Seite 155): „Wer Jesus hier auf die Stufe des Erwachsenen stellt, verpaßt gerade die Pointe: Schon als Kind besaß Jesus die Weisheit der Großen." Das ergibt meines Erachtens Sinn. Schon ein Jahr vor dem offiziellen Übergang in den Erwachsenenstatus ist Jesus ein kompetenter Gesprächspartner. Der Kommentar verweist auf mehrere antike Personen, die ebenfalls mit zwölf Jahren ihre

Klugheit und Tapferkeit unter Beweis stellten, wie Cyrus, Cambyses, Alexander, Mose, Salomo, Samuel und Daniel. Samuel begann als Zwölfjähriger zu prophezeien, wie Josefus berichtet. Jesus wird mit der Altersangabe „zwölf Jahre" in die Reihe der bekannten großen Helden und Weisen eingefügt und ihnen sogar übergeordnet, denn er „sitzt" mitten unter den Lehrern. Er scheint den Lehrern sogar überlegen zu sein, denn „alle, die ihn hörten, waren erstaunt über sein Verständnis und über seine Antworten" (2,47). Ohne rabbinische Ausbildung kennt das Kind die Schriften. Wichtig ist auch die Ortsangabe Jerusalem. Nicht in dem entlegenen Dorf Nazaret findet die erste öffentliche Diskussion zwischen Jesus und den Schriftgelehrten statt, sondern in der Heiligen Stadt Jerusalem und sogar im Tempelbezirk. Beide Ortsangaben unterstreichen den Rang dieses gelehrten Schriftgespräches. Wie groß erst muß die Weisheit des erwachsenen Jesus sein, wenn er schon als Kind die hochstudierten Schriftgelehrten zum Staunen bringt! Auf diese Aussage zielt m. E. die Geschichte ab. Indem sie äußerlich etwas über das Kind aussagt, gibt sie tatsächlich ein Signal für das, was Jesus später als Erwachsener zu sagen haben wird. Es ist ein beliebtes orientalisches Stilmittel, etwas über Gegenwart und Zukunft zu sagen, indem man aus der Vergangenheit berichtet. Auch bei den o. g. antiken Helden geht es nicht nur oder vielleicht überhaupt nicht darum, etwas über das Verhalten der Zwölfjährigen zu sagen. Die Bedeutung der erwachsenen Helden soll untermauert werden, indem schon Wunderbares aus deren Kindheit geschildert wird. Von einem der größten Maler des Mittelalters, dem Italiener Giotto (✝ 1337), wird erzählt, daß er schon als kleiner Hirtenjunge vollendete Umrisse von Menschen und Tieren in Steine geritzt habe. Tatsächlich wird dadurch die Berühmtheit des erwachsenen Malers unterstrichen. Er ist eben der größte, denn er konnte schon als Kind zeichnen. So wird die Weisheit des erwachsenen Jesus dadurch betont und als verbindlich hingestellt, daß er bereits als Kind mit erfahrenen Gelehrten auf deren Niveau diskutieren konnte. Es ist nicht wichtig, was er bei dem Gespräch als Kind sagte – das Evangelium berichtet nichts über den Inhalt –, wichtig ist, daß er bereits in jungen Jahren die Erwachsenen zum Staunen brachte. Das will sagen: Ohren auf, wenn dieser Junge groß ist und den Mund aufmacht! Er wird etwas zu sagen haben!

2. Die Perikope drückt eine besondere Sohn-Vater-Beziehung aus.

Neben dem ersten, oben herausgearbeiteten Höhepunkt, der in dem Satz gipfelt: „Alle, die ihn hörten, waren erstaunt über sein Verständnis und über seine Antworten", liegt ein zweites Gewicht auf dem Satz: „Wußtet ihr nicht, daß ich in dem sein muß, was meinem Vater gehört?" (2,49). Die besondere Beziehung Jesu zu seinem himmlischen Vater steht über menschlichen Traditionen und Ansprüchen. Es kann zu Konflikten kommen. Einer wird bereits hier undramatisch formuliert. Die o. g. Antwort Jesu erfolgt ja als Reaktion auf einen verständlichen Vorwurf seiner Mutter. Folgenschwerer geht es zu beim Verhör von Petrus und den übrigen Aposteln durch den Hohen Rat: „Man muß Gott mehr gehorchen als den Menschen" (Apg 5,29). Wie viele Märtyrer haben ähnliches gesagt und danach gehandelt! Wie viele Frauen und Männer, die sich für die Menschenrechte und damit für eine Welt nach der Vorstellung Gottes einsetzen – auch wenn ihnen der Name „Gott" vielleicht fremd ist –, bewegen sich auf der Widerstandslinie, die im Leben Jesu zum erstenmal wahrnehmbar ist, als er als Zwölfjähriger seiner Mutter antwortet.

Das Thema des „zwölfjährigen Jesus im Tempel" gehört in der christlichen Kunst zu den beliebten Themen. In Bilderzyklen aus dem Leben Jesu, in mariologischen Zyklen und auch als Einzeldarstellung trifft man auf dieses Thema. Max Liebermann († 1935), selber Jude, hat ein besonders beachtenswertes Bild von jener jüdischen Gruppe geschaffen. Das

Kind steht in hellem Lichtschein, umgeben von jüdischen Gelehrten. Alle lauschen gespannt den Worten des Kindes, keiner hat negative Züge, die ansonsten jüdischen Menschen in der christlichen Kunst oft mitgegeben werden. Das Bild hängt in der Hamburger Kunsthalle.

Jesus und die Ehebrecherin

Vermutlich in der Halle Salomos des jüdischen Tempels ereignete sich eine Geschichte, die, wenn man sie einmal gehört hat, nie wieder vergißt. Johannes hat sie aufgezeichnet.

Jesus aber ging zum Ölberg. [2] Am frühen Morgen begab er sich wieder in den Tempel. Alles Volk kam zu ihm. Er setzte sich und lehrte es. [3] Da brachten die Schriftgelehrten und die Pharisäer eine Frau, die beim Ehebruch ertappt worden war. Sie stellten sie in die Mitte [4] und sagten zu ihm: Meister, diese Frau wurde beim Ehebruch auf frischer Tat ertappt. [5] Mose hat uns im Gesetz vorgeschrieben, solche Frauen zu steinigen. Nun, was sagst du? [6] Mit dieser Frage wollten sie ihn auf die Probe stellen, um einen Grund zu haben, ihn zu verklagen. Jesus aber bückte sich und schrieb mit dem Finger auf die Erde. [7] Als sie hartnäckig weiterfragten, richtete er sich auf und sagte zu ihnen: Wer von euch ohne Sünde ist, werfe als erster einen Stein auf sie. [8] Und er bückte sich wieder und schrieb auf die Erde. [9] Als sie seine Antwort gehört hatten, ging einer nach dem anderen fort, zuerst die Ältesten. Jesus blieb allein zurück mit der Frau, die noch in der Mitte stand. [10] Er richtete sich auf und sagte zu ihr: Frau, wo sind sie geblieben? Hat dich keiner verurteilt? [11] Sie antwortete: Keiner, Herr. Da sagte Jesus zu ihr: Auch ich verurteile dich nicht. Geh und sündige von jetzt an nicht mehr! (Joh 8,1-11)

Jesus wird in eine nahezu ausweglose Situation gebracht, in ein echtes Dilemma. Er, den das Volk als verständnisvollen Propheten verehrt, soll in einer Rechtsfrage sein Urteil abgeben. Wird das geltende Recht von ihm rigoros angewendet, stößt dies beim Volk auf Unverständnis. Sagt Jesus zugunsten der Frau aus, tastet er die Autorität des Mose und Gottes an. Eine Frau, die beim Ehebruch ertappt wird, muß nach mosaischem Gesetz gesteinigt werden. Die Schriftgelehrten und Pharisäer stellen die Frage von vornherein so, „daß zwischen dem Urteil des Gesetzes, das feststeht, und dem Urteil Jesu, wie sie es erwarten, ein Gegensatz aufbrechen soll, der dann zum Anlaß würde, ihn anzuklagen" (Wilckens, Seite 138).

Jesus bückt sich und schreibt mit dem Finger auf die Erde. Was hat Jesus in den Sand geschrieben? Schnackenburg meint (Seite 228, Band II), von den vielen vorgeschlagenen Vermutungen sei wohl die am plausibelsten, die an einen Satz aus dem Propheten Jeremia denken läßt: „Du Hoffnung Israels, Herr! Alle, die dich verlassen, werden zuschanden, die sich von dir abwenden, werden in den Staub geschrieben; denn sie haben den Herrn verlassen, den Quell lebendigen Wassers" (Jer 17,13). Den Inhalt würde Jesus auf die Ankläger beziehen.

Mir scheint diese Deutung aus mehreren Gründen unwahrscheinlich zu sein. Sie wird wohl deshalb angenommen, weil im Jeremiazitat von „in den Staub schreiben" die Rede ist. Im Text steht davon nichts. Es heißt, daß Jesus auf den Boden geschrieben hat. Wem nützt ein Text, auf den in der Geschichte niemand zurückkommt? Nur Jesus kennt die Worte, die er angeblich niedergeschrieben hat. Wenn überhaupt lesbare Worte geschrieben wurden, dann doch eher der Satz, den er später sozusagen als Urteil verkündet: „Wer von euch ohne Sünde ist, werfe als erster einen Stein auf sie." Außerdem war die Halle Salomos sicher gepflastert, ebenfalls die Vorhöfe, davon kann man ausgehen. Auf einen derartigen Boden lassen sich offensichtlich keine lesbaren

Sätze schreiben. Meines Erachtens handelt es sich um eine Art écriture automatique, d. h. um eine aus dem Unbewußten gesteuerte Bewegung der Hand, wie es sicher schon mancher erfahren hat, wenn beim Telefonieren die Hand auf einem Bogen Papier spontan und ungewollt und ungesteuert ein Lineament hinterläßt. Es läuft parallel zu rationalen Vorgängen des Sprechens und Zuhörens. Es könnte auch oder zusätzlich zu diesem Vorgang eine Bemerkung des Evangelisten sein, um die Spannung zwischen der Frage der Schriftgelehrten und der Antwort Jesu zu erhöhen. Der Zuhörer wird durch diese Bemerkung direkt in den Überlegungsprozeß einbezogen.

Die Antwort Jesu, sein „Urteilsspruch", bezieht sich nicht auf die Angeklagte, wie man erwarten würde, sondern auf die Ankläger: „Wer von euch ohne Sünde ist, werfe als erster einen Stein auf sie." Diese Äußerung in dieser Situation ist nobelpreisverdächtig. Jesus tastet das mosaische Gesetz nicht an, stellt es nicht in Frage, findet aber eine Lösung, die es in diesem Fall nicht zur Anwendung kommen läßt. Jesus verurteilt die Frau nicht. Sie erfährt grenzenloses Erbarmen, sie wird bedingungslos freigesprochen, ohne Auflagen. Dann erst erfolgt die Mahnung, in Zukunft nicht mehr zu sündigen, d. h., keinen Ehebruch mehr zu begehen. Aber der Freispruch ist unabhängig von dem künftigen Tun und Lassen der Frau.

Jesus sagt nicht: „Versprich mir, daß du das nicht noch einmal tun wirst! Nur unter dieser Bedingung spreche ich dich frei." Nein, erst Freispruch, dann kommt der Ratschlag. Später wird besonders Paulus diese Reihenfolge in seiner Verkündigung ethischer Anweisungen beachten. Theologen sprechen vom „paulinischen Imperativ", d. h., der Imperativ folgt auf einen Indikativ, mit anderen Worten: Der Mensch ist von Gott akzeptiert, er erfährt täglich Gottes Vergebung. Daraus folgt als Konsequenz der Imperativ: Nun verhalte dich entsprechend! Die grundlegende Neuschöpfung des Menschen geschieht in der Taufe. Ein Satz wie „Geh und sündige von jetzt an nicht mehr!" wird besonders aktuell für die Neugetauften, die in den ersten Jahrhunderten in der Mehrzahl Erwachsene waren. Wegen der Situationsähnlichkeit von Ehebrecherin und Taufbewerbern hatte die Urkirche ein existentielles Interesse daran, diese Geschichte von der bedingungslosen Barmherzigkeit Gottes wie einen Edelstein weiterzureichen. Sie gehört höchstwahrscheinlich nicht in die Gattung von erfundenen Lehrgeschichten, denn sie „entspricht inhaltlich so deutlich dem Grundanliegen der Verkündigung Jesu, daß sie durchaus auf eine Begebenheit der vorösterlichen Geschichte Jesu zurückgehen kann" (Wilckens, Seite 140).

Im Bewußtsein vieler Christen, besonders katholischer Christen, gilt die Gleichung: Ich muß das und das tun, damit ich von Gott akzeptiert und geliebt werde. Diese Gleichung ist unbiblisch. Gott ist der zuerst und zuletzt Liebende. Er spricht mich bedingungslos frei. Das ist Evangelium, d. h. froh machende Botschaft, alles andere ist Bangemacherei und führt zu religiösem Leistungsdenken, welches spiralenhaft ansteigt und Ängste und ekklesiogene Neurosen verursachen kann, das sind psychische Störungen, die von der Kirche verursacht worden sind.

Die Tempelreinigung

Mit dem Wort „Tempel" verbinden vermutlich viele die Vorstellung von einem griechischen oder römischen Tempel. Obwohl zwischen beiden erhebliche Unterschiede bestehen – der typisch römische Tempel wurde von den etruskischen Tempeln beeinflußt und ist ein Podiumtempel, betont die Frontseite und hat eine tiefe Eingangshalle –, haben sie auch grundsätzliche Gemeinsamkeiten: In der Cella steht das Götterbild, der Opferaltar befindet sich außerhalb des Tempels im Osten, der Tempelbezirk ist durch einen Temenos von der profanen Außenwelt abgetrennt. Der Tempel in Jerusalem zur Zeit Jesu geht in seiner Struktur mehr auf die älteren Tempel in Syrien zurück. Ein riesiges Areal wird durch eine Mauer von der Außenwelt ausgegrenzt. Der Baalstempel in Palmyra gibt noch einen guten Eindruck von einer solchen Anlage. Diese Fläche ist in mehrere Bezirke eingeteilt, die beim Durchschreiten von außen nach innen für immer weniger Personenkreise zugänglich waren. Der äußere Bereich wird beim Jerusalemer Tempel der Vorhof der Heiden genannt, der von jedem betreten werden durfte. Dann folgte nach innen hin der Vorhof der Frauen, dann der der Männer, dann der Priestervorhof und schließlich der geschlossene Baukörper mit dem Allerheiligsten, in dem die Bundeslade aufbewahrt wurde und der nur vom Hohenpriester einmal im Jahr, am Versöhnungsfest, betreten werden durfte.

Jesus „lehrte täglich im Tempel", schreibt Lukas (19,47). Die Hallen an der äußeren Umfassungsmauer des Tempels, besonders die Halle Salomos, boten ideale Plätze für Gespräche und Vorträge. Im äußeren Bezirk des Vorhofes der Heiden hat sich wohl folgende Szene abgespielt:

Die Vertreibung der Händler aus dem Tempel

[13] Das Paschafest der Juden war nahe, und Jesus zog nach Jerusalem hinauf. [14] Im Tempel fand er die Verkäufer von Rindern, Schafen und Tauben und die Geldwechsler, die dort saßen. [15] Er machte eine Geißel aus Stricken und trieb sie alle aus dem Tempel hinaus, dazu die Schafe und Rinder; das Geld der Wechsler schüttete er aus, und ihre Tische stieß er um. [16] Zu den Taubenhändlern sagte er: Schafft das hier weg, macht das Haus meines Vaters nicht zu einer Markthalle! [17] Seine Jünger erinnerten sich an das Wort der Schrift: Der Eifer für dein Haus verzehrt mich. [18] Da stellten ihn die Juden zur Rede: Welches Zeichen läßt du uns sehen als Beweis, daß du dies tun darfst? [19] Jesus antwortete ihnen: Reißt diesen

Tempel nieder, in drei Tagen werde ich ihn wieder aufrichten. [20] Da sagten die Juden: Sechsundvierzig Jahre wurde an diesem Tempel gebaut, und du willst ihn in drei Tagen wieder aufrichten? [21] Er aber meinte den Tempel seines Leibes. [22] Als er von den Toten auferstanden war, erinnerten sich seine Jünger, daß er dies gesagt hatte, und sie glaubten der Schrift und dem Wort, das Jesus gesprochen hatte. (Joh 2,13-22)

Vor den drei großen Wallfahrtsfesten war im Tempelbereich Hochbetrieb, besonders im Vorhof der Heiden. Hier konnte man Opfertiere kaufen und Geld umtauschen. Die Abgaben an den Tempel mußten in der alten tyrischen Währung bezahlt werden. Für den Umtausch der Devisen aus den verschiedenen Gegenden waren die Geldwechsler zuständig (Schnackenburg, Teil I, Seite 361). Obwohl nach jüdisch-rabbinischer Auffassung der Heidenvorhof nicht zum eigentlichen Heiligtum gehörte, erblickt Jesus doch in der Benutzung dieser keineswegs profanen Stätte zu Handelsgeschäften eine Entweihung des Tempels (Wikenhauser, Johannesevangelium, Seite 79). Mit einer Geißel aus Stricken vertreibt Jesus die Tiere. Die Taubenhändler müssen sich einiges sagen lassen. Die Tische der Geldwechsler stößt er um.

Die Jünger sehen im Tun Jesu das Psalmwort erfüllt: „Der Eifer für dein Haus verzehrt mich" (Ps 69,10).

Lukas berichtet nur kurz von dieser Geschichte der Tempelreinigung (Lk 19,45), ebenfalls Matthäus (21,12f.). Ausführlicher schildert Markus diese Szene (11,15-19). Johannes schließt an seinen Bericht ein Gespräch zwischen Jesus und der jüdischen Obrigkeit über den Abriß und Wiederaufbau des Tempels an. Typisch für das Johannesevangelium: Der Dialog verläuft auf zwei unterschiedlichen Verständnisebenen, beide reden aneinander vorbei, weil Jesus an den Tempel seines Leibes denkt und die Juden an den herodianischen Tempel aus Steinen, an dem 46 Jahre gebaut wurde und der, wie sie Jesus verstehen, von ihm nach der Zerstörung in drei Tagen wieder aufgebaut werden könnte.

Die Tempelreinigung ist für den Verfasser des vierten Evangeliums Anlaß, über Tod und Auferstehung Jesu zu meditieren. Die andere Aussage, die auch von den Synoptikern betont wird, nämlich: „Macht das Haus meines Vaters nicht zu einer Markthalle", sollte durchaus auch heute zu mancher Tempelreinigung Anlaß geben. Daß Pilger Andachtsgegenstände mit nach Hause nehmen oder dem Heiligtum Geschenke machen möchten, hat eine Tradition, die weit in die vorchristliche Zeit zurückreicht. Aber es sollte – nach dem Jesuswort – schon eine räumliche Trennung zwischen Kultgebäude und Verkaufsstellen geben, ansonsten wird das sakrale Gebäude tatsächlich zu einer Markthalle umfunktioniert. Was allerdings noch schlimmer ist als eine räumliche Nähe, ist die „Qualität" dessen, was zum Kauf angeboten wird. Was an Marienwallfahrtsorten oder an Verehrungsstätten anderer Heiliger oft angeboten wird oder auch an manchen biblischen Orten im Heiligen Land, ist an Süßlichkeit, Oberflächlichkeit und Verharmlosung kaum noch zu überbieten. Daß solcher Kitsch gekauft wird, ist sicher auch die Frucht einer bestimmten Art von Verkündigung. Andererseits: Könnten nicht alle Verantwortlichen in ihrem Einflußbereich dafür sorgen – hier gibt es sicher Möglichkeiten –, daß religiöse Artikel angeboten werden, die nicht unter dem Niveau des christlichen Glaubens liegen? Hier geht es um Glaubensverkündigung, so oder so!

Vaterunsergrotte

Den Jüngern fiel auf, daß sich Jesus oft zum Gebet zurückzog. „Nachdem er sie [die Menschen nach der Brotvermehrung] weggeschickt hatte, stieg er auf einen Berg, um in der Einsamkeit zu beten. Spät am Abend war er immer noch allein auf dem Berg" (Mt 14,23).

Es war üblich, daß bestimmte Kreise, die sich um einen Meister, einen Rabbi, scharten, auch typische Gebete sprachen. Die Qumran-Leute hatten spezifische Gebete, Johannes der Täufer lehrte seine Anhänger beten. Darauf beziehen sich die Jünger. „Jesus betete einmal allein an einem Ort; und als er das Gebet beendet hatte, sagte einer seiner Jünger zu ihm: ,Herr, lehre uns beten, wie schon Johannes seine Jünger beten gelehrt hat'" (Lk 11,1). Eine Höhle am Ölberg, über der sich früher eine riesige konstantinische Basilika wölbte, bietet sich als stiller, ungestörter Ort durchaus für eine Gebetsunterweisung an.

[2] *Da sagte er zu ihnen: Wenn ihr betet, so sprecht:*
Vater,
dein Name werde geheiligt.
Dein Reich komme.
[3] *Gib uns täglich das Brot, das wir brauchen.*
[4] *Und erlaß uns unsere Sünden;*
denn auch wir erlassen jedem, was er uns schuldig ist. Und führe uns nicht in Versuchung. *(Lk 11,2-4)*

Der Lukastext des Vaterunsers umfaßt fünf Gebetsbitten, Matthäus überliefert einen längeren Text mit sieben Bitten. Er leitet das Gebet auch anders ein:

[7] *Wenn ihr betet, sollt ihr nicht plappern wie die Heiden, die meinen, sie werden nur erhört, wenn sie viele Worte machen.* [8] *Macht es nicht wie sie; denn euer Vater weiß, was ihr braucht, noch ehe ihr ihn bittet.*
[9] *So sollt ihr beten:*
Unser Vater im Himmel,
dein Name werde geheiligt,
[10] *dein Reich komme,*
dein Wille geschehe
wie im Himmel, so auf der Erde.
[11] *Gib uns heute das Brot, das wir brauchen.*

¹² Und erlaß uns unsere Schulden,
    wie auch wir sie unseren Schuldnern erlassen
    haben.
¹³ Und führe uns nicht in Versuchung,
    sondern rette uns vor dem Bösen.
¹⁴ Denn wenn ihr den Menschen ihre Verfehlungen vergebt, dann wird euer himmlischer Vater auch euch vergeben. ¹⁵ Wenn ihr aber den Menschen nicht vergebt, dann wird euch euer Vater eure Verfehlungen auch nicht vergeben. (Mt 6,7-15)

Vaterunserkirche

Oben am Hang des Ölberges, unterhalb der Himmelfahrtskapelle, steht die „Vaterunserkirche", eine französische Gründung aus dem 19. Jahrhundert für französische Karmelitinnen. An den Wänden des Kreuzganges ist das Vaterunser in fast allen verbreiteten Sprachen der Welt auf Keramikplatten von ca. 2 x 1 m Größe aufgezeichnet. Seit kurzem befindet sich im Garten sogar eine kleine Tafel mit dem Gebet in helgoländischem Plattdeutsch. Bei aller Unterschiedenheit der vielen christlichen Kirchen und Splittergruppen wird hier etwas von der gemeinsamen Basis deutlich. – Im Garten wird die Grotte verehrt, in der Jesus den Jüngern das Vaterunser anvertraut haben soll. Wenn nicht zu viele Gruppen dort sind, kann man durchaus in der Grotte einiges zum Vaterunser sagen und anschließend gemeinsam beten. Bei großem Andrang wird man langsam durch die Grotte gehen und sich im Garten einen möglichst ruhigen Platz aussuchen.

Das Vaterunser bzw. Unservater

Dieses Gebet wird von zwei Evangelisten überliefert, von Lukas (11,2-4) in einer kürzeren Fassung und etwas ausführlicher von Matthäus (6,9-13). Wir nennen es das „Gebet des

Herrn", weil Jesus nach beiden Überlieferungen dieses Gebet den Jüngern in wörtlicher Rede anvertraut hat. Es verbindet alle, die sich auf die Bibel beziehen, und gehört zum Gebetsschatz jedes Christen. Es ist einfach, konkret und doch offen für persönliche Anliegen. Deshalb kann es in allen Situationen gesprochen oder gesungen werden. Es eignet sich als individuelles und als Gemeinschaftsgebet. Den Weg des Christen begleitet es von der Taufe bis zum Grab.

Das Gebet gliedert sich in zwei Teile. Im ersten enthält es Du-Bitten, im zweiten Wir-Bitten. Eingeleitet wird es durch die Anrede: „Vater unser im Himmel". Die Vater-Anrede Gottes ist für die jüdische Gebetspraxis nicht ungewöhnlich. „Ein Vater der Waisen, ein Anwalt der Witwen ist Gott in seiner heiligen Wohnung", heißt es in Psalm 68,6. „Ist er nicht dein Vater, dein Schöpfer?" (Dtn 32,6). In diesem Vers geht es um das väterliche Verhältnis Gottes zu Israel. In der aramäischen Muttersprache Jesu heißt es allerdings nicht „Vater", sonder „lieber Vater" oder „Papa". Mit diesem Wort reden Kinder ihren leiblichen Vater an. Diese Bedeutung kommt im Deutschen nicht zum Ausdruck, wenn wir „Vater unser" sagen. „Und tatsächlich bestätigen uns die Kenner der jüdischen Gebetsüberlieferungen, daß diese Anredeform in jüdischen Gebeten der damaligen Zeit keine Parallele hat" (Schürmann, Seite 18). Dieser liebe Vater, dieser Papa, ist im Himmel. Mit diesem Zusatz wird er sofort von jedem irdischen Vater unterschieden. Zugleich wird in diesen Worten die Hoheit und Erhabenheit des lieben Vaters ausgedrückt. Diese beiden Aspekte des Gottesbildes, des Nahen und Fernen, des „fascinosum" und „tremendum", ziehen sich wie ein roter Faden durch alle biblischen Aussagen über Gott und gehören zusammen.

Im Evangelisch-Katholischen Kommentar zum Neuen Testament (Band I,1, Seite 332) wird betont, daß die Anrede Gottes mit „abba" zwar originell und typisch jesuanisch ist, aber nicht unjüdisch. Wenn sie auch sonst in jüdischen Gebeten nicht vorkommt, liegt sie trotzdem durchaus im Toleranzbereich möglicher Anreden. Auch die folgenden Bitten sind – bei aller Originalität des Gebetes – durchaus von einem jüdischen Zeitgenossen nachvollziehbar. Andernfalls wäre das Gebet wohl auch nicht von den Jüngern verstanden worden, denen das Gebet ja als Modell anvertraut wurde. Das Gebet ist in seiner Einfachheit und Direktheit, in seiner Nähe zu Gott und gleichzeitig zu den Menschen jesuanisch, steht aber deshalb nicht wie ein Fremdkörper innerhalb der jüdischen Gebetstradition. Auch hier wird deutlich, daß Jesus – um es deutlich zu sagen – nicht als Protestant oder Katholik geboren wurde, sondern als Kind jüdischer Eltern, d. h. als Jude. Als gläubiger und praktizierender Jude hat er gelebt. Mit einem Psalm auf den Lippen ist er gestorben.

Das kleine Wort „unser" bindet den Beter an die Gemeinde. Der Blick zu Gott wird reflektiert auf den Nächsten. Als Glied einer Gemeinde bzw. im Bewußtsein, daß Gott auch der Vater anderer ist, wendet sich der Beter an Gott. Schon hier wird deutlich, was in den folgenden Bitten noch stärker zum Ausdruck kommen wird: Man kann nicht am Nächsten vorbei ausschließlich an Gott glauben.

Nach dieser Anrede folgen Bitten. Man kann zwei Teile unterscheiden: drei Du-Bitten und drei Wir-Bitten. Im ersten Teil, in den Du-Bitten, geht es um Gott und sein Reich. Sein Name soll geheiligt werden. Das Wort „Name" steht in der Bibel oft für Gott selbst. Man kann sagen: „Den Herrn bzw. Gott will ich preisen" oder „Den Namen des Herrn will ich preisen". In der letzten Formulierung scheint sich noch etwas mehr Respekt und Distanz auszudrücken. – Gott soll geheiligt werden, das ist das erste Anliegen Jesu. Für diese Heiligung ist Gott selbst wohl an erster Stelle zuständig. Er kann die Heiligung bewirken. In abgeschwächter Form kann der Mensch sich an dieser Heiligung beteiligen durch den Lobpreis, durch das Leben entsprechend den Weisungen Gottes bis hin zum Martyrium.

Gottes Reich soll kommen. Diese Bitte kann eschatologisch verstanden werden im Sinne von einem Kommen am Ende der Zeiten. Aber die Bitte hat auch einen Gegenwartsaspekt. Jetzt schon soll das Reich Gottes aufleuchten im Tun der Menschen. Das „Reich Gottes" ist nicht einfach mit dem Himmel gleichzusetzen. Es ist jetzt schon Wirklichkeit. Das ist ja ein besonderes Anliegen Jesu, zu verdeutlichen, daß in ihm das Reich Gottes bereits präsent ist. Überall dort, wo sich Menschen von Gottes Geist erfüllen und bewegen lassen, leuchtet das Reich Gottes auf.

Gottes Wille möge geschehen. Diese Bitte überlappt sich inhaltlich mit der vorhergehenden, richtet aber den Blick etwas mehr auf den Menschen. Sie darf den Beter zunächst etwas zögern lassen. Wenn Gottes Wille wirklich geschieht in meinem Leben – wer weiß, was auf mich zukommt? Wer vermag Gott sozusagen einen Blankoscheck auszustellen für sein Vorhaben mit mir? Dazu gehört unendlich viel Vertrauen, und dazu bedarf es einer großen, zuvorkommenden Kraft. Die Bitte meint nicht: „Mach mit mir, was du willst, kein Problem, ich bin bereit; leg mir auf, was du willst, ich werde damit fertig." Eine solche Haltung erinnert zu sehr an Petrus, der den Herrn auf keinen Fall verlassen wollte und jämmerlich scheiterte. Vor einer Magd schwört er, er kenne Jesus nicht, obwohl er etwa drei Jahre einer seiner engsten Freunde war. In der Bitte „Dein Wille geschehe" darf die Haltung Jesu in Getsemani mitschwingen: „Mein Vater, wenn dieser Kelch an mir nicht vorübergehen kann, ohne daß ich ihn trinke, geschehe dein Wille" (Mt 26,42). Die Bitte beinhaltet auch die Hoffnung, nicht zu Schweres auferlegt zu bekommen und von Gott die Kraft zu erhalten, in schweren Stunden seinen Willen akzeptieren zu können.

In der zweiten Hälfte wendet sich der Beter seiner eigenen Situation zu, zunächst mit der Bitte um das tägliche Brot. Brot steht hier als „Pars pro toto", als Teil für das Ganze, für Nahrung allgemein. Gemeint ist – auch dem Urtext nach – wohl nicht eine Bitte um das Brot von heute. Was macht ein Familienvater, ein Tagelöhner etwa, der nicht weiß, ob er morgen Arbeit findet und seine Familie ernähren kann. Er wird den heutigen Tag in Unruhe verbringen. Die Bitte kann im Urtext auch verstanden werden: „Gib uns heute das Brot für morgen." Die Bitte enthält eine Beschränkung. Der Beter bittet nur um das Lebensnotwendige für morgen, nicht um Reichtum. Die Bitte um „Brot" für heute und morgen setzt eine Grenze inhaltlicher und zeitlicher Qualität. Sie ist Ausdruck von gelassenem Gottvertrauen und so ein wirksames Prophylaktikum gegen die Gier nach Reichtum und gegen quälende Zukunftsangst.

Jeder kennt die Erfahrung von Schuld. Die Bitte um Vergebung knüpft der Beter an die Aussage, daß er auch denen bereits vergeben hat, die ihm etwas schulden. Ein Satz wie: „Das werde ich ihm/ihr nie verzeihen" ist eine Blockade in diesem Gebet. Die Bitte müßte dann so geändert werden: „Vergib uns unsere Schuld, obwohl ich meinem Nächsten nicht vergeben habe und vergeben werde." So aber hat Jesus den Text nicht überliefert. Auch hier wird deutlich: Christlicher Glaube kann sich nicht am Nächsten vorbeimogeln! Gottes- und Nächstenliebe sind nicht zu trennen.

Schließlich bittet der Beter um Verschonung vor Situationen, denen er sich nicht gewachsen fühlt.

Nach jüdischer Sitte enden Gebete meist mit einem großen Lobpreis Gottes, mit einer Doxologie, auch wenn das Gebet vorher ein Bittgebet war. In den Psalmen kann man dies oft beobachten. Die Schlußdoxologie wird von den Evangelisten nicht überliefert, aber es ist bekannt, daß sie schon früh von den Christen im Anschluß an das Vaterunser gesprochen wurde: „Denn dein ist das Reich und die Kraft und die Herrlichkeit in Ewigkeit. Amen."

Verratsgrotte

Ein paar Schritte neben der Kirche mit dem Mariengrab befindet sich eine große Felsenhöhle, in die sich Jesus der Tradition nach am Gründonnerstag nach dem Abendmahl vor seiner Gefangennahme mit den Aposteln zurückzog. Sie ist in eine Kapelle umgewandelt und gehört zu den ruhigen biblischen Orten. Von hier entfernt sich Jesus mit den Aposteln Petrus, Jakobus und Johannes, um einerseits allein sein zu können und doch die Nähe guter Freunde zu spüren. Auch diese drei läßt Jesus dann zurück und geht allein dorthin, wo heute die Kirche der Nationen steht. Hier betet Jesus darum, daß die drohende Wolke der Verhaftung mit all dem, was darauf folgt, doch vorübergehen möge, „aber nicht wie ich will, sondern wie du willst" (Mt 26,39). Jesus muß Angst gehabt haben bis in die letzten Fasern. Die Bibel formuliert es: „Da ergriff ihn Furcht und Angst" (Mk 14,33). Lukas schildert es noch drastischer: „Und er betete in seiner Angst noch inständiger, und sein Schweiß war wie Blut, das auf die Erde tropfte (Lk 22,14). Jesus kommt zurück zu den dreien, ist traurig, weil er sie schlafend findet, sie gehen weiter zur Grotte, wo er bald von Judas, der mit einer Gruppe von Männern kommt, verraten wird. Dann folgen das nächtliche Verhör im Haus des Kajaphas am Abhang des Sions und die Verurteilung durch die Römer am Tage danach.

Wir lesen und hören die Leidensgeschichte richtig, wenn wir uns selbst in den verschiedenen Personen widergespiegelt sehen. Manchmal oder immer sind wir wie die johlende Menge, manchmal wie Judas, manchmal wie Petrus.

Judas war sicher nicht der geizige und unehrliche und verräterische Jünger, wie er oft dargestellt wird. Neuere Erkenntnisse der Bibelwissenschaftler zeigen ein anderes Judasbild. Er gehörte wahrscheinlich zu den Eiferern, den Zeloten, die einen Messias erwarteten, der das Land von der römischen Besatzung befreien würde, so daß man wieder in allem ungestört den Glauben der Väter leben könne. Judas sieht sich in Jesus getäuscht. Nach vielen schlaflosen Nächten hat er sich zu dem Entschluß durchgerungen, Jesus auszuliefern (Näheres s. Butzkamm, Bild und Frömmigkeit ..., Seite 46-55).

Die Gefangennahme Jesu

[30] *Nach dem Lobgesang gingen sie zum Ölberg hinaus.* [31] *Da sagte Jesus zu ihnen: Ihr alle werdet in dieser Nacht an mir Anstoß nehmen und zu Fall kommen; denn in der Schrift steht: Ich werde den Hirten erschlagen, dann werden sich die Schafe der Herde zerstreuen.* [32] *Aber nach meiner Auferstehung werde ich euch nach Galiläa vorausgehen.*

[33] *Petrus erwiderte ihm: Und wenn alle an dir Anstoß nehmen – ich niemals!* [34] *Jesus entgegnete ihm: Amen, ich sage dir: In dieser Nacht, noch ehe der Hahn kräht, wirst du mich dreimal verleugnen.* [35] *Da sagte Petrus zu ihm: Und wenn ich mit dir sterben müßte – ich werde dich nie verleugnen. Das gleiche sagten auch alle anderen Jünger.*

[36] *Darauf kam Jesus mit den Jüngern zu einem Grundstück, das man Getsemani nennt, und sagte zu ihnen: Setzt euch und wartet hier, während ich dort bete.* [37] *Und er nahm Petrus und die beiden Söhne des Zebedäus mit sich. Da ergriff ihn Angst und Traurigkeit,* [38] *und er sagte zu ihnen: Meine Seele ist zu Tode betrübt. Bleibt hier und wacht mit mir!* [39] *Und er ging ein Stück weiter, warf sich zu Boden und betete: Mein Vater, wenn es möglich ist, gehe dieser Kelch an mir vorüber. Aber nicht wie ich will, sondern wie du willst.* [40] *Und er ging zu den Jüngern zurück und fand sie schlafend. Da sagte er zu Petrus: Konntet ihr nicht einmal eine Stunde mit mir wachen?* [41] *Wacht und betet, damit ihr nicht in Versuchung geratet. Der Geist ist willig, aber das Fleisch ist schwach.* [42] *Dann ging er zum zweitenmal weg und betete: Mein Vater, wenn dieser Kelch an mir nicht vorübergehen kann, ohne daß ich ihn trinke, geschehe dein Wille.* [43] *Als er zurückkam, fand er sie wieder schlafend, denn die Augen waren ihnen zugefallen.* [44] *Und er ging wieder*

von ihnen weg und betete zum drittenmal mit den gleichen Worten. ⁴⁵ *Danach kehrte er zu den Jüngern zurück und sagte zu ihnen: Schlaft ihr immer noch und ruht euch aus? Die Stunde ist gekommen; jetzt wird der Menschensohn den Sündern ausgeliefert.* ⁴⁶ *Steht auf, wir wollen gehen! Seht, der Verräter, der mich ausliefert, ist da.*

⁴⁷ *Während er noch redete, kam Judas, einer der Zwölf, mit einer großen Schar von Männern, die mit Schwertern und Knüppeln bewaffnet waren; sie waren von den Hohenpriestern und den Ältesten des Volkes geschickt worden.* ⁴⁸ *Der Verräter hatte mit ihnen ein Zeichen verabredet und gesagt: Der, den ich küssen werde, der ist es; nehmt ihn fest.* ⁴⁹ *Sogleich ging er auf Jesus zu und sagte: Sei gegrüßt, Rabbi! Und er küßte ihn.* ⁵⁰ *Jesus erwiderte ihm: Freund, dazu bist du gekommen? Da gingen sie auf Jesus zu, ergriffen ihn und nahmen ihn fest.* ⁵¹ *Doch einer von den Begleitern Jesu zog sein Schwert, schlug auf den Diener des Hohenpriesters ein und hieb ihm ein Ohr ab.* ⁵² *Da sagte Jesus zu ihm: Steck dein Schwert in die Scheide; denn alle, die zum Schwert greifen, werden durch das Schwert umkommen.* ⁵³ *Oder glaubst du nicht, mein Vater würde mir sogleich mehr als zwölf Legionen Engel schicken, wenn ich ihn darum bitte?* ⁵⁴ *Wie würde dann aber die Schrift erfüllt, nach der es so geschehen muß?* ⁵⁵ *Darauf sagte Jesus zu den Männern: Wie gegen einen Räuber seid ihr mit Schwertern und Knüppeln ausgezogen, um mich festzunehmen. Tag für Tag saß ich im Tempel und lehrte, und ihr habt mich nicht verhaftet.* ⁵⁶ *Das alles aber ist geschehen, damit die Schriften der Propheten in Erfüllung gehen. Da verließen ihn alle Jünger und flohen.* (Mt 26,30-56)

Joppe/Jaffo

Geht man durch Joppe, sieht man im Zentrum dieses male-rischen, im alten Stil mit Treppen und engen Gassen wieder aufgebauten Vorortes von Tel Aviv ein Monument mit einem überlebensgroßen Fisch. Es erinnert an Jona, der hier in Jop-pe ein Schiff bestieg und nach Tarschisch in Nordspanien fliehen wollte, unterwegs von einem Fisch verschlungen und in Joppe wieder an Land geworfen wurde. Diese Propheten-legende ist eines der kleinsten und volkstümlichsten Bücher im Alten Testament. Wie bereits bei den Ausführungen über den Fall der Mauern von Jericho und über die Auferwek-kung des Lazarus deutlich wurde, muß man die Wahrheit der Bibel in diesem Fall nicht dadurch retten, daß man nach einem so großen Fisch sucht, der einen Menschen verschlin-gen kann. Dieser Weg ist zum Scheitern verurteilt. Die Geschichte will nicht als tatsächliche Ereignisgeschichte ver-standen werden. Es ist eine komponierte Geschichte, die wichtige Wahrheiten vermitteln will: Sprengung enger, kleinkarierter Denk- und Glaubensmodelle. Gott ist nicht nur der Gott einer Sippe, eines Volkes oder einer bestimm-ten Religion. Gott will sogar das Heil dieser so gottlosen Stadt Ninive und ihrer Tiere.

Zedern aus dem Libanon in Jaffo

[15] *Wir aber werden die Bäume auf dem Libanon fäl-len, so viele du nötig hast, und sie dir in Flößen auf dem Meer nach Jaffo schaffen. Du magst sie dann nach Jerusalem hinaufbringen.* (2 Chr 2,15)

Es sei auch kurz darauf hingewiesen, daß für den Tempelbau unter König Salomo Zedernholz aus dem Libanon an der Küste entlang nach Süden bis Joppe geflößt wurde. Von hier wurde es auf dem Landweg nach Jerusalem transportiert.

Zwei wichtige neutestamentliche Schriftstellen verbinden sich mit Joppe:

Petrus erweckt die Jüngerin Tabita

[36] In Joppe lebte eine Jüngerin namens Tabita, das heißt übersetzt: Gazelle. Sie tat viele gute Werke und gab reichlich Almosen. [37] In jenen Tagen aber wurde sie krank und starb. Man wusch sie und bahrte sie im Obergemach auf. [38] Weil aber Lydda nahe bei Joppe liegt und die Jünger hörten, daß Petrus dort war, schickten sie zwei Männer zu ihm und ließen ihn bitten: Komm zu uns, zögere nicht! [39] Da stand Petrus auf und ging mit ihnen. Als er ankam, führten sie ihn in das Obergemach hinauf; alle Witwen traten zu ihm, sie weinten und zeigten ihm die Röcke und Mäntel, die Gazelle gemacht hatte, als sie noch bei ihnen war. [40] Petrus aber schickte alle hinaus, kniete nieder und betete. Dann wandte er sich zu dem Leichnam und sagte: Tabita, steh auf! Da öffnete sie ihre Augen, sah Petrus an und setzte sich auf. [41] Er gab ihr die Hand und ließ sie aufstehen; dann rief er die Heiligen und die Witwen und zeigte ihnen, daß sie wieder lebte. [42] Das wurde in ganz Joppe bekannt, und viele kamen zum Glauben an den Herrn. [43] Petrus aber blieb längere Zeit in Joppe bei einem gewissen Simon, einem Gerber. (Apg 9,36-43)

Petrus wird aus dem benachbarten Lydda nach Joppe gerufen. Die Schriftstelle soll den Siegeslauf und die Wirkkraft des Wortes Gottes feiern.

Von Joppe aus wird Petrus zu einer entscheidenden Mission in das benachbarte Cäsarea am Meer gerufen.

Die Vision des Petrus in Joppe und der Besuch im Haus des Kornelius in Cäsarea

In Cäsarea lebte ein Mann namens Kornelius, Hauptmann in der sogenannten Italischen Kohorte; ² er lebte mit seinem ganzen Haus fromm und gottesfürchtig, gab dem Volk reichlich Almosen und betete beständig zu Gott. ³ Er sah um die neunte Tagesstunde in einer Vision deutlich, wie ein Engel Gottes bei ihm eintrat und zu ihm sagte: Kornelius! ⁴ Kornelius blickte ihn an und fragte erschrocken: Was ist, Herr? Er sagte zu ihm: Deine Gebete und Almosen sind zu Gott gelangt, und er hat sich an sie erinnert. ⁵ Schick jetzt einige Männer nach Joppe, und laß einen gewissen Simon herbeiholen, der den Beinamen Petrus hat. ⁶ Er ist zu Gast bei einem Gerber namens Simon, der ein Haus am Meer hat. ⁷ Als der Engel, der mit ihm sprach, weggegangen war, rief Kornelius zwei seiner Hausklaven und einen frommen Soldaten aus seinem Gefolge. ⁸ Er erzählte ihnen alles und schickte sie nach Joppe.

⁹ Am folgenden Tag, als jene unterwegs waren und sich der Stadt näherten, stieg Petrus auf das Dach, um zu beten; es war um die sechste Stunde. ¹⁰ Da wurde er hungrig und wollte essen. Während man etwas zubereitete, kam eine Verzückung über ihn. ¹¹ Er sah den Himmel offen und eine Schale auf die Erde herabkommen, die aussah wie ein großes Leinentuch, das an den vier Ecken gehalten wurde. ¹² Darin lagen alle möglichen Vierfüßler, Kriechtiere der Erde und Vögel des Himmels. ¹³ Und eine Stimme rief ihm zu: Steh auf, Petrus, schlachte, und iß! ¹⁴ Petrus aber antwortete: Niemals, Herr! Noch nie habe ich etwas Unheiliges und Unreines gegessen. ¹⁵ Da richtete sich die Stimme ein zweites Mal an ihn: Was Gott für rein erklärt, nenne du nicht unrein! ¹⁶ Das geschah drei-

mal, dann wurde die Schale plötzlich in den Himmel hinaufgezogen.

[17] Petrus war noch ratlos und überlegte, was die Vision, die er gehabt hatte, wohl bedeutete; inzwischen hatten sich die von Kornelius gesandten Männer zum Haus des Simon durchgefragt und standen am Tor. [18] Sie riefen und fragten, ob Simon mit dem Beinamen Petrus hier zu Gast sei. [19] Während Petrus noch über die Vision nachdachte, sagte der Geist zu ihm: Da sind zwei Männer und suchen dich. [20] Steh auf, geh hinunter, und zieh ohne Bedenken mit ihnen; denn ich habe sie geschickt. [21] Petrus stieg zu den Männern hinab und sagte: Ich bin der, den ihr sucht. Aus welchem Grund seid ihr hier? [22] Sie antworteten: Der Hauptmann Kornelius, ein gerechter und gottesfürchtiger Mann, der beim ganzen Volk der Juden in gutem Ruf steht, hat von einem heiligen Engel die Weisung erhalten, dich in sein Haus holen zu lassen und zu hören, was du ihm zu sagen hast. [23a] Da ließ er sie eintreten und bewirtete sie.

[23b] Tags darauf machte sich Petrus mit ihnen auf den Weg, und einige Brüder aus Joppe begleiteten ihn. [24] Am folgenden Tag kamen sie nach Cäsarea. Kornelius erwartete sie schon und hatte seine Verwandten und seine nächsten Freunde zusammengerufen. [25] Als nun Petrus ankam, ging ihm Kornelius entgegen und warf sich ehrfürchtig vor ihm nieder. [26] Petrus aber richtete ihn auf und sagte: Steh auf! Auch ich bin nur ein Mensch. [27] Während er sich mit ihm unterhielt, ging er hinein und fand dort viele Menschen versammelt. [28] Da sagte er zu ihnen: Ihr wißt, daß es einem Juden nicht erlaubt ist, mit einem Nichtjuden zu verkehren oder sein Haus zu betreten; mir aber hat Gott gezeigt, daß man keinen Menschen unheilig oder unrein nennen darf. [29] Darum bin ich auch ohne Widerspruch gekommen, als nach mir geschickt

wurde. Nun frage ich: Warum habt ihr mich holen lassen?

[30] Da sagte Kornelius: Vor vier Tagen um diese Zeit war ich zum Gebet der neunten Stunde in meinem Haus; da stand plötzlich ein Mann in einem leuchtenden Gewand vor mir [31] und sagte: Kornelius, dein Gebet wurde erhört, und deine Almosen wurden vor Gott in Erinnerung gebracht. [32] Schick jemand nach Joppe, und laß Simon, der den Beinamen Petrus hat, holen; er ist Gast im Haus des Gerbers Simon am Meer. [33] Sofort habe ich nach dir geschickt, und es ist gut, daß du gekommen bist. Jetzt sind wir alle hier vor Gott zugegen, um all das anzuhören, was dir vom Herrn aufgetragen worden ist.

[34] Da begann Petrus zu reden und sagte: Wahrhaftig, jetzt begreife ich, daß Gott nicht auf die Person sieht, [35] sondern daß ihm in jedem Volk willkommen ist, wer ihn fürchtet und tut, was recht ist. [36] Er hat das Wort den Israeliten gesandt, indem er den Frieden verkündete durch Jesus Christus; dieser ist der Herr aller.

[37] Ihr wißt, was im ganzen Land der Juden geschehen ist, angefangen in Galiläa, nach der Taufe, die Johannes verkündet hat: [38] wie Gott Jesus von Nazaret gesalbt hat mit dem Heiligen Geist und mit Kraft, wie dieser umherzog, Gutes tat und alle heilte, die in der Gewalt des Teufels waren; denn Gott war mit ihm. [39] Und wir sind Zeugen für alles, was er im Land der Juden und in Jerusalem getan hat. Ihn haben sie an den Pfahl gehängt und getötet. [40] Gott aber hat ihn am dritten Tag auferweckt und hat ihn erscheinen lassen, [41] zwar nicht dem ganzen Volk, wohl aber den von Gott vorherbestimmten Zeugen: uns, die wir mit ihm nach seiner Auferstehung von den Toten gegessen und getrunken haben. [42] Und er hat uns geboten, dem Volk zu verkündigen und zu bezeugen: Das ist der von Gott eingesetzte Richter der Lebenden und

der Toten. [43] Von ihm bezeugen alle Propheten, daß jeder, der an ihn glaubt, durch seinen Namen die Vergebung der Sünden empfängt.

[44] Noch während Petrus dies sagte, kam der Heilige Geist auf alle herab, die das Wort hörten. [45] Die gläubig gewordenen Juden, die mit Petrus gekommen waren, konnten es nicht fassen, daß auch auf die Heiden die Gabe des Heiligen Geistes ausgegossen wurde. [46] Denn sie hörten sie in Zungen reden und Gott preisen. Petrus aber sagte: [47] Kann jemand denen das Wasser zur Taufe verweigern, die ebenso wie wir den Heiligen Geist empfangen haben? [48] Und er ordnete an, sie im Namen Jesu Christi zu taufen. Danach baten sie ihn, einige Tage zu bleiben. (Apg 10)

Es ist eine typische alt- und neutestamentliche Erzählweise: Kornelius erzählt dem Petrus noch einmal all das, was er in der Vision erlebt hat. Der Hörer kennt den Inhalt bereits, aber nicht Petrus.

Daß Petrus aufgrund einer Vision in das Haus eines Heiden geht, ist für jüdisches Empfinden anstößig. Nach orientalischer Gepflogenheit wird man ihm etwas zum Essen anbieten. Dadurch macht er sich zwangsläufig unrein, weil die Heiden die koscheren Vorschriften der Mahlzubereitung nicht kennen. Später wird Petrus von den Judenchristen in Jerusalem deswegen auch getadelt: „Du hast das Haus von Unbeschnittenen betreten und hast mit ihnen gegessen" (Apg 11,3).

Jedenfalls hat Petrus das junge Christentum über die jüdischen Grenzen hinausgetragen. Später wird Paulus als „Apostel der Heiden" dies zu seiner Lebensaufgabe machen. Wäre das Evangelium nicht in die griechisch-römische Welt gedrungen, hätte das Christentum wahrscheinlich noch länger als Sonderweg innerhalb des Judentums existiert, mit der Zeit an Profil verloren und wäre schließlich als eine Strömung innerhalb des Judentums vereinnahmt worden.

Wüste Juda zwischen Jerusalem und Jericho mit Georgskloster im Wadi Kelt. – „Muß ich auch wandern in finsterer Schlucht, ich fürchte kein Unheil" (Ps 23,4).

Höhlen bei Qumran am Toten Meer, Schriftrollenfunde ab 1947. – „Das Gras verdorrt, und die Blume verwelkt; doch das Wort des Herrn bleibt in Ewigkeit" (1 Petr 26f.).

Tempelplatz mit Felsendom. – „Salomo begann, das Haus des Herrn in Jerusalem auf dem Berg Morija zu bauen" (2 Chr 3,1).

Westmauer des Tempels, auch Klagemauer genannt. – „Kein Stein wird hier auf dem andern bleiben, alles wird niedergerissen werden" (Mt 24,2).

Nazaret, Fassade der Verkündigungskirche. – „Und das Wort ist Fleisch geworden und hat unter uns gewohnt" (Joh 1,14).

Geburtsgrotte in Betlehem. – „Und sie gebar ihren Sohn, den Erstgeborenen" (Lk 2,7).

Reste der Synagoge in Kapharnaum. – „Ich bin das Brot des Lebens" (Joh 6,48).

Brotvermehrungskirche in Tabgha am See Gennesaret. – „... und alle aßen und wurden satt" (Mt 14,20).

Kirche auf dem Berg der Seligpreisungen am See Gennesaret. – „Selig, die Frieden stiften" (Mt 5,9).

Primatskapelle am See Gennesaret. – „Jesus sagte zu Petrus: ‚Weide meine Schafe!'" (Joh 21,17).

Cäsarea Philippi, Pan-Heiligtum und Jordanquelle. – „Jesus sagte zu ihm: ,Du bist Petrus, und auf diesen Felsen werde ich meine Kirche bauen'" (Mt 16,18).

Oase Jericho. – „Als Jesus in die Nähe von Jericho kam, saß ein Blinder an der Straße und bettelte ... Da rief er: ,Jesus, Sohn Davids, hab Erbarmen mit mir!'" (Lk 18,35.38).

Cäsarea am Meer, Stein mit den Namen des Kaisers Tiberius und des Pontius Pilatus (Original im Israel-Museum, Jerusalem). – „Daraufhin erhob sich die ganze Versammlung, und man führte Jesus zu Pilatus. Dort brachten sie ihre Anklagen gegen ihn vor" (Lk 23,1f.).

Vaterunserkirche auf dem Ölberg. – „So sollt ihr beten: Unser Vater im Himmel …" (Mt 6,9).

Die Kapelle „Dominus flevit" („Der Herr weinte") am Ölberg. –
„Als er näherkam und die Stadt sah, weinte er über sie" (Lk 19,41).

Lithostrotos mit Einritzungen eines Spiels aus der Römerzeit. – „Sie fielen vor ihm auf die Knie und verhöhnten ihn, indem sie riefen: ‚Heil dir, König der Juden!'" (Mt 27,29).

Ölbäume am Ölberg neben der Kirche der Nationen. – „Nach dem Lobgesang gingen sie zum Ölberg hinaus" (Mt 26,30).

Kirche der Nationen, auch Todesangstbasilika genannt, im Kidrontal am Ölberg. – „Da ergriff ihn Angst und Traurigkeit, und er sagte zu ihnen: ‚Mein Seele ist zu Tode betrübt'" (Mt 26,37f.).

Grabes- bzw. Auferstehungskirche in Jerusalem. – „Er trug sein Kreuz und ging hinaus zur sogenannten Schädelhöhe, die auf hebräisch Golgota heißt. Dort kreuzigten sie ihn" (Joh 19,7f.).

Grabes- bzw. Auferstehungskirche in Jerusalem. – „Der Herr ist wirklich auferstanden" (Lk 24,34).

Königsgräber in Jerusalem, Felsengrab mit Rollstein. – „ Wer könnte uns den Stein vom Eingang des Grabes wegwälzen?" (Mt 15,3).

Himmelfahrtskapelle auf dem Ölberg. – „Und während er sie segnete, verließ er sie und wurde zum Himmel emporgehoben" (Lk 24,51).

PALÄSTINA IM NEUEN TESTAMENT
(6-70 n. Chr.)

- – – – – Politische Grenzen (6-34 n. Chr.)
- JUDÄA etc. politische Gebiete
- ◉ Städte der Dekapolis
- ◎ Festungen
- .... Äußerste Grenze der Weizenkultur
- – – – – – Äußerste Grenze der mediterranen Kultur

Sidon

Sarepta

SYRISCHE PROVINZ

Cäsarea Philippi (Banias)
Daphne
ITURÄA

Cadasa

See Semechonitis

TETRARCHIE
TRACH

Gischala
Merot
Chorazin
Schelemja
Kafarnaum
Betsaida Julia
Gennesaret
Tiberias See
Galiläisches
Magdala –209
Meer
Tiberias
Gergesa
Gamala
Hippo
? Dion

PHILIPPI
BATANÄA

GAULANITIS

Sogane

Tyrus

Baca

Ptolemais (Akko)

Soqane
Jotopata
Asochis
Ruma
Sepphoris
Nazaret
Besara
Kana
Berg
Tabor
Naim
Berg Karmel
Gabata
Agrippina
Philoteria
Emmata
Gadara
Abila

Kapitolien
Arbela

Dor

Cäsarea

Narbata
Gitta
En Gannim
500
Gilboa Berge
Skythopolis (Beisan)
Pella

Ebene von Esdralon
Jesreel
Salim
Anon
Kerit

MITTELMEER

Yishub
Bemesihs

Sebaste (Samaria)
Neapolis
Berg Ebal
Sychor (Sichem)
Berg Garizim 881

Amatunta
Jabbok

DEKAPOLIS
Gerasa

Apollonia
Sozusa

Kafarsaba

SAMARIEN
Acrabbein

Jarko
Antipatris (Pegai)
Turm von Afek
Tefon
? Arimataa
Selo (Schilo)
Alexandreion
Faselis
Tamma (Tammata)
Efraim
Gofna
Archelaide

Jaffa (Joppe)

Zia
Gadara

Philadelphia (Rabba)

Lydda

Modein
Bet-Horon ob.
Bet-Horon unt.
Berba
Michmas
Gibeon
Adasa
Anatot
Betfage
Bet-El

Jamnia

Gazar
? Emmaus (Nikopolis)
Emmaus von Amasa
Jerusalem
Betanien a

Bet-Aram (Livias Julia)
Betanien in Transjordanien

Ekron

Aschkalon [Freie Stadt]
M. Aschkelon

Betletefa
Ain Karim
Betlehem
Bet-Zacharja
Herodium
Bet-Etan
Tecoa

Qumran

Medeba

Agrippias
Zur Provinz von Syrien
Gaza

Betogabris
Bet-Sura (Bet-Zur)
Hebron
Adora 987

Callirhoe
Machärus

Nahaliel

Beerscheba
IDUMÄA
Malata

En-Gedi 395

TOTES MEER

DER

Massada

Areopolis (Rabba-Moab)

Arnon

NABATÄER

REICH

JUDÄA (unter römischer Verwaltung)

JUDÄA

Wüste Juda

PERÄA (unter Herodes Antipas)

N

0	10	20	30	40

Km

Kafarnaum

Kafarnaum gehört neben Jerusalem zu den im Neuen Testament am häufigsten erwähnten Städten. Es war ja die Wahlheimat Jesu. Nachdem er seine Heimatstadt Nazaret wegen der Feindseligkeiten und Ungläubigkeit seiner Landsleute verlassen hatte, begab er sich nach Kafarnaum am See Gennesaret. Hier wohnte er vermutlich im Haus des Simon, der später Petrus genannt wurde. Es folgen die wichtigsten Texte über Ereignisse, die in Kafarnaum statt-fanden.

Jesus heilt den Knecht des Hauptmanns

5 Als er nach Kafarnaum kam, trat ein Hauptmann an ihn heran und bat ihn: 6 Herr, mein Diener liegt gelähmt zu Hause und hat große Schmerzen. 7 Jesus sagte zu ihm: Ich will kommen und ihn gesund machen. 8 Da antwortete der Hauptmann: Herr, ich bin es nicht wert, daß du mein Haus betrittst; sprich nur ein Wort, dann wird mein Diener gesund. 9 Auch ich muß Befehlen gehorchen, und ich habe selber Soldaten unter mir; sage ich nun zu einem: Geh!, so geht er, und zu einem andern: Komm!, so kommt er, und zu meinem Diener: Tu das!, so tut er es. 10 Jesus war erstaunt, als er das hörte, und sagte zu denen, die ihm nachfolgten: Amen, das sage ich euch: Einen solchen Glauben habe ich in Israel noch bei niemand gefunden. 11 Ich sage euch: Viele werden von Osten und Westen kommen und mit Abraham, Isaak und Jakob im Himmelreich zu Tisch sitzen; 12 die aber, für die das Reich bestimmt war, werden hinausge-worfen in die äußerste Finsternis; dort werden sie heulen und mit den Zähnen knirschen. 13 Und zum Hauptmann sagte Jesus: Geh! Es soll geschehen, wie

du geglaubt hast. Und in derselben Stunde wurde der
Diener gesund. (Mt 8,5-13)

Einige Worte des Hauptmanns sind sozusagen unsterblich geworden, weil sie in die Eucharistiefeier aufgenommen wurden und noch heute in jeder Meßfeier von allen Mitfeiernden gesprochen werden. Der Hauptmann hält sich nicht für würdig, daß Jesus sein Haus betritt. In der Liturgiefeier werden seine Worte direkt vor dem Empfang der heiligen Kommunion wiederholt: „Herr, ich bin nicht würdig, daß du eingehst unter mein Dach, aber sprich nur ein Wort, so wird meine Seele gesund." Nur das Wort „Diener" wird durch „Seele" ersetzt.

Der Hauptmann war römischer Offizier und somit kein Jude. Das Vertrauen dieses sogenannten Heiden ist für Jesus Anlaß, die von frommen Juden gezogenen Grenzen zu überschreiten und zu annullieren. „Viele werden von Osten und Westen kommen und mit Abraham, Isaak und Jakob im Himmelreich zu Tisch sitzen" (Mt 8,11). Mit anderen Worten: Das Himmelreich ist nicht einer bestimmten religiösen Gruppe vorbehalten, es steht der ganzen Menschheit offen.

Die Heilung der Schwiegermutter des Petrus

In Kafarnaum muß Petrus wohl auch seine Frau gefunden haben, eine Tatsache, die vielen ziemlich fremd ist, daß Petrus, der erste Papst, wie er von Katholiken gelegentlich auch genannt wird, eine Frau gehabt haben soll. Sie selbst wird direkt nirgendwo in der Bibel erwähnt, aber von der Schwiegermutter des Petrus ist die Rede. Matthäus berichtet: „Jesus ging in das Haus des Petrus und sah, daß dessen Schwiegermutter im Bett lag und Fieber hatte. Da berührte er ihre Hand, und das Fieber wich von ihr. Und sie stand auf und sorgte für ihn" (Mt 8,14f.).

Glaube und Wunder

Auch dort, wo Jesus viele Wunder gewirkt hat, wie in Kafarnaum, glauben die Menschen nicht unbedingt an seine göttliche Sendung. Man kann ein Wunder so oder so deuten. Wenn man ein grundsätzlich positives Verhältnis zu dem betreffenden Menschen hat, wird man die Wunder entsprechend als Zeichen einer übernatürlichen göttlichen Kraft deuten können. Ist man skeptisch und ablehnend, werden auch die größten Wunder Menschen nicht zum Glauben bewegen. Damals sagten einige: „Mit Beelzebub treibt er die Teufel aus" (Mt 9,34). Auch im täglichen Leben kann man entsprechende Erfahrungen machen. Ist das Verhältnis zwischen zwei Menschen gespannt, kann der andere lächeln oder eine ernste Miene machen, beides wird ihm verübelt werden können. Das Verhältnis von Wunder und Glauben ist entsprechend. Wunder müssen nicht zum Glauben führen, sie können die Skepsis verhärten. Wenn Glaube und Vertrauen bereits vorhanden sind, können Wunder den Glauben stützen. Wunder setzen den Glauben voraus, nicht umgekehrt. Über das Wirken Jesu in Nazaret berichtet Matthäus: „Und wegen ihres Unglaubens tat er dort nur wenige Wunder" (13,58).

In der Geschichte vom armen Lazarus (Lk 16,19-31) bittet der Reiche, Abraham möge den Lazarus aus dem Jenseits in das Haus seines Vaters schicken und die Brüder dort warnen, damit ihnen nicht das gleiche Schicksal zuteil würde wie ihm. Darauf sagte Abraham: „Da sie auf Mose und die Propheten nicht hören, werden sie sich auch dann nicht überzeugen lassen, wenn einer von den Toten aufersteht" (Lk 16,30). Auch hier wird deutlich: Auf das Hören und Annehmen des Evangeliums kommt es an, nicht auf den Nachweis von Wundern.

Im Prinzip bedarf der Glaube keiner Wunder im herkömmlichen Verständnis als Aufhebung von Naturgesetzen. Warum sollte Gott auch diese Gesetzmäßigkeiten, die er selbst geschaffen hat, wieder außer Kraft setzen? Das Wort Wunder wird in der Bibel durchaus auch in einem weiteren Verständnis im Sinne von „wunderbar", „großartig", „herrlich" verstanden. Daß jeden Morgen die Sonne aufgeht, daß Menschen sich vertragen und teilen und im Frieden leben, daß Menschen von der Güte Gottes in ihrem Leben Zeugnis ablegen, daß Menschen sich der Kranken und Alten annehmen, all das und vieles mehr ist wunderbar, sind Wunder im biblischen Sinn. Daß Menschen in der Nähe Jesu wieder atmen können, ihre Würde als Mensch wiederentdecken, aufrecht gehen, das sind Wunder. Was die sogenannte Ehebrecherin von Jesus erfuhr, nämlich Freispruch und Verständnis und die wegweisende Einladung: „Sündige nicht mehr", das sind Wunder erster Klasse. Wenn die Bibel von der Ausschaltung von Naturgesetzen in einer bestimmten Situation berichtet, kann man zwar sagen: Gott hat die Gesetze gewollt, er kann sie auch wieder aufheben. Gewiß kann er das. Aber die Frage ist: Muß man solche Berichte so verstehen? Was sagt die heutige Exegese? Es muß doch Zugänge zu solchen Texten geben, die auch von einem Physiker und Mediziner und Althistoriker des 20. Jahrhunderts nachvollziehbar sind. Zu oft wurde verlangt, Dinge zu glauben, die die Heilige Schrift in Wirklichkeit so zu glauben nicht gebietet. Die Folge war und ist eine massenhafte Abwendung der Intelligenz von der Kirche.

Daß Wunder tatsächlich nicht unbedingt zum Glauben führen müssen, wird im Matthäusevanglium deutlich gesagt.

Gerichtsdrohung über die ungläubigen Städte

[20] Dann begann er den Städten, in denen er die meisten Wunder getan hatte, Vorwürfe zu machen, weil sie sich nicht bekehrt hatten: [21] Weh dir, Chorazin! Weh dir, Betsaida! Wenn einst in Tyrus und Sidon die Wunder geschehen wären, die bei euch geschehen sind – man hätte dort in Sack und Asche Buße getan.

²² Ja, das sage ich euch: Tyrus und Sidon wird es am Tag des Gerichts nicht so schlimm ergehen wie euch. ²³ Und du, Kafarnaum, meinst du etwa, du wirst bis zum Himmel erhoben? Nein, in die Unterwelt wirst du hinabgeworfen. Wenn in Sodom die Wunder geschehen wären, die bei dir geschehen sind, dann stünde es noch heute. ²⁴ Ja, das sage ich euch: Dem Gebiet von Sodom wird es am Tag des Gerichts nicht so schlimm ergehen wie dir. (Mt 11,20-24)

Chorazin liegt nordöstlich von Kafarnaum, etwas zurückgelegen vom Ufer des Sees Gennesaret; Betsaida noch weiter östlich am See jenseits der Jordanmündung.

Bevor man morgens zum Gottesdienst auf den Berg der Seligpreisungen fährt oder vielleicht besser nach dem Gottesdienst, lohnt es sich, etwa drei Kilometer über eine gut asphaltierte Straße höher auf den Berg zu fahren zu den Ruinen des biblischen Chorazin. Man findet hier weder eine große Ansammlung von Bussen, noch wird man von Pilgern gedrängt. Chorazin besitzt eine gut restaurierte Synagoge mit einem Stuhl des Elija. Ein solcher Stuhl steht im Zusammenhang mit der Beschneidung. Nur in wenigen alten Synagogen steht noch ein solcher Stuhl. Heute wird die Beschneidung zu Hause durchgeführt, damals in Synagogen. Dazu wird ein kostbares Kissen auf den Stuhl des Elija gelegt, ein „Jidisch Kissen". Am achten Tag nach der Geburt wurde der Knabe schön gekleidet in die Synagoge gebracht und auf das Kissen gelegt. Elija soll Zeuge sein, obwohl er leiblich nicht anwesend ist. Elija wird auch den Messias ankündigen. Nach jüdischer Tradition geht die Beschneidung auf Abraham zurück. Sie ist ein Zeichen der Zugehörigkeit zum Volk Gottes. Elija, der sich fast als einziger für diesen Bund, d. h. für Gott und sein Volk, mit Wort und Tat eingesetzt hat, soll geheimnisvoll sehen, daß dieser Bund immer noch existiert, daß immer wieder Knaben durch die Beschneidung diesem Bund eingegliedert werden. Eines der Kinder wird der Messias sein. Wenn Gott vielleicht durch Zeichen kundtut, daß es der Messias ist, der gerade beschnitten wird, soll Elija als Vorläufer auch anwesend sein.

Der Mohel, der „Beschneider", legt das Kind auf das Kissen und öffnet die Kleider des Kindes, damit er später die Vorhaut des Gliedes abtrennen kann. Nach einem kurzen Gebet hebt der Mohel das Kind samt Kissen vom Stuhl des Elija hoch und legt beides auf die Knie eines Paten. Der Großvater oder sonst ein von den Eltern Ausgewählter übernimmt dieses Amt. Während der Beschneidung spricht der Mohel: „Gelobt seist du, Ewiger, unser Gott, König der Welt, der du uns geheiligt durch deine Gebote und uns die Beschneidung befohlen." Nach dem Schnitt spricht der Vater den Segensspruch: Gelobt seist du, Ewiger, unser Gott, König der Welt, der du uns geheiligt durch deine Gebote und uns befohlen, den Sohn in den Bund unseres Vaters Abraham aufzunehmen." Die übrigen Anwesenden sprechen dann: „Wie er in den Bund eingeführt worden, so möge er in die Thora, in die Ehe und in die Ausübung guter Werke eingeführt werden."

Das Kind wird wieder angezogen, der Sandok nimmt das Kind in die Arme, und das Kissen wird wieder auf den Stuhl zurückgelegt. Zu Hause wird dieses Ereignis gefeiert.

Die Beschneidung ist eine Art am Körper eingebranntes Tätowierungszeichen für die Zugehörigkeit zum Bundesvolk Gottes. Juden haben diesen Ritus immer treu vollzogen, auch und besonders in Zeiten der Verfolgung, auch dann, wenn Außenstehende Lügen über diesen Ritus verbreiteten.

Vielleicht kann man nach diesen Erläuterungen besser verstehen, was es bedeutet, wenn der Jude Paulus nach seiner Hinwendung zu dem Juden Jesus dem Christus diesen Ritus für null und nichtig erklärt. In den apostolischen Gemeinden gab es große Auseinandersetzungen über die Frage, ob die Nichtjuden, die sich taufen lassen wollen, sich vorher beschneiden lassen müssen. Die Judenchristen waren beschnitten. Es sind die Christen „ex circumcisione", „aus der Beschneidung", wie es großen Mosaiklettern an der Eingangswand der frühchristlichen Kirche S. Sabina auf dem Aventin in Rom steht. Auf derselben Wand stehen auch die Worte „ecclesia ex gentibus". Aus diesen beiden Gruppen setzten sich die frühen Christengemeinden zusammen: aus Christen, die vom Judentum herkamen, und aus Christen, die „ex gentibus", „aus den Völkern", kamen, also aus den verschiedenen Völkern rund um das Mittelmeer, die keine Juden waren. Nach wenigen Jahrzehnten bereits wurde die Zahl derer, die vorher Juden waren und sich dann dem Glauben an Christus anschlossen, immer kleiner. Die Spannungen zwischen Juden und Christen nahmen immer mehr zu. Paulus beschwört die Gemeinden, auf keinen Fall auf die Prediger zu hören, die für Christen die Beschneidung verlangen. Für Paulus ist die im Glauben empfangene Taufe entscheidend. Sie ist ausreichend und unüberbietbar.

Im Neuen Testament wird Chorazin von Matthäus und Lukas erwähnt (s. oben). In Chorazin wohnten wohl Menschen, die besonders streng am Glauben der Väter hingen und Neuerungen gegenüber abweisend eingestellt waren. Sie mußten hart arbeiten. Jesus hat in dieser Stadt oft gepredigt, ebenfalls im benachbarten Betsaida. Wie man dem Text entnehmen kann, hat Jesus in diesen Städten auch Wunder gewirkt. In einer aufrüttelnden Anklage ruft er ein „Wehe dir" über diese Städte aus. Damals verruchte und verrufene heidnische Großstädte stellt er diesen jüdischen Städten als die besseren gegenüber. In den phönizischen Stadtstaaten Tyrus und Sidon und in dem verdorbenen Sodom hätte seine Botschaft sicher mehr Anklang und Anhänger gefunden. In diesen Städten hat sich Jesus wohl öfter aufgehalten und wunderbare Dinge gesagt und getan. Die Menschen dort aber blieben davon unberührt. Zum Glauben an Jesus kamen sie nicht.

Tyrus und Sidon sind alte Phönizierstädte am Mittelmeer im heutigen Libanon. Dort, so meint Jesus, wären ihm die Menschen gefolgt, hätten sie solch wunderbare Dinge gehört und gesehen wie die Bewohner von Kafarnaum und der Nachbarstädte.

Der Weheruf Jesu ist ein prophetischer Drohruf. Er soll wachrütteln und die Zuhörer endlich zur Umkehr bewegen. Besonders der Hinweis auf die heidnischen Städte soll die Menschen aufhorchen lassen. Die Weherufe zeigen, daß Jesus nicht nur der alles verstehende und alles verzeihende „liebe Heiland" ist. Er kann von Zorn gepackt werden und klaren Wein eingießen.

Der Text zeigt auch, daß Wunder nicht sozusagen automatisch zum Glauben führen, sondern eher den Glauben voraussetzen.

Zu den Geschichten, die man nach einmaligem Hören wegen ihrer plastischen Schilderung nicht mehr vergißt, gehört auch die von der Heilung des Gelähmten in Kafarnaum.

Die Heilung eines Gelähmten

Als er einige Tage später nach Kafarnaum zurückkam, wurde bekannt, daß er (wieder) zu Hause war. ² Und es versammelten sich so viele Menschen, daß nicht einmal mehr vor der Tür Platz war; und er verkündete ihnen das Wort. ³ Da brachte man einen Gelähmten zu ihm; er wurde von vier Männern getragen. ⁴ Weil sie ihn aber wegen der vielen Leute nicht bis zu Jesus bringen konnten, deckten sie dort, wo Jesus war, das Dach ab, schlugen (die Decke) durch und ließen den Gelähmten auf seiner Tragbahre durch die Öffnung hinab. ⁵ Als Jesus ihren Glauben sah, sagte er zu dem Gelähmten: Mein Sohn, deine Sünden sind dir vergeben!

⁶ Einige Schriftgelehrte aber, die dort saßen, dachten im stillen: ⁷ Wie kann dieser Mensch so reden? Er lästert Gott. Wer kann Sünden vergeben außer dem einen Gott? ⁸ Jesus erkannte sofort, was sie dachten, und sagte zu ihnen: Was für Gedanken habt ihr im

Herzen? ⁹ *Ist es leichter, zu dem Gelähmten zu sagen: Deine Sünden sind dir vergeben!, oder zu sagen: Steh auf, nimm deine Tragbahre, und geh umher?* ¹⁰ *Ihr sollt aber erkennen, daß der Menschensohn die Vollmacht hat, hier auf der Erde Sünden zu vergeben. Und er sagte zu dem Gelähmten:* ¹¹ *Ich sage dir: Steh auf, nimm deine Tragbahre, und geh nach Hause!* ¹² *Der Mann stand sofort auf, nahm seine Tragbahre und ging vor aller Augen weg. Da gerieten alle außer sich; sie priesen Gott und sagten: So etwas haben wir noch nie gesehen.* (Mk 2,1-12)

Jesus ist beeindruckt vom Vertrauen des Gelähmten. In solchen Fällen scheint Jesus auch gar nicht anders handeln zu können, als dieses Vertrauen zu erfüllen. Entsprechendes kann man auch heute noch im Alltag erfahren. Vertrauen kann mißbraucht werden, dann aber oft mit schlechtem Gewissen. Meist wird das entgegengebrachte Vertrauen von anderen in der rechten Weise beantwortet. Sündenvergebung ist wohl wichtiger als die körperliche Heilung, weil sie, obwohl nicht erbeten, zuerst ausgesprochen wird. Außerdem wird deutlich, was die moderne Medizin wieder mehr und mehr erkennt, daß Heilung nicht nur Heilung eines Organs ist oder mehrerer Organe, sondern den ganzen Menschen meint. Heilung umfaßt die psychophysische Gesamtheit des Menschen. Eine kranke Seele bzw. eine kranke Psyche äußert sich oft in entsprechenden krankhaften körperlichen Symptomen.

Einen Tag nach der Brotteilung (Joh 6,22) suchten und fanden ihn die Menschen in Kafarnaum am See. Ausgehend von der Erfahrung des Brotteilens, führt Jesus seine Zuhörer in einer langen, von Johannes redigierten Rede hin zum wahren Brot des Lebens, das er selbst ist.

Die eucharistische Rede
in der Synagoge von Kafarnaum

²⁴ Als die Leute sahen, daß weder Jesus noch seine Jünger dort waren, stiegen sie in die Boote, fuhren nach Kafarnaum und suchten Jesus. ²⁵ Als sie ihn am anderen Ufer des Sees fanden, fragten sie ihn: Rabbi, wann bist du hierher gekommen? ²⁶ Jesus antwortete ihnen: Amen, amen, ich sage euch: Ihr sucht mich nicht, weil ihr Zeichen gesehen habt, sondern weil ihr von den Broten gegessen habt und satt geworden seid. ²⁷ Müht euch nicht ab für die Speise, die verdirbt, sondern für die Speise, die für das ewige Leben bleibt und die der Menschensohn euch geben wird. Denn ihn hat Gott, der Vater, mit seinem Siegel beglaubigt. ²⁸ Da fragten sie ihn: Was müssen wir tun, um die Werke Gottes zu vollbringen? ²⁹ Jesus antwortete ihnen: Das ist das Werk Gottes, daß ihr an den glaubt, den er gesandt hat. ³⁰ Sie entgegneten ihm: Welches Zeichen tust du, damit wir es sehen und dir glauben? Was tust du? ³¹ Unsere Väter haben das Manna in der Wüste gegessen, wie es in der Schrift heißt: Brot vom Himmel gab er ihnen zu essen.

³² Jesus sagte zu ihnen: Amen, amen, ich sage euch: Nicht Mose hat euch das Brot vom Himmel gegeben, sondern mein Vater gibt euch das wahre Brot vom Himmel. ³³ Denn das Brot, das Gott gibt, kommt vom Himmel herab und gibt der Welt das Leben. ³⁴ Da baten sie ihn: Herr, gib uns immer dieses Brot! ³⁵ Jesus antwortete ihnen: Ich bin das Brot des Lebens; wer zu mir kommt, wird nie mehr hungern, und wer an mich glaubt, wird nie mehr Durst haben.

³⁶ Aber ich habe euch gesagt: Ihr habt (mich) gesehen, und doch glaubt ihr nicht. ³⁷ Alles, was der Vater mir gibt, wird zu mir kommen, und wer zu mir kommt, den werde ich nicht abweisen; ³⁸ denn ich bin nicht vom Himmel herabgekommen, um meinen Willen zu tun, sondern den Willen dessen, der mich gesandt hat. [39] Es ist aber der Wille dessen, der mich gesandt hat, daß ich keinen von denen, die er mir gegeben hat, zugrunde gehen lasse, sondern daß ich sie auferwecke am Letzten Tag. [40] Denn es ist der Wille meines Vaters, daß alle, die den Sohn sehen und an ihn glauben, das ewige Leben haben und daß ich sie auferwecke am Letzten Tag. [41] Da murrten die Juden gegen ihn, weil er gesagt hatte: Ich bin das Brot, das vom Himmel herabgekommen ist. [42] Und sie sagten: Ist das nicht Jesus, der Sohn Josefs, dessen Vater und Mutter wir kennen? Wie kann er jetzt sagen: Ich bin vom Himmel herabgekommen? [43] Jesus sagte zu ihnen: Murrt nicht! [44] Niemand kann zu mir kommen, wenn nicht der Vater, der mich gesandt hat, ihn zu mir führt; und ich werde ihn auferwecken am Letzten Tag. [45] Bei den Propheten heißt es: Und alle werden Schüler Gottes sein. Jeder, der auf den Vater hört und seine Lehre annimmt, wird zu mir kommen. [46] Niemand hat den Vater gesehen außer dem, der von Gott ist; nur er hat den Vater gesehen. [47] Amen, amen, ich sage euch: Wer glaubt, hat das ewige Leben.

[48] Ich bin das Brot des Lebens. [49] Eure Väter haben in der Wüste das Manna gegessen und sind gestorben. [50] So aber ist es mit dem Brot, das vom Himmel herabkommt: Wenn jemand davon ißt, wird er nicht sterben. [51] Ich bin das lebendige Brot, das vom Himmel herabgekommen ist. Wer von diesem Brot ißt, wird in Ewigkeit leben. Das Brot, das ich geben werde, ist mein Fleisch, (ich gebe es hin) für das Leben der Welt.

[52] Da stritten sich die Juden und sagten: Wie kann er uns sein Fleisch zu essen geben? [53] Jesus sagte zu ihnen: Amen, amen, das sage ich euch: Wenn ihr das Fleisch des Menschensohnes nicht eßt und sein Blut

nicht trinkt, habt ihr das Leben nicht in euch. ⁵⁴ Wer
mein Fleisch ißt und mein Blut trinkt, hat das ewige
Leben, und ich werde ihn auferwecken am Letzten
Tag. ⁵⁵ Denn mein Fleisch ist wirklich eine Speise,
und mein Blut ist wirklich ein Trank. ⁵⁶ Wer mein
Fleisch ißt und mein Blut trinkt, der bleibt in mir, und
ich bleibe in ihm. ⁵⁷ Wie mich der lebendige Vater
gesandt hat und wie ich durch den Vater lebe, so wird
jeder, der mich ißt, durch mich leben. ⁵⁸ Dies ist das
Brot, das vom Himmel herabgekommen ist. Mit ihm
ist es nicht wie mit dem Brot, das die Väter gegessen
haben; sie sind gestorben. Wer aber dieses Brot ißt,
wird leben in Ewigkeit.   *(Joh 6,24-58)*

In den letzten Versen ist mehrfach von „Fleisch" und „Blut"
die Rede. Im Sinne des semitischen Sprachgebrauchs bezeichnet „Fleisch" bzw. „Fleisch und Blut" das menschliche
Sein im Ganzen. Gleichwohl, die Zuhörer Jesu tun sich offensichtlich schwer mit diesen Aussagen. Es kommt zu Streitereien: „Wie kann er uns sein Fleisch zu essen geben?" –
Auch für heutige Hörer mögen solche Verse zunächst be-
fremdlich klingen, wenn man sie in einem ganz äußerlich-
buchstäblichen Sinn versteht. In ähnlicher Weise sieht es
auch wohl die mittelalterliche Erzählung von der „Messe in
Bolsena". Hier heißt es, daß aus der konsekrierten Hostie
Blut getropft sei. In Orvieto wird bis heute das kleine Altar-
tuch, ein Corporale", aufbewahrt, auf dem die Blutstropfen
zu sehen sind.

Christen begegnen beim Empfang des Abendmahls dem
lebendigen, gekreuzigten und auferstandenen Christus in
seiner verklärten Gestalt. Die Begriffe Fleisch bzw. Leib und
Blut meinen die konkret-leibhaftige Person Jesu in ihrer
Selbsthingabe für uns. Sie verdeutlichen, daß er selbst unter
den Gestalten von Brot und Wein wahrhaft wirklich und
wesentlich zugegen und wirksam ist. Die Kommunion spen-
det die katholische Kirche in der Regel nur in der Form des

konsekrierten Brotes. Das Begleitwort zur Austeilung lautet: „Der Leib Christi". Der Empfangende antwortet: „Amen". Er bekennt sich dazu, daß er im sakramentalen Zeichen den Sohn Gottes in seiner verklärten Leibhaftigkeit empfängt.

Kana

Die Hochzeit zu Kana

Am dritten Tag fand in Kana in Galiläa eine Hoch-
zeit statt, und die Mutter Jesu war dabei. ² Auch Jesus
und seine Jünger waren zur Hochzeit eingeladen. ³ Als
der Wein ausging, sagte die Mutter Jesu zu ihm: Sie
haben keinen Wein mehr. ⁴ Jesus erwiderte ihr: Was
willst du von mir, Frau? Meine Stunde ist noch nicht
gekommen. ⁵ Seine Mutter sagte zu den Dienern: Was
er euch sagt, das tut! ⁶ Es standen dort sechs steiner-
ne Wasserkrüge, wie es der Reinigungsvorschrift der
Juden entsprach; jeder faßte ungefähr hundert Liter.
⁷ Jesus sagte zu den Dienern: Füllt die Krüge mit Was-
ser! Und sie füllten sie bis zum Rand. ⁸ Er sagte zu
ihnen: Schöpft jetzt, und bringt es dem, der für das
Festmahl verantwortlich ist. Sie brachten es ihm. ⁹ Er
kostete das Wasser, das zu Wein geworden war. Er
wußte nicht, woher der Wein kam; die Diener aber,
die das Wasser geschöpft hatten, wußten es. Da ließ
er den Bräutigam rufen ¹⁰ und sagte zu ihm: Jeder
setzt zuerst den guten Wein vor und erst, wenn die
Gäste zuviel getrunken haben, den weniger guten. Du
jedoch hast den guten Wein bis jetzt zurückgehalten.
¹¹ So tat Jesus sein erstes Zeichen, in Kana in Galiläa,
und offenbarte seine Herrlichkeit, und seine Jünger
glaubten an ihn. ¹² Danach zog er mit seiner Mutter,
seinen Brüdern und seinen Jüngern nach Kafarnaum
hinab. Dort blieben sie einige Zeit.

(Joh 2,1-12)

Es ist das erste „Zeichen", sagt Johannes. Auch sonst werden die wunderbaren Taten Jesu im Johannesevangelium
„Zeichen" und nicht „Wunder" genannt. Johannes will

wohl vermeiden, in Jesus einen von vielen damals – nicht nur in Palästina – herumziehenden Wundertätern zu sehen. Die Taten Jesu sollen nicht sozusagen von außen als Mirakel und sensationelle Ereignisse bestaunt werden. Vielmehr enthüllen sie dem bereits Glaubenden tiefer liegende, verborgene Seinsweisen und Beziehungen.

Die Ouvertüre seines öffentlichen Auftretens findet auf einer Hochzeit statt, einer mehrtägigen Feier, wo die Menschen ihre Alltagssorgen hinter sich lassen, wo sie reichlich essen und trinken, singen und tanzen. Ohne ihn wäre die Feier wegen Mangels an Wein gefährdet gewesen. Peinlich berührt hätten die Gäste die Feier verlassen. Jesus ist der Garant für die Hochzeitsfeier. Wo er ist, wo er spricht und handelt, wo er sich den Menschen zuwendet, erleben sie so etwas wie eine Hochzeit. Jesus schenkt reichlich und in guter Qualität. Das ist wohl die Erfahrung der ersten Jünger in der Nachfolge Jesu. Deshalb erzählen sie diese Geschichte den nachkommenden Generationen weiter. Es geht um viel mehr als um die Notlösung auf einer bestimmten Hochzeitsfeier. Dies wäre nur eine nette, lobenswerte Geschichte aus fernen Zeiten, die uns heutige Menschen kaum berühren würde. Verstehen wir die Geschichte jedoch in dem oben angedeuteten Verständnis, dann ist sie von existentieller Bedeutung auch für uns. Die Gemeinschaft mit Jesus ist am ehesten mit einer Hochzeitsfeier zu vergleichen. Jesus selbst versteht sein Zusammensein mit den Menschen als Hochzeitsfeier. Als er von den Pharisäern zur Rede gestellt wird, warum seine Jünger nicht fasteten, antwortet er: „Können die Hochzeitsgäste fasten, solange der Bräutigam bei ihnen ist?" (Mk 2,19).

Schon im 8. Jahrhundert v. Chr. stellt der Prophet Hosea das Verhältnis Gottes zu seinem Volk als eheähnlich dar. Gott als treuer Gemahl und Israel als seine ehebrecherische Gemahlin, das ist die Anlage des Propheten. Israel läuft fremden Göttern nach. Das bezeichnet Hosea als Ehebruch. Gott warnt und droht, aber er bleibt der liebende Gemahl. Die

Braut „hat ihre Ringe und ihren Schmuck angelegt und ist ihren Liebhabern gefolgt, mich aber hat sie vergessen" (Hos 2,15b). Gott als treuer Gemahl hofft: „An jenem Tag wirst du zu mir sagen: Mein Mann!, und nicht mehr: Mein Baal! Ich lasse die Namen der Baale aus ihrem Mund verschwinden, so daß niemand mehr ihre Namen anruft" (Hos 2,18f). Und: „Ich traue dich mir an auf ewig, ich traue mich dir an um den Brautpreis von Gerechtigkeit und Recht, von Liebe und Erbarmen, ich traue mich dir an um den Brautpreis meiner Treue: Dann wirst du den Herrn erkennen" (Hos 2,21 f).

Wenn der Sohn Gottes, der ewige Sohn des ewigen Vaters, Mensch geworden ist, dann muß sein Verhältnis zum Volk Israel als eine Bestätigung und Erneuerung dieses Ehebundes gesehen werden. In der christlichen Theologie ist der Gedanke eines bräutlichen Verhältnisses von Christus zu seiner Kirche immer betont worden. Was weithin vergessen wurde, ist die Tatsache, daß Jesus der Bräutigam Israels sein wollte. Die Hochzeit zu Kana ist ein Zeichen für dieses Bräutigam-Braut-Verhältnis. Jesus kannte dieses Bild von einer bräutlichen Beziehung mit Sicherheit. Als einige Jesus vorwurfsvoll fragen, warum seine Jünger nicht fasten, antwortet er: „Können denn die Hochzeitsgäste fasten, solange der Bräutigam bei ihnen ist?" (Mk 2,19). Die Heiden sind in diesen Ehebund integriert worden. Alle, die sich Jesus anschließen, sind auch in dieses Brautverhältnis mit ihm aufgenommen.

In der bildenden Kunst ist dieses Verhältnis von Christus als Bräutigam und der Kirche als Braut unüberbietbar ausgedrückt in der Pieta von St. Peter in Rom. Der 23-jährige Michelangelo präsentiert die Gottesmutter als junges Mädchen, die einen ebenso jungen Christus im Schoß hält. Der Körper zeigt keine Spur von Leid oder Schmerz. Im angewinkelten rechten Arm und an den in eine Gewandfalte greifenden Fingern dieser Hand spürt man Leben. Der linke Fuß ist angehoben, so als würde er sich im nächsten Moment bewegen. Die ausgestreckten Finger seiner Mutter scheinen schon in die Richtung zu zeigen, in die sich der Sohn gleich bewegen wird. Natürlich ist der Gekreuzigte tot. Aber Michelangelo stellt ihn zugleich als lebend dar, als Auferstehenden. In Maria sieht die Theologie das Urbild der Kirche. Hinter dem vordergründigen Thema der Pieta zeigt der Künstler in dieser Zweiergruppe zugleich das bräutliche Verhältnis der Kirche zu ihrem Bräutigam Christus.

Jesus spricht seine Mutter mit „Frau" an, so als wäre sie eine fremde Frau für ihn. Damit geht er schon auf Distanz zu der von Maria indirekt geäußerten Bitte um Abhilfe der Notlage des Bräutigams, dem der Wein ausgegangen ist. Die Bemerkung „Was willst du von mir, Frau?" bzw. – wie Luther formuliert – „Was habe ich mit dir zu schaffen, Frau?" oder die Übersetzung von Ulrich Wilckens (Seite 56): „Was ist mir und dir (jetzt hier gemeinsam)?" zeigt eine wirkliche Distanz zwischen Sohn und Mutter an. Diese Formulierung ist, so Ulrich Wilckens, eine alttestamentliche Abwehrformel und drückt einen Dissens in einer aktuellen Situation aus. Irritierend ist, daß Jesus dann doch das tut, um das Maria gebeten hat. Liegt der Dissens vielleicht darin, „daß er, wenn er die Initiative ergreift, nicht nur dem Mangel abhilft, sondern ganz neuen Wein schafft in einer Fülle und Qualität, die alle Erfordernisse und Erwartungen übertrifft" (Wilckens, Seite 56)?

Die Wendung „Meine Stunde ist noch nicht gekommen" zeigt, daß Jesus aus eigener Initiative handelt und sich nicht von außen drängen läßt. Aber sie zeigt noch mehr. Die Rede von der „Stunde Jesu" durchzieht das ganze Johannesevangelium. Sie gipfelt in der Kreuzigung als der eigentlichen Stunde, in der Johannes nicht den Untergang, sondern die Verherrlichung seines Lebens sieht, weil Jesus wieder zum Vater geht, von dem er gekommen ist. „Es geht also nicht einfach darum, der Familie des Bräutigams aus ihrer beschämenden Notlage durch ein Wunder herauszuhelfen, wie Maria es mit ihrem Hinweis V. 3 meint – es geht um unendlich viel mehr bzw. um etwas ganz anderes, nämlich um ein erstes Zeichen, in dem Jesus bereits am ‚Anfang' seiner ‚Sendung' den Glaubenden seine Herrlichkeit offenbart (V. 11), die sich in seiner Kreuzigung vollenden wird. Darum ist jetzt, wo dieses erste Wunder in der Tat geschieht, wie seine Mutter es anregt, gleichwohl die für ihn entscheidende Stunde noch nicht gekommen. Das jetzige Wunder ist ein ‚Zeichen', das auf seine Herrlichkeit in ihrer Vollendung am Kreuz hinweist. Von daher sollen die Leser – an der Seite der Jünger V. 11 – dieses Wunder in seiner auffallenden Eigenart verstehen" (Wilckens, Seite 57). Zeichenhaft verweist diese Tat auch auf die Reinigung ganz anderer Art in der Gemeinschaft mit Jesus hin – das Wasser befand sich in Krügen für die rituelle Waschung –, nämlich auf die Taufe. Das zu Wein gewordene Wasser weckt Assoziationen an den eucharistischen Wein, zumal Johannes im 6. Kapitel ausführlich über die Eucharistie meditiert, und schließlich deuten Fülle und Qualität des Weines auf die mit Jesus schon angebrochene Endzeit hin, denn das Alte Testament sieht die Heilsfülle der Endzeit gern im Bild einer unendlichen Fülle guten Weines symbolisiert.

Interessant und für uns heutige Zeitgenossen nicht sofort in der Bedeutung verständlich ist die Wendung im ersten Satz: „Am dritten Tag" fand in Kana in Galiläa eine Hochzeit statt. Die Woche endet nach jüdischer Zählung mit dem Sabbat, der nach dem Sonnenuntergang am Freitagabend beginnt. Am Sabbat ruhte Gott, wie der Schöpfungsbericht sagt (Gen 2,1). Dieser Ruhetag vollendet die Schöpfung. Nach dem Sabbat beginnt der Wochenzyklus von neuem. Der Sonntag ist der erste Tag, der hier erwähnte dritte Tag ist somit der Dienstag. Im Schöpfungsbericht wird von diesem Tag – nur von diesem – zweimal gesagt: „Gott sah, daß es gut war." Der Tag beginnt in Israel immer am Vorabend mit dem Sonnenuntergang. Der dritte Tag, der Dienstag, beginnt also am Montagabend. Bis heute wird dieser dritte Tag deshalb in Israel als Glückstag angesehen und gern für Hochzeitsfeiern gewählt, wie schon von dem Hochzeitspaar in Kana.

Abschließend ein Blick auf den vorletzten Satz. „Danach zog er mit seiner Mutter, seinen Brüdern und seinen Jüngern nach Kafarnaum hinab." Dieses „hinab" wird verständlich durch den Höhenunterschied zwischen Kana und Kafarnaum. Kafarnaum am See Gennesaret liegt etwa 200 Meter unter dem Meeresspiegel. Entsprechend heißt es im Zusammenhang mit Jerusalem immer: „hinauf" nach Jerusalem. Jerusalem liegt 800 Meter über dem Meeresspiegel.

Von „Brüdern" Jesu ist in den Evangelien öfter die Rede. Das Wort „Bruder" wird in der Bibel für mehrere Verwandtschaftsgrade benutzt: für den leiblichen Bruder, den Vetter, den Neffen und manchmal, wie in unserem Sprachgebrauch heute, auch für Nichtverwandte.

Kana wird im Neuen Testament noch weitere zweimal erwähnt: der Jünger Natanael stammt aus Kana (Joh 21,2). Der Name bedeutet übersetzt „Der von Gott Gegebene". Später wird er mit dem Apostel Bartholomäus gleichgesetzt. Er starb den Märtyrertod. Sein Attribut ist ein Messer, weil er bei lebendigem Leib enthäutet wurde. Danach wurde er enthauptet.

Auch wurde ein junger Mann in Kana geheilt:

Die Heilung eines kranken Jungen

> [46] *Jesus kam wieder nach Kana in Galiläa, wo er das Wasser in Wein verwandelt hatte. In Kafarnaum lebte ein königlicher Beamter; dessen Sohn war krank.* [47] *Als er hörte, daß Jesus von Judäa nach Galiläa gekommen war, suchte er ihn auf und bat ihn, herabzukommen und seinen Sohn zu heilen; denn er lag im Sterben.* [48] *Da sagte Jesus zu ihm: Wenn ihr nicht Zeichen und Wunder seht, glaubt ihr nicht.* [49] *Der Beamte bat ihn: Herr, komm herab, ehe mein Kind stirbt.* [50] *Jesus erwiderte ihm: Geh, dein Sohn lebt! Der Mann glaubte dem Wort, das Jesus zu ihm gesagt hatte, und machte sich auf den Weg.* [51] *Noch während er unterwegs war,*

kamen ihm seine Diener entgegen und sagten: Dein Junge lebt. [52] Da fragte er sie genau nach der Stunde, in der die Besserung eingetreten war. Sie antworteten: Gestern in der siebten Stunde ist das Fieber von ihm gewichen. [53] Da erkannte der Vater, daß es genau zu der Stunde war, als Jesus zu ihm gesagt hatte: Dein Sohn lebt. Und er wurde gläubig mit seinem ganzen Haus. [54] So tat Jesus sein zweites Zeichen, und zwar nachdem er von Judäa nach Galiläa gekommen war. (Joh 4,46-54)

Karmel

Die Stämme Israels sickerten in ein Land ein, dessen Bewohner, besonders die an den Küstenstreifen, ihnen kulturell weit überlegen waren. Auch deren Tempel waren respektgebietend. Eine der Hauptgottheiten, die im gesamten Vorderen Orient verehrt wurde, war der Gott Baal. Der riesige Baals-Tempel in Palmyra im heutigen Syrien kündet noch von der intensiven und machtvollen Verehrung, die diesem Gott entgegengebracht wurde. Die Stämme Israels waren immer in der Gefahr und erlagen ihr oft, zu den Verehrungsriten solcher Gottheiten überzuwechseln. Die Geschichte aus dem 1. Buch der Könige schildert in einer zugespitzten, dramatischen Form die damalige Situation zur Zeit des Propheten Elija im 9. Jahrhundert v. Chr.

[20] Ahab schickte in ganz Israel umher und ließ die Propheten auf dem Karmel zusammenkommen. [21] Und Elija trat vor das ganze Volk und rief: Wie lange noch schwankt ihr nach zwei Seiten? Wenn Jahwe der wahre Gott ist, dann folgt ihm! Wenn aber Baal es ist, dann folgt diesem! Doch das Volk gab ihm keine Antwort. [22] Da sagte Elija zum Volk: Ich allein bin als Prophet des Herrn übriggeblieben; die Propheten des Baal aber sind vierhundertfünfzig. [23] Man gebe uns zwei Stiere. Sie sollen sich einen auswählen, ihn zerteilen und auf das Holz legen, aber kein Feuer anzünden. Ich werde den andern zubereiten, auf das Holz legen und kein Feuer anzünden. [24] Dann sollt ihr den Namen eures Gottes anrufen, und ich werde den Namen des Herrn anrufen. Der Gott, der mit Feuer antwortet, ist der wahre Gott. Da rief das ganze Volk: Der Vorschlag ist gut.
[25] Nun sagte Elija zu den Propheten des Baal: Wählt ihr zuerst den einen Stier aus, und bereitet ihn zu;

denn ihr seid die Mehrheit. Ruft dann den Namen eures Gottes an, entzündet aber kein Feuer! [26] Sie nahmen den Stier, den er ihnen überließ, und bereiteten ihn zu. Dann riefen sie vom Morgen bis zum Mittag den Namen des Baal an und schrien: Baal, erhöre uns! Doch es kam kein Laut, und niemand gab Antwort. Sie tanzten hüpfend um den Altar, den sie gebaut hatten. [27] Um die Mittagszeit verspottete sie Elija und sagte: Ruft lauter! Er ist doch Gott. Er könnte beschäftigt sein, könnte beiseite gegangen oder verreist sein. Vielleicht schläft er und wacht dann auf. [28] Sie schrien nun mit lauter Stimme. Nach ihrem Brauch ritzten sie sich mit Schwertern und Lanzen wund, bis das Blut an ihnen herabfloß. [29] Als der Mittag vorüber war, verfielen sie in Raserei, und das dauerte bis zu der Zeit, da man das Speiseopfer darzubringen pflegt. Doch es kam kein Laut, keine Antwort, keine Erhörung.

[30] Nun forderte Elija das ganze Volk auf: Tretet her zu mir! Sie kamen, und Elija baute den zerstörten Altar Jahwes wieder auf. [31] Er nahm zwölf Steine, nach der Zahl der Stämme der Söhne Jakobs, zu dem der Herr gesagt hatte: Israel soll dein Name sein. [32] Er fügte die Steine zu einem Altar für den Namen des Herrn, zog rings um den Altar einen Graben und grenzte eine Fläche ab, die zwei Sea Saat hätte aufnehmen können. [33] Sodann schichtete er das Holz auf, zerteilte den Stier und legte ihn auf das Holz. [34] Nun befahl er: Füllt vier Krüge mit Wasser, und gießt es über das Brandopfer und das Holz! Hierauf sagte er: Tut es noch einmal! Und sie wiederholten es. Dann sagte er: Tut es zum drittenmal! Und sie taten es zum drittenmal. [35] Das Wasser lief rings um den Altar. Auch den Graben füllte er mit Wasser. [36] Zu der Zeit nun, da man das Speiseopfer darzubringen pflegt, trat der Prophet Elija an den Altar und rief: Herr, Gott Abrahams, Isaaks und Israels, heute soll man erkennen,

daß du Gott bist in Israel, daß ich dein Knecht bin und all das in deinem Auftrag tue. ³⁷ Erhöre mich, Herr, erhöre mich! Dieses Volk soll erkennen, daß du, Herr, der wahre Gott bist und daß du sein Herz zur Umkehr wendest. ³⁸ Da kam das Feuer des Herrn herab und verzehrte das Brandopfer, das Holz, die Steine und die Erde. Auch das Wasser im Graben leckte es auf. ³⁹ Das ganze Volk sah es, warf sich auf das Angesicht nieder und rief: Jahwe ist Gott, Jahwe ist Gott! ⁴⁰ Elija aber befahl ihnen: Ergreift die Propheten des Baal! Keiner von ihnen soll entkommen. Man ergriff sie, und Elija ließ sie zum Bach Kischon hinabführen und dort töten. (1 Kön 18,20-40)

Elija fordert ein Gottesurteil heraus. Das religiös unschlüssige Volk stimmt sofort zu, denn jetzt gibt es etwas zu erleben. Die Baals-Priester fügen sich Wunden zu, damit Blut fließt; es ist ein symbolischer Ersatz für Menschenopfer. Elija erdreistet sich, ironisch und beleidigend vom Gott Baal zu sprechen. Dann wendet er sich an den Gott der Väter, an den Gott Abrahams, Isaaks und Jakobs. Die Nennung der Patriarchennamen betont die Identität dieses Gottes durch die Geschichte bis in die Gegenwart. Das für uns zu Recht als grausam empfundene Ende der Baals-Priester wurde von den damaligen Zuhörern ganz anders verstanden. Es wäre unverständlich und irritierend gewesen, wären die Baals-Priester nicht getötet worden. Leider werden solche Einzelaktionen nicht immer in ihrer Zeitbedingtheit gesehen. Zu oft hat man in der Vergangenheit solche Geschichten als Vorwand und sogar als Verpflichtung angesehen, nichtkatholische Glaubensgemeinschaften zu unterdrücken und auszurotten. „Was immer auf dem Karmel wirklich geschehen ist – die Szene dokumentiert die Grenze der Anpassung der israelitischen und ‚heidnischen‘ Religion – mit dem Gewinn eines von der Welt unabhängigen Gottes und um den Preis einer gewalttätigen Ausgrenzung. Mit verhängnisvollen Folgen bis in die Geschichte des Christentums hinein. Denn auch dort hat man den Text oft äußerlich verstanden und ‚Ungläubige‘ entsprechend behandelt; daß es sich bei den ‚falschen Propheten‘ auch um innere Stimmen, die sich an die scheinbar unabänderlichen Gesetze dieser Welt klammern, handeln kann, haben nur wenige gesehen" (Röwekamp, Seite 53).

Die Geschichte ist meisterhaft erzählt. Natürlich schildert sie kein in dieser Form passiertes Ereignis. So einfach läßt sich Gott nicht zu einem drastischen Eingreifen heranzitieren. Die Geschichte soll den Hörern in glaubensstarken und besonders in glaubensunsicheren Zeiten sagen: „Unser Gott, der Gott Abrahams, Isaaks und Jakobs, ist der Gott, an den wir uns halten können. Auch wenn andere Götter noch so groß sind, noch so prächtige Tempel haben und noch so viele Verehrer, wir klammern uns an den Gott unserer Väter. Er allein gibt Halt und Sicherheit." Wieviel treffender und für jeden verständlich werden diese Gedanken durch die biblische Geschichte mitgeteilt!

Magdala

Aus diesem Ort am westlichen Ufer des Sees Gennesaret stammt eine Jüngerin mit dem Namen Maria. Den Ortsnamen trägt sie wie einen zweiten Vornamen: Maria Magdalena, d. h. Maria aus Magdala. Heute erinnert nur das Hinweisschild „Migdal" an diesen z. Zt. Jesu blühenden Ort.

Der Name Maria bzw. Mirjam war in biblischen Zeiten ein beliebter Mädchenname in Israel. Die Schwester des Mose trug diesen Namen, die Mutter Jesu und die Mutter des Jakobus. Auch die Schwester des Lazarus hieß Maria. Eine Dirne namens Maria salbte Jesus die Füße. Lukas berichtet dieses riskante Ereignis (7,36-50), obwohl er ihr noch keinen Namen gibt. In Ägypten lebte eine legendäre Büßerin, die „Maria Ägyptiaca". Im Mittelalter vermischten sich die Erzählungen gelegentlich, indem man die Geschichten von der einen auf die andere Person übertrug. Auch in der Kunstgeschichte wird Maria Magdalena in sehr unterschiedlichen Facetten dargestellt, die ursprünglich zu verschiedenen Personen gehörten. Maria aus Magdala war vermutlich diejenige, die krank war, von Jesus geheilt wurde und ihm seitdem mit einigen anderen Frauen nachfolgte, denn Lukas berichtet: „Die Zwölf begleiten ihn, außerdem einige Frauen, die er von bösen Geistern und von Krankheiten geheilt hatte: Maria Magdalena, aus der sieben Dämonen ausgefahren waren, Johanna, die Frau des Chuzas, eines Beamten des Herodes, Susanna und viele andere. Sie alle unterstützten Jesus und die Jünger mit dem, was sie besaßen" (8,2f.). Diese Jüngerin aus Magdala war nach Auskunft des Matthäus- und Johannesevangeliums auch die erste Zeugin der Auferstehung. Johannes berichtet von einer Begegnung zwischen Maria und dem Auferstandenen, eine Szene, die unter dem Namen „Noli-me-tangere" in die Kunstgeschichte eingegangen ist.

Die Erscheinung Jesu vor Maria aus Magdala

[11] Maria aber stand draußen vor dem Grab und wein-te. Während sie weinte, beugte sie sich in die Grab-kammer hinein. [12] Da sah sie zwei Engel in weißen Gewändern sitzen, den einen dort, wo der Kopf, den anderen dort, wo die Füße des Leichnams Jesu gele-gen hatten. [13] Die Engel sagten zu ihr: Frau, warum weinst du? Sie antwortete ihnen: Man hat meinen Herrn weggenommen, und ich weiß nicht, wohin man ihn gelegt hat. [14] Als sie das gesagt hatte, wand-te sie sich um und sah Jesus dastehen, wußte aber nicht, daß es Jesus war. [15] Jesus sagte zu ihr: Frau, warum weinst du? Wen suchst du? Sie meinte, es sei der Gärtner, und sagte zu ihm: Herr, wenn du ihn weggebracht hast, sag mir, wohin du ihn gelegt hast. Dann will ich ihn holen. [16] Jesus sagte zu ihr: Maria! Da wandte sie sich ihm zu und sagte auf hebräisch zu ihm: Rabbuni!, das heißt: Meister. [17] Jesus sagte zu ihr: Halte mich nicht fest; denn ich bin noch nicht zum Vater hinaufgegangen. Geh aber zu meinen Brü-dern, und sag ihnen: Ich gehe hinauf zu meinem Vater und zu eurem Vater, zu meinem Gott und zu eurem Gott. [18] Maria von Magdala ging zu den Jüngern und verkündete ihnen: Ich habe den Herrn gesehen. Und sie richtete aus, was er ihr gesagt hatte.

(Joh 20,11-18)

Maria war auf jeden Fall über Monate, wenn nicht länger, neben anderen Frauen und Männern mit Jesus zusammen. Trotzdem erkennt sie den auferstandenen Herrn nicht. Der Auferstehungsleib ist eben kein reanimierter Leichnam, sonst hätte Maria Jesus erkannt. Auch viele andere Auferste-hungsberichte machen das deutlich. Maria fühlt sich mit ihrem Namen angesprochen. In ihrem personalen Zentrum gerät etwas ins Schwingen. Daran erkennt sie den Auferstan-denen. Ähnliche Erfahrungen sind auch heute noch möglich.

202

Festhalten möchte Maria den Herrn. Das wird ihr nicht gestattet. Weder einen Menschen noch den Auferstandenen kann und darf man festhalten. „Halte mich nicht fest", sagt Jesus. Im Lateinischen lauten diese Worte: „Noli me tangere." Ein „Noli-me-tangere-Bild" meint immer diese Zweifigurengruppe: Maria und den Auferstandenen. Manchmal wird Jesus als Gärtner mit Schaufel und Hut dargestellt, u. a. von Rembrandt. Eine der frühen und großartigsten Nolimetangere-Darstellungen ist auf der Bronzetür des Hildesheimer Domes zu sehen. Sie ist ein Glanzstück ottonischer Kunst aus dem Jahre 1015. (Eine ausführliche Interpretation dieser Szenen s. Butzkamm, A., Christliche Ikonographie, Seite 96-102.)

Naïn

Wer das Neue Testament in etwa kennt, hat auch von der Auferweckung des Jünglings von Naïn gehört. Hier der Bericht aus dem Lukasevangelium:

Die Auferweckung des Sohnes einer Witwe in Naïn

> [11] Einige Zeit später ging er in eine Stadt namens Naïn; seine Jünger und eine große Menschenmenge folgten ihm. [12] Als er in die Nähe des Stadttors kam, trug man gerade einen Toten heraus. Es war der einzige Sohn seiner Mutter, einer Witwe. Und viele Leute aus der Stadt begleiteten sie. [13] Als der Herr die Frau sah, hatte er Mitleid mit ihr und sagte zu ihr: Weine nicht! [14] Dann ging er zu der Bahre hin und faßte sie an. Die Träger blieben stehen, und er sagte: Ich befehle dir, junger Mann: Steh auf! [15] Da richtete sich der Tote auf und begann zu sprechen, und Jesus gab ihn seiner Mutter zurück. [16] Alle wurden von Furcht ergriffen; sie priesen Gott und sagten: Ein großer Prophet ist unter uns aufgetreten: Gott hat sich seines Volkes angenommen. [17] Und die Kunde davon verbreitete sich überall in Judäa und im ganzen Gebiet ringsum.　　　　(Lk 7,11-17)

Von drei Totenerweckungen berichtet das Neue Testament. Jesus erweckte Lazarus, das Töchterlein des Synagogen-Vorstehers Jairus und den jungen Mann aus Naïn, den einzigen Sohn seiner Mutter, die Witwe war. Dieser Text schildert das Leid der Mutter nur sozusagen zwischen den Zeilen in Andeutungen: Die Frau hat ihren Mann verloren und nun den einzigen Sohn. Mit dem Tod des Sohnes wird der Name der Familie ausgelöscht, niemand wird sich an die Familie erinnern. Der Akzent des Berichtes liegt jedoch auf dem Tun

Jesu. Er berührt die Bahre. Dadurch macht er sich nach jüdischen Vorschriften unrein. Ähnliche Vorschriften übertritt Jesus oft, wenn es darum geht, Leben zu retten. So heilt er am Sabbat, was nach dem Gesetz verboten war, da mit der Heilung meist „Arbeit" verbunden ist. Die Geschichten von den Totenerweckungen stellen Jesus als Herrn und Freund des Lebens dar. „Gott ist nicht ein Gott der Toten, sondern der Lebenden" (Mk 12,27). Punktuell wird das durch die Berichte von den Totenerweckungen veranschaulicht.

Auch im Alten Testament wird von Totenerweckungen berichtet. Der Prophet Elischa holt den Sohn der Schunemitin sehr umständlich ins Leben zurück (2 Kön 4,32-37). Jesus dagegen braucht nur ein Wort zu sprechen. Erzählungen von der Erweckung von Toten gibt es auch schon im Alten Testament (2 Kön 8,5). Im Neuen Testament wird berichtet, daß Petrus in Joppe die Schneiderin Tabita vom Tod erweckte (vgl. Stichwort Joppe/Jaffo.) In Troas erweckte Paulus den jungen Eutychus, der während der langen Predigt des Paulus aus dem Fenster gefallen war, wieder zum Leben (Apg 20,9). Auch im vorchristlichen Griechenland kursierten Wunderberichte über Totenerweckungen. Die meisten werden dem Heilgott Äskulap zugeschrieben. Für einen zeitgenössischen Hörer waren die Geschichten von Totenerweckungen durch Jesus zwar aufregend, aber bei weitem nicht so schwer zu akzeptieren wie für einen Menschen des 20. Jahrhunderts. Wenn ein kritischer Zeitgenosse Schwierigkeiten hat, die drei Totenerweckungen als historische Fakten zu verstehen, hat er doch den Kern der Aussagen vermutlich verstanden, wenn er die Botschaft vernimmt, daß Jesus als Sohn Gottes die Macht hat, Leben zu schenken, sogar ewiges Leben (vgl. auch Auferweckung des Lazarus, Seite 30).

Nazaret

Wenn man sich heute Nazaret nähert, sieht man eine größere Stadt von ca. 70 000 Einwohnern mit vielen Moscheen und noch mehr Kirchen im Tal und am Berghang. Etwa die Hälfte der Einwohner sind Muslime. Nazaret ist unlösbar mit der Kindheit und Jugendzeit Jesu verbunden. Seit 1969 erhebt sich die mächtige Kuppel der Verkündigungskirche mitten in der Stadt in den meist blauen orientalischen Himmel. Hier wird das Wohnhaus der Maria lokalisiert. „Hier", so liest man vor dem vermuteten Marienhaus hinter dem Altar, „ist das Wort Fleisch geworden." Lukas berichtet davon im ersten Kapitel.

Die Verheißung der Geburt Jesu

[26] Im sechsten Monat wurde der Engel Gabriel von Gott in eine Stadt in Galiläa namens Nazaret [27] zu einer Jungfrau gesandt. Sie war mit einem Mann namens Josef verlobt, der aus dem Haus David stammte. Der Name der Jungfrau war Maria. [28] Der Engel trat bei ihr ein und sagte: Sei gegrüßt, du Be-gnadete, der Herr ist mit dir. [29] Sie erschrak über die Anrede und überlegte, was dieser Gruß zu bedeuten habe. [30] Da sagte der Engel zu ihr: Fürchte dich nicht, Maria; denn du hast bei Gott Gnade gefunden. [31] Du wirst ein Kind empfangen, einen Sohn wirst du gebären: dem sollst du den Namen Jesus geben. [32] Er wird groß sein und Sohn des Höchsten genannt werden. Gott, der Herr, wird ihm den Thron seines Vaters David geben. [33] Er wird über das Haus Jakob in Ewigkeit herrschen, und seine Herrschaft wird kein Ende haben. [34] Maria sagte zu dem Engel: Wie soll das geschehen, da ich keinen Mann erkenne? [35] Der Engel antwortete ihr: Der Heilige Geist wird über dich kommen, und die Kraft des

Höchsten wird dich überschatten. Deshalb wird auch das Kind heilig und Sohn Gottes genannt werden. [36] Auch Elisabet, deine Verwandte, hat noch in ihrem Alter einen Sohn empfangen; obwohl sie als unfruchtbar galt, ist sie jetzt schon im sechsten Monat. [37] Denn für Gott ist nichts unmöglich. [38] Da sagte Maria: Ich bin die Magd des Herrn; mir geschehe, wie du es gesagt hast. Danach verließ sie der Engel.

(Lk 1,26-38)

Dieser Text ist wie Musik, er ist wie ein Gemälde in den schönsten Farben. Verständlich, daß Musiker und Maler aller Zeiten angeregt wurden, die Verkündigung an Maria immer wieder in Musik und Farbe zu setzen. Was im Kapitel über den Besuch der drei Männer bei Abraham in Hebron und über Geburtsankündigungen gesagt wurde (Seite 80), erreicht hier seinen Höhepunkt. Wenn es um die Menschwerdung des Sohnes Gottes geht, dann müssen alle früheren Geburtsankündigungen großer biblischer Menschen überboten werden. Eine schlichte, nüchterne Mitteilung würde dem Ereignis nicht gerecht. Vor der Geburt Jesu geht alles wunderbar zu, ebenfalls während der Geburt und auch nach der Geburt. Die Bibel selbst schweigt über den eigentlichen Geburtsvorgang, aber in den apokryphen Schriften, also in den bibelähnlichen Schriften aus den ersten Jahrhunderten, werden viele Einzelheiten berichtet, die einerseits die Neugierde frommer Menschen befriedigen wollten und andererseits das in der Bibel Erzählte noch zu überbieten versuchten. Alle biblischen und apokryphen Berichte zielen auf den einen Punkt: Jesus als die wichtigste Person in der Menschheits- und Heilsgeschichte darzustellen, eben als menschgewordenen Sohn Gottes.

Die griechisch-orthodoxen Christen verehren die Verkündigung an Maria bei der einzigen Quelle von Nazaret. Eine Quelle ist ein passendes Symbol für den Beginn neuen

Lebens. Nach der apokryphen Literatur hat auch Anna an einer Quelle von einem Engel erfahren, daß sie schwanger werden würde. Sie wurde die Mutter der Maria.

Der Besuch der griechisch-orthodoxen Kirche an dieser Quelle ist auch deswegen lohnend, weil man an den Wänden und im Gewölbe eine Fülle biblischer Themen in byzantinischer Maltradition betrachten kann.

Nazaret wird im Neuen Testament oft erwähnt. Nach der Flucht von Betlehem nach Ägypten läßt sich Josef mit Maria und Jesus in einer Stadt namens Nazaret nieder. „Und weil er [Josef] im Traum einen Befehl erhalten hatte, zog er in das Gebiet von Galiläa und ließ sich in einer Stadt namens Nazaret nieder" (Mt 2,23). Eines Tages verläßt Jesus Nazaret. „Er verließ Nazaret, um in Kafarnaum zu wohnen, das am See liegt" (Mt 4,13)! Vorher hatte er einen ersten öffentlichen Auftritt in der Synagoge seiner Heimatstadt, der bei seinen Landsleuten auf wütende Ablehnung stieß.

Jesus in der Synagoge in Nazaret

[16] So kam er auch nach Nazaret, wo er aufgewachsen war, und ging, wie gewohnt, am Sabbat in die Synagoge. Als er aufstand, um aus der Schrift vorzulesen, [17] reichte man ihm das Buch des Propheten Jesaja. Er schlug das Buch auf und fand die Stelle, wo es heißt: [18] Der Geist des Herrn ruht auf mir; denn der Herr hat mich gesalbt. Er hat mich gesandt, damit ich den Armen eine gute Nachricht bringe; damit ich den Gefangenen die Entlassung verkünde und den Blinden das Augenlicht; damit ich die Zerschlagenen in Freiheit setze [19] und ein Gnadenjahr des Herrn ausrufe.

[20] Dann schloß er das Buch, gab es dem Synagogendiener und setzte sich. Die Augen aller in der Synagoge waren auf ihn gerichtet. [21] Da begann er, ihnen darzulegen: Heute hat sich das Schriftwort, das ihr

eben gehört habt, erfüllt. [22] *Seine Rede fand bei allen Beifall; sie staunten darüber, wie begnadet er redete, und sagten: Ist das nicht der Sohn Josefs?* [23] *Da entgegnete er ihnen: Sicher werdet ihr mir das Sprichwort vorhalten: Arzt, heile dich selbst! Wenn du in Kafarnaum so große Dinge getan hast, wie wir gehört haben, dann tu sie auch hier in deiner Heimat!* [24] *Und er setzte hinzu: Amen, das sage ich euch: Kein Prophet wird in seiner Heimat anerkannt.* [25] *Wahrhaftig, das sage ich euch: In Israel gab es viele Witwen in den Tagen des Elija, als der Himmel für drei Jahre und sechs Monate verschlossen war und eine große Hungersnot über das ganze Land kam.* [26] *Aber zu keiner von ihnen wurde Elija gesandt, nur zu einer Witwe in Sarepta bei Sidon.* [27] *Und viele Aussätzige gab es in Israel zur Zeit des Propheten Elischa. Aber keiner von ihnen wurde geheilt, nur der Syrer Naaman.* [28] *Als die Leute in der Synagoge das hörten, gerieten sie alle in Wut.* [29] *Sie sprangen auf und trieben Jesus zur Stadt hinaus; sie brachten ihn an den Abhang des Berges, auf dem ihre Stadt erbaut war, und wollten ihn hinabstürzen.* [30] *Er aber schritt mitten durch die Menge hindurch und ging weg.* (Lk 4,16-30)

Der Evangelisch-Katholische Kommentar zum Neuen Testament (Band III,1, Seite 216) faßt zusammen: „Hier stehen wir am Anfang der neuen Zeit [des Gnadenjahres], der Verkündigung Jesu, des Amtes Jesu, und der menschlichen Reaktion auf all dies. Dieser Anfang ist nicht nur in der Zeit, sondern im Raum verankert. Von diesem Ort aus wird er sich auf der ganzen Erde entfalten. Programmatisch ist das Wort Jesu, das die Botschaft Gottes und die Vermittlerrolle des Messias ankündigt. Programmatisch ist ebenso der soteriologische Inhalt, leider auch die menschliche Ablehnung."
Nach der Predigt Jesu in der Synagoge in Nazaret mußte es zum Eklat kommen. Man muß sich klarmachen, daß jeder

Zuhörer diesen jungen Mann aus dem Dorf kannte. Und nun legt dieser Junge aus ihrem Dorf diesen wunderbaren messianischen Text aus dem Jesajabuch so aus, als würden sich diese Worte in ihm erfüllen. „Heute hat sich das Schriftwort, das ihr eben gehört habt, erfüllt" (Lk 4,21), behauptet der Zimmermannssohn. Jesus muß geahnt haben, wie seine Zuhörer reagieren würden. „Kein Prophet wird in seiner Heimat anerkannt" (4,24). Er wird von den Zuhörern weggejagt, vertrieben. Er begibt sich an den See Gennesaret nach Kafarnaum. Dort hatte er bereits gepredigt und Wunder gewirkt (Lk 4,23). Fortan wird Kafarnaum seine Wahlheimat werden. Siehe aber auch Mt 4,13: Als Jesus hörte, daß man Johannes ins Gefängnis geworfen hatte, zog er sich nach Galiläa zurück. Er verließ Nazaret, um in Karfanaum zu wohnen.

Negev

Negev heißt übersetzt „Trockensteppe". Mit diesem Gebiet im Süden Israels ist die Zeit der Patriarchen und des Mose eng verbunden. Vor vielen Millionen Jahren stand hier das Meer. Viele Versteinerungen von Fischen belegen diese Tatsache. Heute ist der Negev eine grandiose wüstenähnliche Landschaft mit hohen Bergen, tiefen Tälern, ausgetrockneten Böden und ausgemergelten Flußläufen zwischen steil abfallenden Felswänden. An einigen Stellen strömt auch Wasser aus dem Felsen. Vereinzelt sieht man Bäume. Greifvögel ziehen majestätisch ihre Kreise. Eine auf den ersten Blick harte und lebensfeindliche Landschaft ist lebendig. Menschen leben hier unter harten Bedingungen. Es gibt Nomaden, und es gibt Siedlungen im Negev. Mose war mit einigen Stämmen aus Ägypten geflohen und hielt sich jahrzehntelang im Negev auf. Es ist die Zeit um 1200 vor Christus.

Oft ist in der Bibel von der Wüste Sin die Rede. Es gibt sie noch heute. Bei Massa und Meriba meuterte das Volk gegen Mose. Es hatte kein Wasser. Wären wir doch in Ägypten geblieben! In der Erinnerung wird sogar das frühere Sklavendasein in Ägypten verklärt.

Es gibt Stellen im Negev, wo das Wasser buchstäblich aus dem Felsen herausschießt. Wüstenbewohner kennen solche Stellen. Mose hatte offensichtlich viel Erfahrung mit dem Leben in der Wüste. Es gelang ihm immer wieder, dieses lebensnotwendige Element Wasser ausfindig zu machen. Wenn man dann mit ausgetrockneter Kehle an eine Stelle kommt, in der das Wasser wirklich oben aus einer steil abfallenden Felswand herunterfällt, hat man tatsächlich den Eindruck, hier habe soeben jemand ein Wunder gewirkt. Klares, sauberes Quellwasser strömt in reicher Fülle ununterbrochen aus dem Felsen auf den Boden herab. Menschen und Tiere können trinken.

Wenn man in einer Situation, in der man dem Verdursten nahe ist, an einen solchen Ort geführt wird, dann kann man später durchaus erzählen, Mose habe mit seinem Stab an die Felswand geschlagen und so das Wasser strömen lassen. Er wird dadurch als der von Gott berufene, umsichtige Führer charakterisiert.

Der biblische Text deckt mit einem einzigen Wort eine weitere Schicht auf. Es heißt im Vers 5: „Der Herr antwortete Mose: Geh …!" Obwohl Mose vielleicht dort nach Wasser sucht, wo die Felsen eine besondere Färbung haben, wird das Finden letztlich auf Gott zurückgeführt. Gott schenkt Wasser. Er hält das Volk am Leben. Auch in dem so selbstverständlich strömenden Wasser aus dem Felsen ist Gott am Werk. Er ist der Geber auch der sogenannten alltäglichen Dinge. Diese Überzeugung drücken Orientalen in einer Geschichte wie dieser aus:

> [1] *Die ganze Gemeinde der Israeliten zog von der Wüste Sin weiter, von einem Rastplatz zum andern, wie es der Herr jeweils bestimmte. In Refidim schlugen sie ihr Lager auf. Weil das Volk kein Wasser zu trinken hatte,* [2] *geriet es mit Mose in Streit und sagte: Gebt uns Wasser zu trinken! Mose aber antwortete: Was streitet ihr mit mir? Warum stellt ihr den Herrn auf die Probe?* [3] *Das Volk dürstete dort nach Wasser und murrte gegen Mose. Sie sagten: Warum hast du uns überhaupt aus Ägypten hierher geführt? Um uns, unsere Söhne und unser Vieh verdursten zu lassen?* [4] *Mose schrie zum Herrn: Was soll ich mit diesem Volk anfangen? Es fehlt nur wenig, und sie steinigen mich.* [5] *Der Herr antwortete Mose: Geh am Volk vorbei, und nimm einige von den Ältesten Israels mit; nimm auch den Stab in die Hand, mit dem du auf den Nil geschlagen hast, und geh!* [6] *Dort drüben auf dem Felsen am Horeb werde ich vor dir stehen. Dann schlag an den Felsen! Es wird Wasser herauskommen,*

und das Volk kann trinken. Das tat Mose vor den Augen der Ältesten Israels. ⁷ Den Ort nannte er Massa und Meriba (Probe und Streit), weil die Israeliten Streit begonnen und den Herrn auf die Probe gestellt hatten, indem sie sagten: Ist der Herr in unserer Mitte oder nicht? *(Ex 17,1-7)*

Primatskapelle (Mensa Domini)

Diese Kapelle steht bei Kafarnaum unmittelbar am See Gennesaret. Das Wort „Primat" wird normalerweise in der Verbindung mit dem Papst gebraucht. „Päpstlicher Primat" meint die Vorrangstellung des Papstes als Bischof von Rom gegenüber den übrigen Bischöfen. Sie stützt sich biblisch auf die führende Rolle, die Petrus im Apostelkreis einnahm. Angekündigt wurde die Übertragung der Leitungsvollmacht an Petrus in Cäsarea Philippi (vgl. Seite 55). Jesus wendet sich an Petrus: „Du bist Petrus, und auf diesen Felsen werde ich meine Kirche bauen, und die Mächte der Unterwelt werden sie nicht überwältigen. Ich werde dir die Schlüssel des Himmelreiches geben; was du auf Erden binden wirst, das wird auch im Himmel gebunden sein, und was du auf Erden lösen wirst, das wird auch im Himmel gelöst sein" (Mt 16,18f.).

Diese Ankündigung wird sozusagen ratifiziert in einem Dialog, den Johannes im 21. Kapitel berichtet.

Die Übertragung der Leitungsgewalt an Petrus

Als sie gegessen hatten, sagte Jesus zu Simon Petrus: Simon, Sohn des Johannes, liebst du mich mehr als diese? Er antwortete ihm: Ja, Herr, du weißt, daß ich dich liebe. Jesus sagte zu ihm: Weide meine Lämmer! [16] Zum zweitenmal fragte er ihn: Simon, Sohn des Johannes, liebst du mich? Er antwortete ihm: Ja, Herr, du weißt, daß ich dich liebe. Jesus sagte zu ihm: Weide meine Schafe! [17] Zum drittenmal fragte er ihn: Simon, Sohn des Johannes, liebst du mich? Da wurde Petrus traurig, weil Jesus ihn zum drittenmal gefragt hatte: Hast du mich lieb? Er gab ihm zu Antwort: Herr, du weißt alles; du weißt, daß ich dich liebhabe. Jesus sagte zu ihm: Weide meine Schafe! [18] Amen,

amen, das sage ich dir: Als du noch jung warst, hast du dich selbst gegürtet und konntest gehen, wohin du wolltest. Wenn du aber alt geworden bist, wirst du deine Hände ausstrecken, und ein anderer wird dich gürten und dich führen, wohin du nicht willst. [19] *Das sagte Jesus, um anzudeuten, durch welchen Tod er Gott verherrlichen würde. Nach diesen Worten sagte er zu ihm: Folge mir nach!* (Joh 21,15-19)

Jesus fragt Petrus dreimal. Wenn etwas dreimal bestätigt wird, ist es unverbrüchlich wahr. Es kommt einem schriftlichen Vertrag gleich. Daß Petrus traurig wird, liegt wohl daran, daß in ihm die Erinnerung an seine dreimalige Verleugnung wach wird. Auch dieses Leugnen bekommt eine besondere Qualität durch das dreimalige Beteuern, Jesus nicht zu kennen. Es erhält dadurch sozusagen die Qualität eines Meineides.

Der ältere Name für Primatskapelle lautet „Mensa Domini" „Tisch des Herrn". Ein Stein im Chor der Kapelle unter einem Altartisch deutet eine Tischfläche an. Der Name nimmt Bezug auf eine nachösterliche Szene. Jesus lädt die Jünger zu einem Mahl mit Fisch und Brot ein.

Der reiche Fischfang

Danach offenbarte sich Jesus den Jüngern noch einmal. Es war am See von Tiberias, und er offenbarte sich in folgender Weise. [2] *Simon Petrus, Thomas, genannt Didymus (Zwilling), Natanaël aus Kana in Galiläa, die Söhne des Zebedäus und zwei andere von seinen Jüngern waren zusammen.* [3] *Simon Petrus sagte zu ihnen: Ich gehe fischen. Sie sagten zu ihm: Wir kommen auch mit. Sie gingen hinaus und stiegen in das Boot. Aber in dieser Nacht fingen sie nichts.* [4] *Als es schon Morgen wurde, stand Jesus am Ufer. Doch die Jünger wußten nicht, daß es Jesus war.*

215

⁵ Jesus sagte zu ihnen: Meine Kinder, habt ihr nicht etwas zu essen? Sie antworteten ihm: Nein. ⁶ Er aber sagte zu ihnen: Werft das Netz auf der rechten Seite des Bootes aus, und ihr werdet etwas fangen. Sie warfen das Netz aus und konnten es nicht wieder einholen, so voller Fische war es. ⁷ Da sagte der Jünger, den Jesus liebte, zu Petrus: Es ist der Herr! Als Simon Petrus hörte, daß es der Herr sei, gürtete er sich das Obergewand um, weil er nackt war, und sprang in den See. ⁸ Dann kamen die anderen Jünger mit dem Boot – sie waren nämlich nicht weit vom Land entfernt, nur etwa zweihundert Ellen – und zogen das Netz mit den Fischen hinter sich her. ⁹ Als sie an Land gingen, sahen sie am Boden ein Kohlenfeuer und darauf Fisch und Brot. ¹⁰ Jesus sagte zu ihnen: Bringt von den Fischen, die ihr gerade gefangen habt. ¹¹ Da ging Simon Petrus und zog das Netz an Land. Es war mit hundertdreiundfünfzig großen Fischen gefüllt, und obwohl es so viele waren, zerriß das Netz nicht. ¹² Jesus sagte zu ihnen: Kommt her und eßt! Keiner von den Jüngern wagte ihn zu fragen: Wer bist du? Denn sie wußten, daß es der Herr war. ¹³ Jesus trat heran, nahm das Brot und gab es ihnen, ebenso den Fisch. ¹⁴ Dies war schon das dritte Mal, daß Jesus sich den Jüngern offenbarte, seit er von den Toten auferstanden war.

(Joh 21,1-14)

Samaria

Unter König David, der von 1004 bis 965 regierte, hatte Israel eine Ausdehnung und Stabilität wie nie vorher und nachher in seiner Geschichte. Und es war selbständig! Es gab keine Besatzungsmacht. Man brauchte keinen Tribut an Schutzmächte zu zahlen. Die Philisterstädte an der Küste des Mittelmeeres waren besiegt, Die kanaanäischen Stadtstaaten im Lande waren dem Großreich Davids einverleibt. Als Salomo (972-932), der Sohn und Nachfolger Davids starb, trennten sich die zehn Nordstämme von den zwei Stämmen im Süden. Einer der Gründe für die Abspaltung war der ausbeuterische Frondienst, zu dem Salomon die Männer des Nordens gezwungen hatte. Die Erinnerung an die Sklavenarbeit der Väter in Ägypten wurde wieder lebendig. Hatte sie Gott deshalb aus der Sklaverei Ägyptens befreit, um in eine neue Sklaverei unter den eigenen Königen zu geraten? Der Nachfolger Salomos, sein Sohn Rehabeam, erklärte schon bei seinem Regierungsantritt, er wolle den Frondienst seines Vaters noch verstärken. Daraufhin kam es unter Führung des künftigen ersten Königs des Nordreiches, Jerobeam, zur Trennung von dem im Süden, in Jerusalem, regierenden König Rehabeam.

Die alten Heiligtümer in Dan und Betel wurden die offiziellen neuen Kultstätten des Nordreiches. So brauchten die Menschen nicht mehr zum Heiligtum nach Jerusalem zu pilgern. Während eines Jerusalemaufenthaltes bestand die Gefahr, daß sie dort gegen ihr eigenes Reich im Norden aufgewiegelt wurden. Jerobeam wollte vermutlich auch bewußt an die Wüstenreligion anknüpfen und sich von dem unter David eingeführten politisch gefärbten offiziellen Kult in Jerusalem absetzen. Jerobeam wählte als seine Hauptstadt den Ort Thirza. Omri (878-871), einer der mächtigen Herrscher im Nordreich, kaufte später ein plateauförmiges Landstück und errichtete dort seine neue, prachtvolle Hauptstadt

Samaria. Unter Herodes dem Großen erhielt sie den Namen Sebastje. Omris Sohn Ahab (871-852) heiratete Isebel, die Tochter des Königs von Sidon. Der Kult des Baal wurde in Samaria eingeführt. Der Prophet Elija kritisiert diese Zustände. Auch andere Propheten wie Amos treten mit beißender Kritik in Samaria auf. Mit scharfen Worten und in krassen Bildern prangert Amos das luxuriöse Leben der Damen am Hof in Samaria an:

> [1] *Hört dieses Wort, ihr Baschankühe auf dem Berg von Samaria,*
>
> *die ihr die Schwachen unterdrückt / und die Armen zermalmt*
>
> *und zu euren Männern sagt: / Schafft Wein herbei, wir wollen trinken.*
>
> [2] *Bei seiner Heiligkeit / hat Gott, der Herr, geschworen*
>
> *Seht, Tage kommen über euch, / da holt man euch mit Fleischerhaken weg,*
>
> *und was dann noch von euch übrig ist, / mit Angelhaken.*
>
> [3] *Ihr müßt durch die Breschen der Mauern hinaus, / eine hinter der andern;*
>
> *man jagt euch dem Hermon zu – / Spruch des Herrn.*　　　　　　　　　(Am 4,1-3)

Baschankühe fraßen sich im Ostjordanland auf besonders guten Weiden voll und wurden schnell fett. Heute kann man am ehesten die weißen Rinder aus Burgund mit diesen Kühen vergleichen: Fleischkühe. Man kann sich die Aufregung der vornehmen Damen am Hof von Samaria vorstellen, als der Bauer Amos sie öffentlich mit Baschankühen verglich. Der Prophet bleibt im Bild, wenn er von Fleischerhaken spricht. So wie das Fleisch der geschlachteten Baschankühe an Fleischerhaken hängt, so werden diese „Kühe" von Samaria eines Tages wegtransportiert werden.

Auch der Prophet Hosea geht mit dem Nordreich hart ins Gericht:

> ¹ Stoß ins Horn! / Denn wie ein Geier kommt das Unheil / über das Haus des Herrn,
> weil sie meinen Bund nicht halten / und mein Gesetz mißachten.
> ² Sie schreien zwar zu mir: Mein Gott! / Wir, Israel, kennen dich doch.
> ³ Aber Israel hat das Gute verworfen. / Darum soll der Feind es verfolgen.
> ⁴ Sie setzen Könige ein, aber gegen meinen Willen; / sie wählen Fürsten, doch ich erkenne sie nicht an.
> Sie machen sich Götzen aus ihrem Silber und Gold – / wohl damit es vernichtet wird.
> ⁵ Samaria, dein Kalb ist verworfen. / Mein Zorn ist entbrannt gegen sie; / wie lange noch sind sie unfähig, sich zu läutern?
> ⁶ Denn wer sind Israel und das Kalb? / Ein Handwerker hat das Kalb gemacht, / und es ist kein Gott.
> Ja, zersplittert soll es am Boden liegen, / das Kalb von Samaria.
> ⁷ Denn sie säen Wind, / und sie ernten Sturm.
> Halme ohne Ähren bringen kein Mehl. / Und wenn sie es bringen, verschlingen es Fremde.   (Hos 8,1-7)

Hosea lebte um 700 vor Christus. Er geißelt besonders die Aufstellung eines Kultbildes. Er nennt es verächtlich Kalb, obwohl er weiß, daß es sich tatsächlich um ein Stierbild handelt. Ein ähnliches Kultbild, vielleicht 15-20 cm groß, hatte Aaron bereits früher in der Wüste gießen lassen, während sein Bruder Mose auf dem Berg war. Der Stier sollte die Macht Jahwes bildhaft zum Ausdruck bringen. Allerdings war damit ein Abgleiten in den damals im ganzen Orient verbreiteten Baalskult vorprogrammiert, denn Baal wurde ebenfalls im Bild eines Stieres verehrt.

722 wurde das Nordreich von den Assyrern erobert. Die

führende Schicht wurde ins Exil abgeführt. Fremde Völker wurden im Nordreich in den von der Elite verlassenen Gebieten angesiedelt. Es kam zu einer völkischen und damit auch religiösen Vermischung. Das weiterexistierende Südreich distanzierte sich von diesem Menschengemisch. Man verachtete die Bewohner im ehemaligen Nordreich. In mehreren Geschichten, die Jesus erzählt, kommen Menschen aus Samaria vor. Jesus übernimmt nicht die üblichen Klischees, sondern stellt solche Menschen zum Ärger seiner Zuhörer meist als vorbildlich hin, wie in der folgenden Geschichte:

> [11] *Auf dem Weg nach Jerusalem zog Jesus durch das Grenzgebiet von Samarien und Galiläa.* [12] *Als er in ein Dorf hineingehen wollte, kamen ihm zehn Aussätzige enlgegen. Sie blieben in der Ferne stehen* [13] *und riefen: Jesus, Meister, hab Erbarmen mit uns!* [14] *Als er sie sah, sagte er zu ihnen: Geht, zeigt euch den Priestern! Und während sie zu den Priestern gingen, wurden sie rein.* [15] *Einer von ihnen aber kehrte um, als er sah, daß er geheilt war; und er lobte Gott mit lauter Stimme.* [16] *Er warf sich vor den Füßen Jesu zu Boden und dankte ihm. Dieser Mann war aus Samarien.* [17] *Da sagte Jesus: Es sind doch alle zehn rein geworden. Wo sind die übrigen neun?* [18] *Ist denn keiner umgekehrt, um Gott zu ehren, außer diesem Fremden?* [19] *Und er sagte zu ihm: Steh auf und geh! Dein Glaube hat dir geholfen.* (Lk 17,11-19)*

Von den zehn Aussätzigen, die Jesus geheilt hatte, kehrt nur einer zurück, um Jesus zu danken. „Dieser Mann war aus Samarien", betont Lukas (17,16).
In den folgenden Versen wird die Antipathie, die zwischen den Bewohnern des Nord- und des Südreiches herrschte, besonders deutlich:

> [51] *Als die Zeit herankam, in der er (in den Himmel) aufgenommen werden sollte, entschloß sich Jesus,*

nach Jerusalem zu gehen. ⁵² Und er schickte Boten vor sich her. Diese kamen in ein samaritisches Dorf und wollten eine Unterkunft für ihn besorgen. ⁵³ Aber man nahm ihn nicht auf, weil er auf dem Weg nach Jerusalem war. ⁵⁴ Als die Jünger Jakobus und Johannes das sahen, sagten sie: Herr, sollen wir befehlen, daß Feuer vom Himmel fällt und sie vernichtet? ⁵⁵ Da wandte er sich um und wies sie zurecht. ⁵⁶ Und sie gingen zusammen in ein anderes Dorf. (Lk 9,51-56).

Auch im folgenden Text wird Samaria ohne negativen Beigeschmack erwähnt. Es wird sogar ohne Unterschied mit Jerusalem und Judäa genannt:

⁴ Beim gemeinsamen Mahl gebot er ihnen: Geht nicht weg von Jerusalem, sondern wartet auf die Verheißung des Vaters, die ihr von mir vernommen habt. ⁵ Johannes hat mit Wasser getauft, ihr aber werdet schon in wenigen Tagen mit dem Heiligen Geist getauft. ⁶ Als sie nun beisammen waren, fragten sie ihn: Herr, stellst du in dieser Zeit das Reich für Israel wieder her? ⁷ Er sagte zu ihnen: Euch steht es nicht zu, Zeiten und Fristen zu erfahren, die der Vater in seiner Macht festgesetzt hat. ⁸ Aber ihr werdet die Kraft des Heiligen Geistes empfangen, der auf euch herabkommen wird; und ihr werdet meine Zeugen sein in Jerusalem und in ganz Judäa und Samarien und bis an die Grenzen der Erde. (Apg 1,4-8)

Offensichtlich fällt die Verkündigung in Samarien auf fruchtbaren Boden:

¹ᵇ An jenem Tag brach eine schwere Verfolgung über die Kirche in Jerusalem herein. Alle wurden in die Gegenden von Judäa und Samarien zerstreut, mit Ausnahme der Apostel. ² Fromme Männer bestatteten Stephanus und hielten eine große Totenklage für ihn. ³ Saulus aber versuchte, die Kirche zu vernichten; er drang in die Häuser ein, schleppte Männer und Frauen fort und lieferte sie ins Gefängnis ein.

⁴ Die Gläubigen, die zerstreut worden waren, zogen umher und verkündeten das Wort. ⁵ Philippus aber kam in die Hauptstadt Samariens hinab und verkündigte dort Christus. ⁶ Und die Menge achtete einmütig auf die Worte des Philippus; sie hörten zu und sahen die Wunder, die er tat. ⁷ Denn aus vielen Besessenen fuhren unter lautem Geschrei die unreinen Geister aus; auch viele Lahme und Krüppel wurden geheilt. ⁸ So herrschte große Freude in jener Stadt.

(Apg 8,1b-8)

³¹ Die Kirche in ganz Judäa, Galiläa und Samarien hatte nun Frieden; sie wurde gefestigt und lebte in der Furcht vor dem Herrn. Und sie wuchs durch die Hilfe des Heiligen Geistes. *(Apg 9,31)*

See Gennesaret

Drei Namen hat dieser wunderschöne See: Galiläisches Meer, See von Tiberias und See Gennesaret. Vor 2 000 Jahren gab es blühende Städte und Dörfer rund um den See. Wichtige Straßen liefen hier zusammen. Der See selbst war fischreich. Viele Männer aus dieser Gegend waren Fischer. Aus ihren Reihen schlossen sich mehrere dem Wanderprediger aus Nazaret an. Von einem lebensbedrohenden Sturm auf diesem See berichtet Markus.

Der Sturm auf dem See

[35] Am Abend dieses Tages sagte er zu ihnen: Wir wollen ans andere Ufer hinüberfahren. [36] Sie schickten die Leute fort und fuhren mit ihm in dem Boot, in dem er saß, weg; einige andere Boote begleiteten ihn. [37] Plötzlich erhob sich ein heftiger Wirbelsturm, und die Wellen schlugen in das Boot, so daß es sich mit Wasser zu füllen begann. [38] Er aber lag hinten im Boot auf einem Kissen und schlief. Sie weckten ihn und riefen: Meister, kümmert es dich nicht, daß wir zugrunde gehen? [39] Da stand er auf, drohte dem Wind und sagte zu dem See: Schweig, sei still! Und der Wind legte sich, und es trat völlige Stille ein. [40] Er sagte zu ihnen: Warum habt ihr solche Angst? Habt ihr noch keinen Glauben? [41] Da ergriff sie große Furcht, und sie sagten zueinander: Was ist das für ein Mensch, daß ihm sogar der Wind und der See gehorchen?   *(Mk 4,35-41)*

Wenn man mit einem Boot über den See fährt, in der Mitte anhält und diesen Text liest, beginnt er zu leuchten. Was macht die Geschichte so kostbar? Warum wird sie in den ersten Christengemeinden weitererzählt? Die Geschichte ist

– wie die meisten biblischen Texte – durchlässig und mehr-schichtig, sie ist vorder- und hintergründig wie ein gutes Gemälde. In einem Blumen- oder Früchtestilleben zeigt der Maler nicht nur sein virtuoses Können. Durch kaum wahrge-nommene Details eröffnet er zusätzliche Dimensionen. Er zeigt z. B. einen Stich an einer leuchtenden Frucht oder ein welkes Blatt an einem Blumenstengel, und schon ist das Thema der Vergänglichkeit, der „vanitas", angesprochen. Oder ein hauchdünnes Glas, zur Hälfte mit Wein gefüllt, löst ohne jede weitere malerische Zutat Assoziationen aus bzgl. Zerbrechlichkeit und Mäßigkeit. Ähnlich vermag Literatur durch eine bestimmte Wortwahl oder durch die Geschichte selbst Verstehensmöglichkeiten zu öffnen, die über die vor-dergründige Bedeutung hinausgehen. Wer die zentralen Worte dieser Geschichte hört – Sturm, Angst, Ruhe, Stille –, wird mühelos an ganz andere Stürme und Ängste denken. Wir verwenden solche Worte auch in unserem Sprachge-brauch, wenn wir von stürmischen Zeiten und stürmischen Ereignissen sprechen. Gott scheint da oft abwesend zu sein. Ängste können in allen und vor allen Situationen entstehen, sie können begründet oder neurotisch sein, auf jeden Fall sind sie da. Es gibt so etwas wie eine Urangst vor dem Tod. Die Geschichte sagt: Der Herr ist da, er ist dabei, auch wenn er nicht eingreift. Er hat nicht versprochen, uns vor schlim-men Situationen zu bewahren. Er hat uns versprochen, da-zusein, dabeizusein. Das „Da-Sein" ist nach der Offenba-rung am brennenden Dornbusch sozusagen das Wesen Gottes, sein Name. In der Menschwerdung des Sohnes, in der Art seines Lebens, Leidens und Sterbens, erhält dieses Da-Sein des transzendenten Gottes eine unüberbietbare Qualität. Eine solche Geschichte muß man weitererzählen! Nicht als Mirakel aus ferner Zeit, sondern als Geschichte, die uns heute stehen und gehen, leben und sterben läßt!

Sinai

Eine Busfahrt durch die Wüste zum Sinai ist ein großes Landschaftserlebnis. Am Fuß des Sinai-Gebirges liegt das Katharinenkloster, eines der ältesten und ehrwürdigsten Klöster der griechisch-orthodoxen Kirche. Seit Justinians Zeit, also seit dem 6. Jahrhundert, wird es ununterbrochen von Mönchen bewohnt. Im Narthex der Kirche hängen Ikonen aus der vorikonoklastischen Zeit, aus dem 6. und 7. Jahrhundert! Die Bibliothek gehört zu den bedeutendsten aller griechisch-orthodoxen Klöster. Der Codex Sinaiticus, eine Bibelhandschrift aus dem 4. Jahrhundert, heute im Britischen Museum in London, wurde hier gefunden.

Hinter dem Kloster erhebt sich das Massiv des Sinai-Gebirges. Nach der Tradition hat Mose dort oben von Gott die Gesetzestafeln erhalten. Die biblische Archäologie ist sich nicht sicher, wo der richtige Sinai liegt. Mehrere Orte werden vorgeschlagen. Die Lokalisierung des Sinai hinter dem Katharinenkloster hat eine lange Tradition.

Das Bundesangebot Gottes

Im dritten Monat nach dem Auszug der Israeliten aus Ägypten – am heutigen Tag – kamen sie in der Wüste Sinai an. [2] *Sie waren von Refidim aufgebrochen und kamen in die Wüste Sinai. Sie schlugen in der Wüste das Lager auf. Dort lagerte Israel gegenüber dem Berg.*

[3] *Mose stieg zu Gott hinauf. Da rief ihm der Herr vom Berg her zu: Das sollst du dem Haus Jakob sagen und den Israeliten verkünden:* [4] *Ihr habt gesehen, was ich den Ägyptern angetan habe, wie ich euch auf Adlerflügeln getragen und hierher zu mir gebracht habe.* [5] *Jetzt aber, wenn ihr auf meine Stimme hört und meinen Bund haltet, werdet ihr unter allen Völkern mein*

besonderes Eigentum sein. Mir gehört die ganze Erde,
⁶ ihr aber sollt mir als ein Reich von Priestern und als
ein heiliges Volk gehören. Das sind die Worte, die du
den Israeliten mitteilen sollst.

⁷ Mose ging und rief die Ältesten des Volkes zusam-
men. Er legte ihnen alles vor, was der Herr ihm aufge-
tragen hatte. ⁸ Das ganze Volk antwortete einstimmig
und erklärte: Alles, was der Herr gesagt hat, wollen
wir tun. Mose überbrachte dem Herrn die Antwort
des Volkes. ⁹ Der Herr sprach zu Mose: Ich werde zu
dir in einer dichten Wolke kommen; das Volk soll es
hören, wenn ich mit dir rede, damit sie auch an dich
immer glauben. Da berichtete Mose dem Herrn, was
das Volk gesagt hatte.

¹⁰ Der Herr sprach zu Mose: Geh zum Volk! Ordne an,
daß sie sich heute und morgen heilig halten und ihre
Kleider waschen. ¹¹ Sie sollen sich für den dritten Tag
bereithalten. Am dritten Tag nämlich wird der Herr
vor den Augen des ganzen Volkes auf den Berg Sinai
herabsteigen. ¹² Zieh um das Volk eine Grenze, und
sag: Hütet euch, auf den Berg zu steigen oder auch nur
seinen Fuß zu berühren. Jeder, der den Berg berührt,
wird mit dem Tod bestraft. ¹³ Keine Hand soll den
Berg berühren. Wer es aber tut, soll gesteinigt oder
mit Pfeilen erschossen werden; ob Tier oder Mensch,
niemand darf am Leben bleiben. Erst wenn das Horn
ertönt, dürfen sie auf den Berg steigen.

¹⁴ Mose stieg vom Berg zum Volk hinunter und ordne-
te an, das Volk solle sich heilig halten und seine Klei-
der waschen. ¹⁵ Er sagte zum Volk: Haltet euch für den
dritten Tag bereit! Berührt keine Frau! ¹⁶ Am dritten
Tag, im Morgengrauen, begann es zu donnern und zu
blitzen. Schwere Wolken lagen über dem Berg, und
gewaltiger Hörnerschall erklang. Das ganze Volk im
Lager begann zu zittern. ¹⁷ Mose führte es aus dem
Lager hinaus Gott entgegen. Unten am Berg blieben

sie stehen. ¹⁸ Der ganze Sinai war in Rauch gehüllt, denn der Herr war im Feuer auf ihn herabgestiegen. Der Rauch stieg vom Berg auf wie Rauch aus einem Schmelzofen. Der ganze Berg bebte gewaltig, ¹⁹ und der Hörnerschall wurde immer lauter. Mose redete, und Gott antwortete im Donner.

²⁰ Der Herr war auf den Sinai, auf den Gipfel des Berges, herabgestiegen. Er hatte Mose zu sich auf den Gipfel des Berges gerufen, und Mose war hinaufgestiegen. ²¹ Da sprach der Herr zu Mose: Geh hinunter, und schärf dem Volk ein, sie sollen nicht neugierig sein und nicht versuchen, zum Herrn vorzudringen; sonst müßten viele von ihnen umkommen. ²² Auch die Priester, die sich dem Herrn nähern, müssen sich geheiligt haben, damit der Herr in ihre Reihen keine Bresche reißt. ²³ Mose entgegnete dem Herrn: Das Volk kann nicht auf den Sinai steigen. Denn du selbst hast uns eingeschärft: Zieh eine Grenze um den Berg, und erklär ihn für heilig! ²⁴ Doch der Herr sprach zu ihm: Geh hinunter, und komm zusammen mit Aaron wieder herauf! Die Priester aber und das Volk sollen nicht versuchen, hinaufzusteigen und zum Herrn vorzudringen, sonst reißt er in ihre Reihen eine Bresche. ²⁵ Da ging Mose zum Volk hinunter und sagte es ihnen.   *(Ex 19)*

Man kann den Berg besteigen. Nachts gegen 2.00 Uhr bricht man normalerweise aus der Nähe des Katharinenklosters auf. Wenn man in ruhigeren Nächten stundenlang unterwegs ist, merkt man: Der Weg ist das Ziel. Wenn die Sterne funkeln und der Mond scheint, gehen einem unterwegs in dieser Wüstenlandschaft Gedanken durch den Kopf wie vielleicht sonst nirgendwo. In der Einsamkeit der Berggipfel, den Sternen und später der Sonne nahe, die Beduinengruppe tief unter sich, fast allein im Universum, werden die Gedanken gereinigt und geläutert, fühlt man sich Gott nahe, spürt man sozusagen sein Wehen und Wollen in den eigenen Gedanken und kann durchaus nachempfinden, daß jemand wie Mose dann vor das Volk treten und im Namen Gottes Weisungen erteilen kann. Diese letztlich nicht in Worte zu fassenden Prozesse der Teamarbeit von Gottes Geist und menschlichen Gedanken schildert die Bibel wiederum meisterhaft und für jeden verständlich. Die Bibel spricht schlicht davon, daß Gott zu Mose gesprochen hat, daß Mose Gott geantwortet hat. Einfacher und klarer kann man einen solchen Prozeß nicht in Worte fassen. Das Sprechen Gottes zum Menschen ist kein akustisch hörbares Sprechen. Wenn Gott zum Menschen spricht, kann man diese Worte nicht auf Tonband aufnehmen. Es ist ein Sprechen in einem viel umfassenderen Verständnis.

Wie ein Regisseur bereitet Gott seine Begegnung mit Mose vor. Sie soll auf einem Berg stattfinden. Auf Bergen fühlen sich Menschen in allen Kulturen den Göttern besonders nah. Berge können zur Wohnung der Götter werden wie der Olymp in Griechenland. Der Gott der Bibel allerdings wohnt nicht auf dem Sinai. Er ist jenseits aller Berge. Er steigt auf den Sinai herab. Er ist nicht an Berge gebunden. Durch das Herabsteigen Gottes auf den Berg wird dieser der Profanität entzogen. Er darf nicht berührt werden. Deshalb soll Mose einen Kreis um das Volk ziehen. Es soll innerhalb des Kreises bleiben, damit niemand dem Berg zu nahe kommt. In einem späteren Vers erklärt Mose, er habe auf Gottes Geheiß einen Kreis um den Berg gezogen. Das ist ein in vielen Kulturlandschaften geübter Brauch, einen heiligen Ort aus der profanen Welt auszugrenzen, z. B. durch eine Mauer. Dies ist vermutlich auch der Sinn der ersten Grenzziehung um das Volk herum. „Zieh um das Volk eine Grenze!" – das ist die Grenze zwischen Volk und Berg, die man als Grenzziehung um das Volk oder als solche um den Berg verstehen kann.

Die Kleider sollen gewaschen werden. Vor besonderen Ereignissen legt man neue Gewänder an oder wäscht die alten. Es werden Elemente von Gotteserscheinungen, von Theophanien, sichtbar und hörbar, furchterregende Phänomene: Donner, Blitz, gewaltiger Hörnerklang, Erdbeben. Gott antwortet dem Mose im Donner. Das ist sicher der Grund, warum früher die Eltern ihren Kindern sagten, wenn es donnerte: „Der liebe Gott schimpft!" Die Bibel spricht allerdings nicht von Schimpfen, sondern vom Sprechen Gottes. Diese scheinbar geringfügige Verschiebung vom Sprechen zum Schimpfen ist wegen des für viele angstauslösenden Phänomens des Donnerns psychologisch zwar verständlich, aber für das Gottesbild gefährlich. Donner und Blitz kommen oft aus heiterem Himmel, urplötzlich. Es ist für friedlich spielende Kinder nicht einzusehen, warum Gott ausgerechnet jetzt schimpfen soll. Und in manchen Gegenden schimpft er öfter als in anderen, obwohl die Menschen dort nicht böser sind. Die dramaturgisch eindrucksvolle Schilderung der Vorbereitung der Begegnung Gottes mit Mose auf dem Sinai ist eine Möglichkeit, unter dem Erfahrungshorizont von gewaltigen Erdbeben und Vulkanausbrüchen die Transzendenz Gottes, seine Unnahbarkeit und Heiligkeit, eben das „tremendum" Gottes, auszudrücken. Dies muß zusammengesehen werden mit vielen anderen Bildern, in denen die Bibel von demselben Gott spricht: Er ist Hirt, Gemahl, Freund, Vater, Mutter. Gott ist wie all das und mehr und anders als all das. In Bildern von Gott reden heißt: analog von Gott reden. Es besteht Ähnlichkeit, aber noch mehr Unähnlichkeit zwischen Gott und dem vom Bild gemeinten Inhalt. Er kann sich dem Menschen auch nähern in einem „sanften, leisen Säuseln" (1 Kön 19,12).

Kritisch muß angemerkt werden, daß Weg und Ankunft auf dem Gipfel in letzter Zeit auch enttäuschend sein können. Unterwegs kann es ein Gedränge von Touristen und Kameltreibern geben, die ihre Tiere als Reittiere zum Gipfel anbieten. Und nicht jeden Morgen erlebt man einen klaren Sonnenaufgang. Auf dem Gipfel kann es sehr laut zugehen. Und wo es viele Besucher gibt, findet man auch „zivilisatorische Hinterlassenschaften", z. B. in Form von Coladosen.

Die Zehn Weisungen

Dann sprach Gott alle diese Worte: ² Ich bin Jahwe, dein Gott, der dich aus Ägypten geführt hat, aus dem Sklavenhaus. ³ Du sollst neben mir keine anderen Götter haben. ⁴ Du sollst dir kein Gottesbild machen und keine Darstellung von irgend etwas am Himmel droben, auf der Erde unten oder im Wasser unter der Erde. ⁵ Du sollst dich nicht vor anderen Göttern niederwerfen und dich nicht verpflichten, ihnen zu dienen. Denn ich, der Herr, dein Gott, bin ein eifersüchtiger Gott: Bei denen, die mir feind sind, verfolge ich die Schuld der Väter an den Söhnen, an der dritten und vierten Generation; ⁶ bei denen, die mich lieben und auf meine Gebote achten, erweise ich Tausenden meine Huld. ⁷ Du sollst den Namen des Herrn, deines Gottes, nicht mißbrauchen; denn der Herr läßt den nicht ungestraft, der seinen Namen mißbraucht.

⁸ Gedenke des Sabbats: Halte ihn heilig! ⁹ Sechs Tage darfst du schaffen und jede Arbeit tun. ¹⁰ Der siebte Tag ist ein Ruhetag, dem Herrn, deinem Gott, geweiht. An ihm darfst du keine Arbeit tun: du, dein Sohn und deine Tochter, dein Sklave und deine Sklavin, dein Vieh und der Fremde, der in deinen Stadtbereichen Wohnrecht hat. ¹¹ Denn in sechs Tagen hat der Herr Himmel, Erde und Meer gemacht und alles, was dazugehört; am siebten Tag ruhte er. Darum hat der Herr den Sabbattag gesegnet und ihn für heilig erklärt.

¹² Ehre deinen Vater und deine Mutter, damit du lange lebst in dem Land, das der Herr, dein Gott, dir gibt.
¹³ Du sollst nicht morden.
¹⁴ Du sollst nicht die Ehe brechen.
¹⁵ Du sollst nicht stehlen.
¹⁶ Du sollst nicht falsch gegen deinen Nächsten aussagen.

*¹⁷ Du sollst nicht nach dem Haus deines Nächsten ver-
langen. Du sollst nicht nach der Frau deines Nächsten
verlangen, nach seinem Sklaven oder seiner Sklavin,
seinem Rind oder seinem Esel oder nach irgend etwas,
das deinem Nächsten gehört.*

*¹⁸ Das ganze Volk erlebte, wie es donnerte und blitz-
te, wie Hörner erklangen und der Berg rauchte. Da
bekam das Volk Angst, es zitterte und hielt sich in der
Ferne. ¹⁹ Sie sagten zu Mose: Rede du mit uns, dann
wollen wir hören. Gott soll nicht mit uns reden, sonst
sterben wir. ²⁰ Da sagte Mose zum Volk: Fürchtet euch
nicht! Gott ist gekommen, um euch auf die Probe zu
stellen. Die Furcht vor ihm soll über euch kommen,
damit ihr nicht sündigt. ²¹ Das Volk hielt sich in der
Ferne, und Mose näherte sich der dunklen Wolke, in
der Gott war.*

Das Altargesetz

*²² Der Herr sprach zu Mose: Sag den Israeliten: Ihr
habt gesehen, daß ich vom Himmel her mit euch
geredet habe. ²³ Ihr sollt euch neben mir keine Götter aus Silber machen, auch Götter aus Gold sollt ihr
euch nicht machen. ²⁴ Du sollst mir einen Altar aus
Erde errichten und darauf deine Schafe, Ziegen und
Rinder als Brandopfer und Heilsopfer schlachten. An
jedem Ort, an dem ich meinem Namen ein Gedächt-
nis stifte, will ich zu dir kommen und dich segnen.
²⁵ Wenn du mir einen Altar aus Steinen errichtest, so
sollst du ihn nicht aus behauenen Quadern bauen.
Du entweihst ihn, wenn du mit einem Meißel daran arbeitest. ²⁶ Du sollst nicht auf Stufen zu meinem
Altar hinaufsteigen, damit deine Blöße dabei nicht
zum Vorschein komme.* (Ex 20)

Sicher hat sich die Gesetzesübergabe nicht so konkret ereignet, wie sie im 20. Kapitel des Buches Exodus beschrieben wird.

Was die Christen „Zehn Gebote" nennen, kommt in der hebräischen Bibel so – genaugenommen – gar nicht vor. Die „Zehn Gebote" heißen dort die zehn „Weisungen". Die griechische Übersetzung spricht von „deka logoi", von den zehn „Worten". Früher wurden die Zehn Gebote von den Christen meist in dieser From auswendig gelernt:

„Ich bin der Herr, dein Gott:
1. Du sollst keine fremden Götter neben mir haben.
2. Du sollst ... "

Hier sind ein paar entscheidende Worte unterschlagen worden. Gott stellt sich einleitend sozusagen vor, er legitimiert sich für das, was kommt. Im biblischen Text heißt es: „Ich bin Jahwe, dein Gott, der dich aus Ägypten geführt hat, dem Sklavenhaus." Gott ist nicht wie irgendein orientalischer Herrscher, der aufgrund seiner Siege nun von den unterworfenen Völkern Tribut und absoluten Gehorsam verlangt; Jahwe erinnert an die Zeit, in der Israel wie ein Sklave im Haus Ägypten, dem Sklavenhaus, ausgebeutet wurde. Er, Jahwe, hat das Volk befreit, nicht in einem übertragenen Sinn, nein, Gott hat sein Volk wirklich in die Freiheit geführt. In der Erinnerung an diese Befreiungstat gibt er dem Volk nun Weisungen, damit es auch weiter in dieser Freiheit leben kann.

Eine solche Sicht gibt den „Zehn Geboten" ein anderes Vorzeichen. Nach Auskunft der Alttestamentler kann man den hebräischen Urtext statt mit „du sollst" auch mit „du wirst" übersetzen. Damit erhalten die „Gebote" bzw. die unter diesen „Geboten" stehenden Menschen einen Vertrauensvorschuß höchsten Grades: „Wenn du, mein Volk, dich daran erinnerst, wer der ist, der zu dir spricht, dann kannst du nicht anders, als diese Worte als kostbare Weisung in deinem Herzen zu bewahren; du wirst dich daran halten, dich daran festhalten zu deinem Vorteil, davon bin ich, Jahwe, der dich aus der Sklaverei Ägyptens befreit hat, überzeugt."

232

Die „Zehn Gebote" verlieren somit vieles, was an herrscher-liche Gebotserlasse erinnert. Sie ähneln in manchen Aspek-ten posthypnotischen Aufträgen, die man dem Klienten oder Patienten in einem Zustand der Entspannung in ähnli-chen Formulierungen zu dessen Gesundung suggeriert.

Israel hat die „Gebote" im Prinzip auch als befreiende Wei-sung verstanden und nicht als drückendes Joch. „Ich habe meine Freude an deinen Gesetzen, dein Wort will ich nicht vergessen", heißt es in Psalm 119,16 und „Öffne mir die Augen für das Wunderbare an deiner Weisung" (Ps 119, 18). Natürlich kann das Bemühen um aktuelle Anwendung der Weisung Gottes zu einem Wust von Gesetzesvorschrif-ten führen, die sich verselbständigen und zu religiösem Lei-stungsdenken führen. Vertreter dieser Richtung werden vom Neuen Testament verurteilt. Von diesen Auswüchsen her beurteilen Christen oft das gesamte „Gesetz" und werten es leider zu negativ.

Mose gilt in Israel als großer Prophet und Gesetzgeber. So wie die Tradition gelegentlich den musisch begabten David als Texter aller Psalmen ansah, so hat man in Mose den Empfänger und Vermittler des Dekalogs und aller anderen Weisungen gesehen. Tatsächlich sind die Vorschriften für Israel, so wie sie heute in großer Fülle in der hebräischen Bibel vorliegen, das Ergebnis einer langen geschichtlich geforderten und gewordenen Entwicklung. Wenn auch nachmosaische Weisungen der Autorschaft des Mose zuge-schrieben werden, verfährt man hier durchaus vernünftig: Man möchte durch den Hinweis auf Mose solchen Verord-nungen mehr Verbindlichkeit zusprechen. Einprägsam und deutlich ist auch das Bild von den steinernen Tafeln. „Mose kehrte um und stieg den Berg hinab, die zwei Tafeln der Bundesurkunde in der Hand, die Tafeln, die auf beiden Sei-ten beschrieben waren. Auf der einen wie auf der anderen Seite waren sie beschrieben. Die Tafeln hatte Gott selbst gemacht, und die Schrift, die auf den Tafeln eingegraben war, war Gottes Schrift" (Ex 32,15f.). Gesetze meißelte man früher in Stein. Sie sollten haltbar sein, dauerhaft. Wenn die Bibel von den Weisungen Gottes sagt, er selbst, Jahwe, habe sie in die Tafeln eingegraben, will sie nicht sagen, daß Gott die Schriftzeichen mit eigener Hand auf die Tafeln gebracht habe, sondern daß sie verbindlich sind und letztlich auf Gott als Urheber rückführbar sind.

Viele haben seit Kindertagen nichts über die Zehn Gebote gehört. Die folgenden Ausführungen basieren im wesentlichen auf dem Buch des evangelischen Alttestamentlers Frank Crüsemann: „Bewahrung der Freiheit. Das Thema des Dekalogs in sozialgeschichtlicher Perspektive".

Crüsemann hinterfragt einleitend die verbreitete Ansicht, die Zehn Gebote seien eine Art Zusammenfassung biblischer Ethik, sozusagen die Essenz aller biblischen Weisungen, alle Lebensbereiche umfassend, für alle Menschen und für alle Zeiten verbindlich. Daß dies nicht zutrifft, zeigt schon ein erster kritischer Blick. Die Zehn Gebote äußern sich nicht zu dem wichtigen Bereich des Kultus. Das Verhalten gegenüber Randgruppen (Witwen, Waisen, Fremde) wird nicht angesprochen. Frauen werden nur an einer Stelle erwähnt, Kinder überhaupt nicht. Wer sind die Adressaten? Es sind Menschen, die Eltern und Kinder haben, die Frauen begehren können, die töten und fremde Götter verehren können, die Sklaven und Vieh besitzen, d. h., der Dekalog wendet sich an freie, erwachsene Männer. Der Dekalog ist kein Bündel von Erziehungsmaßnahmen für Kinder. Zu oft wurde er in der Vergangenheit dazu degradiert.

„Du sollst keine anderen Götter haben mir ins Angesicht"

Israel war in den Jahrhunderten vor Christus von Völkern umgeben, die an mehrere Götter glaubten. Diese Tatsache wird in der Formulierung des ersten Gebotes vorausgesetzt. Auch in Israel selbst kam es gelegentlich zur Verehrung dieser Götter. Auch das wird vorausgesetzt, aber verboten. Die Beziehung Israels zu seinem Gott basiert auf einer Befreiungstat Gottes, der Errettung aus der Sklaverei in Ägypten.

Dieses Verhältnis zum Gott Israels, „der sich selbst definiert durch die Freiheit der von ihm angeredeten Israeliten" (Seite 46), darf durch die Hinwendung zu anderen Göttern nicht gestört werden. Das Volk würde in neue Abhängigkeiten geraten. „Alle Erfahrungen, die Israel machte, ob positiv oder negativ, ob sie dem einzelnen widerfuhren oder der kleinen Gruppe oder dem Volk im ganzen, sie alle waren mit diesem Jahwe zu verbinden und damit an der Grunderfahrung der Freiheit zu messen. Sich anderen Göttern zuzuwenden heißt, den Grund der eigenen Freiheit aufzugeben" (Seite 46/47).

„Du sollst dir kein Bild machen …"

Aus dem Verbot kann man schließen, daß es in Israel tatsächlich Bilder von Jahwe gab. Die Archäologie hat inzwischen auch entsprechende Befunde liefern können. In den umliegenden Völkern wimmelte es geradezu von Götterbildern. Neben dem ersten Gebot und dem Sabbatgebot gehört diese Weisung zu den Besonderheiten Israels, die in der altorientalischen Umwelt keine Parallele haben. Wenn man ein Bild von Gott anfertigt, besonders ein dreidimensionales, kann der Eindruck entstehen, daß man diesen Gott durch das Bild an diesen Ort bannen und fixieren könne. Dagegen wehren sich alle biblischen Aussagen vom Gott Israels. Einfache Gemüter könnten von der Art der Darstellung auf das Wesen Gottes schließen und ihn so begrenzen. Tatsächlich ist der biblische Gott nicht durch ein einziges Bild darstellbar. Schließlich hat Gott selbst ein Bild von sich geschaffen im Menschen, der sein Ebenbild ist, wie die Schöpfungsgeschichte sagt. Der eigentliche Grund für das Bilderverbot ist nach der Meinung von Frank Crüsemann die besondere Beziehung Gottes zu seinem Volk, der nicht ein Gott an sich ist, sondern der befreiende Gott. „Vom Prolog her gelesen, betreffen die beiden ersten Gebote Grundmöglichkeiten der Auflösung und Entwertung der in ihm angesprochenen Beziehung" (Seite 50).

„Du sollst den Namen Jahwes, deines Gottes, nicht zu trügerischem Zweck aussprechen"

Mit dem Aussprechen des Namens Gottes kann man Mißbrauch treiben zum Nachteil von Menschen. Man soll ihn nicht verwenden bei Zauberei, beim Fluchen, beim Lügen oder zum Beweis der Wahrheit. Unter Berufung auf den Namen Gottes darf einem anderen Menschen kein Unheil zugefügt werden. – Hier wird deutlich, daß es auch bei diesem scheinbar so auf Gott ausgerichteten Gebot letztlich um das Wohl des Menschen geht, um seine Freiheit. Oft werden gerade die ersten drei Gebote so ausgelegt, als ginge es allein um Gott und seine Ehre.

„Denke an den Sabbat, ihn zu heiligen …"

Das Gebot schreibt das Nichtstun an einem Tag im Wochenrhythmus vor. Das konnte damals in einer bäuerlichen Gesellschaft einen materiellen Verlust bedeuten. Aber ständig arbeiten zu müssen ist das Los der Sklaven. Nur der Sklave arbeitet ununterbrochen. Er ist rechtlos. Aristoteles nennt ihn eine „belebte Sache". Israel ist aber von Gott aus der Sklaverei herausgeführt worden. Also soll es nicht mehr leben wie damals in Ägypten. Jeder in Israel hat als freier Mensch Recht auf Arbeitsruhe. Es wird nicht vorgeschrieben, jeder solle in die Synagoge zum Gottesdienst gehen. Der Gang zur Synagoge ist nicht Zweck des Sabbats. Die Enthaltung von Arbeit kann allerdings Gestalt annehmen im Gang zur Synagoge.

„Ehre deinen Vater und deine Mutter …"

Aus diesem Gebot hat die christliche Tradition ein Gehorsamsgebot von Kindern gegenüber Eltern gemacht. Das Wort „Gehorsam" oder „gehorchen" kann man dem hebräischen Text nicht entnehmen. Die Gehorsamspflicht der Kinder gegenüber ihren Eltern verringert sich mit wachsendem Alter bis zu null hin, jedenfalls in unseren westlichen gesellschaftlichen Strukturen. Und das ist richtig so. In den Jahrhunderten vor Christus oblag den Söhnen die Altersversorgung der Eltern. Dies war und ist heute noch in manchen Ländern eine Erklärung für den Wunsch vieler Eltern, möglichst viele Söhne zu haben. Wenn man das hebräische Wort für „ehren" mit anderen altorientalischen Texten vergleicht, kann man feststellen, daß es darum geht, die alten Eltern nicht im Stich zu lassen, sondern sie mit Kleidung, Nahrung und Obdach zu versorgen, sie würdig zu bestatten und zu beweinen. Es geht um eine Art Generationenvertrag. Nicht Gehorsam ist gemeint, sondern die Fürsorge muß gewährleistet sein. Würde und Freiheit der Alten bleiben so gewahrt. Wenn das funktioniert, dann werden auch die jetzt noch jungen Leute später lange im Land leben, denn nach ihnen kommen wieder junge Menschen, die für die Alten sorgen.

„Ehre deinen Vater und deine Mutter, damit du lange lebst in dem Land, das der Herr, dein Gott, dir gibt."

„Du sollst nicht töten"

Es geht in diesem Gebot um die elementare Lebenssicherung des Nächsten und seiner Familie. Das hebräische Wort für „töten" verbietet ein ungesetzliches, willkürliches Totschlagen. Die Frage nach der Erlaubtheit der Tötung von Tieren, der Todesstrafe und des Tötens im Krieg steht bei diesem Gebot nicht zur Debatte.

„Du sollst nicht ehebrechen"

Daß sich der Dekalog zunächst an freie Männer in Israel richtet, wird auch an dieser Weisung deutlich. Verboten ist das Eindringen in eine andere Ehe. Nach der damaligen Struktur der Großfamilie würde das gesamte Gefüge durch den Ehebruch zerstört. Erbbesitz, Aufzucht der Kinder, Versorgung der Alten. Die im Prolog angesprochene Freiheit stände auf dem Spiel.

„Du sollst nicht stehlen"

Dieses Gesetz schützt den Besitz des Nächsten. Ohne Besitz gerät der Mensch in Schuldknechtschaft und Sklaverei. Das widerrechtliche Aneignen von Menschen – Menschenraub! – und Sachen entzieht dem anderen die Grundlagen zu einem Leben in Freiheit.

„Du sollst nicht gegen deinen Nächsten als Lügenzeuge" aussagen"

Gelegentlich wurden Menschen bestochen, die dann vor Gericht als falsche Zeugen andere zu Unrecht belasteten. Das Gebot sagt: Das darfst du nicht, lügen zum Schaden des anderen. Es heißt nicht: Du sollst nicht lügen! Darf ein Arzt in jedem Fall unter allen Umständen einem Patienten die Wahrheit sagen, die volle Wahrheit? Darf ein Journalist alles enthüllen, was er über prominente Menschen recherchiert hat?

„Du sollst nicht begehren das Haus deines Nächsten … "

Wenn man sich vergegenwärtigt, daß der Dekalog Weisungen an die freien Bürger Israels enthält, um ein Leben in der durch den Exodus aus Ägypten erlangten Freiheit auch in Zukunft zu ermöglichen und zu garantieren, dann können mit diesem Gebot nicht die sehnsüchtigen Gedanken eines Kindes oder Jugendlichen oder armen Menschen gemeint sein. So aber wird es weitgehend bis heute verstanden. Wenn jemand psychisch gesund ist, stellen sich automatisch Gedanken ein wie: „Ein solches Haus würde ich wohl auch gern mein eigen nennen. Schade, daß ich mir eine solche Reise nicht erlauben kann. Mit solch einer Frau bzw. mit solch einem Mann würde ich zu gern zusammenleben!" Wünsche und Träume dieser Art verbietet das Gebot nicht. Sie stellen sich ein, ohne daß sie gerufen werden.
Das hebräische Wort für „begehren" kann man umschrei-

ben mit: jemand oder etwas an sich reißen wollen; es haben wollen und haben können; etwas planen und Strategien entwickeln mit dem Ziel, den anderen oder das andere dann auch zu nehmen. Es heißt: etwas planen und dann auch realisieren. Das aber kann nicht jeder, sondern nur der, welcher die Macht hat zum Zugreifen. Nicht der Arme, der neidisch auf den Besitz des Reichen schaut, ist gemeint, sondern der Reiche, der auch noch auf den Besitz des Armen aus ist.

Frank Crüsemann bringt die Gebote in Beziehung zum Prolog. Das ist in der Vergangenheit in dieser Konsequenz nicht geschehen. Gott stellt sich im Prolog vor als der, dem Israel die Befreiung aus der Sklaverei verdankt. Gott hat Israel befreit. Die Weisungen wollen auch für die Zukunft ein Leben ermöglichen, wie es Befreiten geziemt.

Das Buch Exodus schildert in Kapitel 3 und dann ab Kapitel 16 Ereignisse und Erfahrungen aus der Wüste. Der Text vom Mose vor dem brennenden Dornbusch gehört zu den grundlegenden in der Geschichte Israels.

Der brennende Dornbusch

Mose weidete die Schafe und Ziegen seines Schwiegervaters Jitro, des Priesters von Midian. Eines Tages trieb er das Vieh über die Steppe hinaus und kam zum Gottesberg Horeb. ² Dort erschien ihm der Engel des Herrn in einer Flamme, die aus einem Dornbusch emporschlug. Er schaute hin: Da brannte der Dornbusch und verbrannte doch nicht. ³ Mose sagte: Ich will dorthin gehen und mir die außergewöhnliche Erscheinung ansehen. Warum verbrennt denn der Dornbusch nicht?

⁴ Als der Herr sah, daß Mose näher kam, um sich das anzusehen, rief Gott ihm aus dem Dornbusch zu: Mose, Mose! Er antwortete: Hier bin ich. ⁵ Der Herr sagte: Komm nicht näher heran! Leg deine Schuhe ab;

denn der Ort, wo du stehst, ist heiliger Boden. ⁶ Dann fuhr er fort: Ich bin der Gott deines Vaters, der Gott Abrahams, der Gott Isaaks und der Gott Jakobs. Da verhüllte Mose sein Gesicht; denn er fürchtete sich, Gott anzuschauen.

⁷ Der Herr sprach: Ich habe das Elend meines Volkes in Ägypten gesehen, und ihre laute Klage über ihre Antreiber habe ich gehört. Ich kenne ihr Leid. ⁸ Ich bin herabgestiegen, um sie der Hand der Ägypter zu entreißen und aus jenem Land hinaufzuführen in ein schönes, weites Land, in ein Land, in dem Milch und Honig fließen, in das Gebiet der Kanaaniter, Hetiter, Amoriter, Perisiter, Hiwiter und Jebusiter. ⁹ Jetzt ist die laute Klage der Israeliten zu mir gedrungen, und ich habe auch gesehen, wie die Ägypter sie unterdrücken. ¹⁰ Und jetzt geh! Ich sende dich zum Pharao. Führe mein Volk, die Israeliten, aus Ägypten heraus!

¹¹ Mose antwortete Gott: Wer bin ich, daß ich zum Pharao gehen und die Israeliten aus Ägypten herausführen könnte? ¹² Gott aber sagte: Ich bin mit dir; ich habe dich gesandt, und als Zeichen dafür soll dir dienen: Wenn du das Volk aus Ägypten herausgeführt hast, werdet ihr Gott an diesem Berg verehren.

¹³ Da sagte Mose zu Gott: Gut, ich werde also zu den Israeliten kommen und ihnen sagen: Der Gott eurer Väter hat mich zu euch gesandt. Da werden sie mich fragen: Wie heißt er? Was soll ich ihnen darauf sagen?

¹⁴ Da antwortete Gott dem Mose: Ich bin der „Ich-bin-da". Und er fuhr fort: So sollst du zu den Israeliten sagen: Der „Ich-bin-da" hat mich zu euch gesandt.

¹⁵ Weiter sprach Gott zu Mose: So sag zu den Israeliten: Jahwe, der Gott eurer Väter, der Gott Abrahams, der Gott Isaaks und der Gott Jakobs, hat mich zu euch gesandt. Das ist mein Name für immer, und so wird man mich nennen in allen Generationen.

(Ex 3,1-15)

240

Es geht um den Namen Gottes. Der jüdische Gelehrte Martin Buber übersetzt den Namen „Jahwe" mit „Ich werde dasein, als der Ich dasein werde" (Schriften zur Bibel, Seite 63). Gott ist da, hier und jetzt, so wie er will. Er ist nicht ein Gott über den Wolken, der an seiner Schöpfung kein Interesse hat. Er ist nicht ein „Ich bin, der Ich bin", sondern ein „Ich bin da".

Das Sein Gottes ist kein statisches Sein im Sinne von Unveränderlichkeit. Das Sein Gottes ist ein Sein in Beziehung, ein Sein für jemand. Die Formulierung „Ich bin doch da" käme dem hebräischen Verständnis nahe. Der Gottesname enthüllt einiges vom Dasein Gottes, aber er verbirgt auch vieles. Gott ist da und wird dasein, das ist sein Name, mehr braucht der Mensch nicht zu wissen. Es gibt nicht noch einen anderen und genaueren Namen hinter diesem Namen, den Gott im Augenblick noch geheimhält. Nein, diese Teilenthüllung seines Wesens und die noch größere Dunkelheit, das ist der eigentliche und passende und ausreichende Name für Gott. Der Mensch kann Gott nicht begreifen, Gott ist größer als alle Namen, das eben ist sein Name.

Die Kenntnis des Namens bedeutet auch, Macht über den anderen zu haben. Wenn jemand den Namen eines anderen ruft, horcht er auf. Da später einige den Namen Jahwe zauberhaft mißbrauchten, verboten die Schriftgelehrten, diesen Namen auszusprechen. Wenn heutige Juden den biblischen Text lesen und auf den Namen Jahwe stoßen, ersetzen sie ihn z. B. durch „Adonai" (Herr) oder „Elohim" (Gott). Wie der Name ursprünglich ausgesprochen wurde, läßt sich heute nicht mit Sicherheit sagen. Sehr unwahrscheinlich ist die Aussprache „Jehowa". Am nächsten kommt dem ursprünglichen Klang vermutlich die Buchstabenfolge Jahwe.

Bemerkenswert ist auch, daß die erste Tat Jahwes die Befreiung des geknechteten Volkes aus Ägypten ist. Gott ist ein Gott, der die Freiheit des Menschen möchte. Jesus – als menschgewordenes Wort des unsichtbaren Gottes – setzt diese Linie fort. „Wo der Geist des Herrn ist, da ist Freiheit", heißt es im 2. Korintherbrief (3,17), oder „Ihr seid zur Freiheit berufen", sagt der Galaterbrief (5,13).

Zur Beendigung der Knechtschaft bedient sich Gott des Mose, der sich selber zunächst dieser Aufgabe nicht gewachsen fühlt. Beides ist echt biblisch: Gott bedient sich der Menschen, um seine Vorhaben durchzuführen, und der Mensch fühlt sich meist zu schwach, erfährt aber Gottes Hilfe.

Was heißt das: Gott „sprach"?

In den Schriften der hebräischen Bibel stößt man immer wieder auf die Formulierung „Gott sprach". Der so angesprochene Mensch antwortet meist: „Rede, Herr, dein Diener hört!" Die Bibel berichtet von Dialogen zwischen Gott und Mensch so, als würden sich zwei Menschen unterhalten. In der Geschichte vom brennenden Dornbusch (vgl. Stichwort Sinai) wird ein solcher Dialog wiedergegeben. Sprechen und Antworten sind Ausdrücke für einen zwischenmenschlichen, akustisch wahrnehmbaren Kommunikationsprozeß. Wenn vom Sprechen Gottes die Rede ist, geht es allerdings um mehr und um etwas anderes. Auch in unserem Sprachgebrauch benutzen wir das Wort „sprechen" oft für die Übermittlung von Botschaften, die nicht auf dem Medium des Wortes beruhen. Wir sprechen dann von einer nonverbalen Kommunikation. Gestik und Mimik können Botschaften übermitteln, ohne daß ein Wort gesprochen wird. Auch von Kunstwerken sagen wir, daß sie zu uns sprechen. Der Betrachter kann in einen Dialog mit dem Werk treten, ohne daß ein Wort hörbar ist. Architektur kann sprechen. Es gibt den französischen Fachausdruck von der „architecture parlante", von der sprechenden Architektur. Die Fassade der Peterskirche in Rom spricht den Besucher anders an als die schlichte Eingangsseite einer Zisterzienserkirche. Bestimmte Taten „schreien" zum Himmel. Die Beispiele zeigen, daß wir auch heute das Wort „sprechen" in einem viel weiteren Sinn gebrauchen. Deshalb muß man auch das Sprechen Gottes in der Bibel nicht als ein akustisches Sprechen auffassen. Gott „ruft" bzw. „beruft" auch heute noch Menschen. Wenn sich jemand zum Priester- oder Ordensberuf gerufen fühlt, heißt das nicht, daß Gott hörbar zu ihm gesprochen hat, sondern daß er überzeugt ist, diesen Weg gehen zu sollen. Gott kann Menschen durch eine bestimmte Alltagssituation ansprechen, auf die es zu reagieren gilt. Durch das kritische Wort eines Menschen kann Gott zu uns sprechen. Bestimmte Worte der Heiligen Schrift können einen Menschen betroffen machen und zum Handeln bewegen. Das „Sprechen Gottes" ist vielfältiger Natur. Wenn die Bibel nun formuliert „Gott spricht", dann ist dies eine präzise und legitime Beschreibung für die Annäherung Gottes – durch eine der genannten Möglichkeiten – an einen Menschen mit dem Ziel, ihn zu einem bestimmten Tun oder Lassen zu motivieren. Manchmal stehen die Worte „sprechen" und „antworten" auch für einen langandauernden, komplizierten Klärungsprozeß. Wenn jemand sagt, Gott habe akustisch wahrnehmbar zu ihm gesprochen, dann liegt mit hoher Wahrscheinlichkeit eine psychische Störung vor, die der therapeutischen Hilfe eines Psychiaters bedarf.

Tabgha

Das Wort Tabgha ist eine von der arabisch sprechenden Bevölkerung vorgenommene Abkürzung des griechischen „Heptapegon", auf deutsch: sieben Quellen. Die Bezeichnung Tabgha ist heute allgemein gebräuchlich und bezeichnet das Gebiet am See Gennesaret zwischen der deutschen Benediktinerkirche und der Primatskapelle. Die heutige Benediktinerkirche im neoromanischen Stil hatte mehrere Vorgängerbauten. Im Chorraum kann man byzantinische Fußbodenmosaike aus dem 6. Jahrhundert bewundern. Das Mosaik unter dem Altar zeigt einen Korb mit fünf Broten (das fünfte ist nur noch durch einen kleinen weißen Fleck angedeutet), der von zwei Fischen flankiert wird. Das „Brotwunder" wird so lebendig gehalten im Mosaik und durch den Altar, an dem sich bei der Eucharistiefeier das Tun Jesu auf einer anderen Ebene wiederholt. Die Bodenmosaike in den Seitenschiffen zeigen die üppige Flora und Fauna der Nilmündung und sind wohl als Hinweis auf den reich und großmütig spendenden Schöpfergott zu deuten.

Die Speisung der Fünftausend

[13] Als Jesus all das hörte, fuhr er mit dem Boot in eine einsame Gegend, um allein zu sein. Aber die Leute in den Städten hörten davon und gingen ihm zu Fuß nach. [14] Als er ausstieg und die vielen Menschen sah, hatte er Mitleid mit ihnen und heilte die Kranken, die bei ihnen waren.

[15] Als es Abend wurde, kamen die Jünger zu ihm und sagten: Der Ort ist abgelegen, und es ist schon spät geworden. Schick doch die Menschen weg, damit sie in die Dörfer gehen und sich etwas zu essen kaufen können. [16] Jesus antwortete: Sie brauchen nicht wegzugehen. Gebt ihr ihnen zu essen! [17] Sie sagten zu

ihm: Wir haben nur fünf Brote und zwei Fische bei uns. [18] Darauf antwortete er: Bringt sie her! [19] Dann ordnete er an, die Leute sollten sich ins Gras setzen. Und er nahm die fünf Brote und die zwei Fische, blickte zum Himmel auf, sprach den Lobpreis, brach die Brote und gab sie den Jüngern; die Jünger aber gaben sie den Leuten, [20] und alle aßen und wurden satt. Als die Jünger die übriggebliebenen Brotstücke einsammelten, wurden zwölf Körbe voll. [21] Es waren etwa fünftausend Männer, die an dem Mahl teilnahmen, dazu noch Frauen und Kinder.

(Mt 14,13-21)

Dieser Bericht war der jungen Kirche so wichtig, daß er von allen Evangelisten überliefert wird; selbstverständlich mit kleinen Varianten, weil jeder Schreiber auch besondere Akzente setzt. Die Synoptiker (Matthäus, Markus und Lukas) betonen, daß die Gegend einsam war. In Zusammenhang mit der Brotgabe wird dadurch dezent an das Volk Israel in der Wüste erinnert, dem Gott zur rechten Zeit Manna zukommen ließ. Mit Mose war das Volk in der Wüste unterwegs, als es Brot bekam. Nun ist das Volk wieder in einer einsamen Gegend. Jesus als der neue Mose!
Alle Synoptiker betonen, daß Jesus den Jüngern sagt: „Gebt ihr ihnen zu essen!" (Mt 14,16; Mk 6,37; Lk 9,13). Wenn Menschen hungern und verhungern und wir uns fürbittend, aber untätig an Gott wenden, werden wir uns an diesen Satz erinnern: „Gebt ihr ihnen zu essen!" – Wie oft entschuldigen sich Menschen ähnlich wie die Jünger: „Wir haben nur fünf Brote und zwei Fische", anders gesagt: „Wir haben selber nicht viel." Die Reaktion Jesu: Er nimmt das wenige, betet, bricht das Brot, d. h., er teilt es in kleine Stücke und läßt die Jünger die vielen kleinen Brotstücke verteilen. „Und alle aßen und wurden satt" (Mt 14,20). „Als die Jünger die übriggebliebenen Brotstücke einsammelten, wurden zwölf Körbe voll" (Mt 14,20).

Es ist eine wunderbare Geschichte, eine Teilungsgeschichte. Der Text sagt nicht, daß Jesus einen Brotberg hinzauberte und das Volk außer sich vor Staunen geriet. Alle Texte sprechen eindeutig vom Teilen des wenigen, was vorhanden ist. Und dann geschieht das Wunder durch das Teilen. Solche Wunder geschehen auch heute noch, zum Glück!

Viele Geschichten in der Bibel sind meisterhaft komponiert und haben mehrere Bedeutungsebenen. Man kann sie folglich unter verschiedenen Aspekten interpretieren. Das konnte und wußte man bereits in der alten Kirche. Man kann z. B. fragen, welche ethischen Anweisungen in einer bestimmten Schriftstelle enthalten sind; man kann fragen, welche Beziehungen zwischen alt- und neutestamentlichen Stellen bestehen; man kann nach dem symbolhaften Gehalt mancher Bibelstelle fragen oder nach der Zugehörigkeit zu einer der vielen literarischen Gattungen und den daraus resultierenden Konsequenzen für die Bibelauslegung. Jede Zeit bringt darüber hinaus auch ihre spezifischen Erfahrungen und Fragestellungen für das Bibelverständnis mit. Unsere Zeit ist sicher besonders sensibel, wenn es um Fragen von Besitz und Armut geht, um Behalten und Teilen. Deshalb könnte die Betrachtung der Brotgeschichte unter dem Aspekt des Teilens – wie oben angeführt – für uns heute ein besonders sinnvoller und gut nachvollziehbarer und konsequenzenreicher Zugang sein. Man kann die Auslegung der Bibel durchaus unter vielerlei Hinsicht mit der Interpretation eines Gemäldes vergleichen. Jede Zeit bringt eine eigene Bildproduktion hervor und auch eigene Interpretationsansätze für die Erschließung alter Kunstwerke. Die immer noch weitverbreitete Ansicht, die verschiedenen Bücher der Bibel seien von je einem bestimmten Autor in einem einzigen Durchgang als Tatsachenbericht niedergeschrieben worden, den man so lesen könne, als sei er in unseren Tagen abgefaßt, tut den biblischen Texten Gewalt an und bringt den Hörer bzw. Leser in größte und unnötige Schwierigkeiten.

Immer wieder muß betont werden, daß der Hörer nach dem Sinn eines biblischen Textes fragen muß, nach der Botschaft. Die Frage nach der Historizität ist zweitrangig. Deshalb sollte sie auch nicht an die erste Stelle gerückt werden. Und die Historizität sollte nicht als Glaubensartikel gefordert werden, besonders dann nicht, wenn gesicherte andersartige exegetische Einsichten vorliegen. Es bleibt noch genug an Ereignissen und Tatsachen übrig, auch dann, wenn der Eindruck entsteht, jemand würde ja alles in Frage stellen.

Tabor

Wie eine Halbkugel mit einem langgezogenen Plateau wölbt sich der Tabor in der fruchtbaren Jesreel-Ebene. Auf Bergen und an Flüssen haben frühere Generationen besonders gern ihre Götter verehrt. So hat man erwartungsgemäß auch auf dem Tabor ein vorisraelitisches Heiligtum freigelegt. Die christliche Tradition sieht im Tabor den Berg der Verklärung.

Die Verklärung Jesu

[28] Etwa acht Tage nach diesen Reden nahm Jesus Petrus, Johannes und Jakobus beiseite und stieg mit ihnen auf einen Berg, um zu beten. [29] Und während er betete, veränderte sich das Aussehen seines Gesichtes, und sein Gewand wurde leuchtend weiß. [30] Und plötzlich redeten zwei Männer mit ihm. Es waren Mose und Elija; [31] sie erschienen in strahlendem Licht und sprachen von seinem Ende, das sich in Jerusalem erfüllen sollte. [32] Petrus und seine Begleiter aber waren eingeschlafen, wurden jedoch wach und sahen Jesus in strahlendem Licht und die zwei Männer, die bei ihm standen. [33] Als die beiden sich von ihm trennen wollten, sagte Petrus zu Jesus: Meister, es ist gut, daß wir hier sind. Wir wollen drei Hütten bauen, eine für dich, eine für Mose und eine für Elija. Er wußte aber nicht, was er sagte. [34] Während er noch redete, kam eine Wolke und warf ihren Schatten auf sie. Sie gerieten in die Wolke hinein und bekamen Angst. [35] Da rief eine Stimme aus der Wolke: Das ist mein auserwählter Sohn, auf ihn sollt ihr hören. [36] Als aber die Stimme erklang, war Jesus wieder allein. Die Jünger schwiegen jedoch über das, was sie gesehen hatten, und erzählten in jenen Tagen niemand davon. (Lk 9,28-36)

Jeder erinnert sich vermutlich an diese Erzählung, die von Matthäus (17,1-9), Markus (9,2-8) und Lukas (9,28-36) berichtet wird. Das Thema wurde auch von vielen Malern aufgegriffen. Am bekanntesten ist sicher das großformatige Bild von Raffael in der Vatikanischen Pinakothek.

Wir sprechen heute von Tabor-Stunden, wenn wir besonders gute und glückliche Erfahrungen machen. Der Ausdruck bezieht sich auf das angenehme Erlebnis der drei Apostel Petrus, Jakobus und Johannes.

Hören wir noch einmal in den Text hinein! Lukas schreibt, daß sich das Gesicht Jesu veränderte, während er betete. Diese Veränderung im Gesicht ist Folge einer inneren Veränderung. Beten verändert!

„… sein Gewand wurde leuchtend weiß" (9,29). Das Gewand ist in allen Kulturen Statussymbol. Es drückt die Zugehörigkeit zu einer bestimmten sozialen Schicht aus. Im ersten Johannesbrief heißt es: „Gott ist Licht, und keine Finsternis ist in ihm" (1 Joh 1,5). Wenn das Gewand Jesu lichtähnlich leuchtet, dann ist dies eine Aussage über die Zugehörigkeit Jesu zur göttlichen Sphäre.

Die eigentliche Aussageabsicht der Geschichte ist mit Sicherheit in der Stimme aus der Wolke ausgedrückt: „Das ist mein auserwählter Sohn, auf ihn sollt ihr hören" (9,35). Vorher erscheinen die größten Propheten Israels, Mose und Elija. Mose ist dazu noch Gesetzgeber. Die Formulierung „Gesetz und Propheten" taucht in der Bibel oft auf. Wenn alle Schriften des sogenannten Alten Testamentes gemeint sind, dann kann man statt dessen auch verkürzt sagen: Gesetz und Propheten. Gesetz und Propheten, repräsentiert durch Mose und Elija, weisen offen auf Jesus hin, denn Mose und Elija sprechen vom Ende Jesu in Jerusalem. Es wird eine Kontinuität zwischen Altem und Neuem Bund hergestellt.

Mose und Elija sprechen über das Ende des Herrn. Der Weg Jesu wird durch Leiden in die Herrlichkeit führen. Das Ende Jesu müsse sich in Jerusalem erfüllen, mit anderen Worten:

Das Ende in Jerusalem wird als Ereignis gedeutet, was bereits in den Schriften – in Gesetz und Propheten – angelegt ist. Es wird logischerweise in Jerusalem zur Erfüllung kommen.

Wenn von einer Wolke in der Bibel gesprochen wird, dann selten in einem meteorologischen Sinn. Die Wolke ist Bild für den unsichtbaren Gott. Den Israeliten geht Gott in der Wüste sozusagen als Wegweiser im Zeichen einer Wolke voraus (Ex 33,9f.; 40,38). Bei der Himmelfahrt wird Jesus von einer Wolke aufgenommen (Apg 1,9). Es ist eine Umschreibung für seine Heimkehr zum Vater. Aus der Wolke auf dem Tabor spricht die Stimme: „Auf ihn sollt ihr hören." Mose und Elija werden nicht mehr erwähnt. Natürlich sind sie die Größten im Alten Bund. Mit dem Auftreten Jesu ist er der Größte, und ihm soll fortan die Aufmerksamkeit gelten. Ein kühner Anspruch der jungen christlichen Kirche!

Die Geschichte ist indirekt auch ein Messiasbekenntnis zu Jesus. Nach jüdischer Vorstellung wird Elija wiederkommen und die messianische Zeit ankündigen. Maleachi, der letzte der zwölf Propheten, hat es klar ausgesprochen: „Bevor aber der Tag des Herrn kommt, der große und furchtbare Tag, seht, da sende ich zu euch den Propheten Elija. Er wird das Herz der Väter wieder den Söhnen zuwenden und das der Söhne ihren Vätern, damit ich nicht kommen und das Land dem Untergang weihen muß (Mal 3,23f.). Elija kann zwar jederzeit kommen und die messianische Zeit ankündigen, aber es gibt drei Zeiten, in denen man besonders mit seiner Wiederkunft rechnet. Zunächst ist die jährliche Paschafeier als Fest der Befreiung und der Hoffnung eine sinnvolle Gelegenheit für Elija, das ewige Fest der Freiheit anzukündigen. Deshalb stellt man für Elija ein besonders schönes Glas mit Wein auf den Tisch und öffnet an einer Stelle der Feier die Tür, damit Elija eintreten und sofort gastlich empfangen werden kann. Der Prophet könnte auch gegen Ende der wöchentlichen Schabbatfeier kommen und einen messianischen Schabbat ohne Ende ankündigen. Und schließlich könnte er kommen, wenn ein acht Tage alter Knabe beschnitten wird, denn jeder jüdische Knabe kann der Messias sein (Shire, Pessach Haggada, Seite 45). Bei der Beschneidung steht deshalb ein Stuhl für den Propheten bereit. Mit dem schönsten Kissen des Hauses ist er ausgestattet. Das Kind wird zur Beschneidung auf dieses Kissen gelegt (De Vries, Jüdische Riten und Symbole, Seite 186f.). Das Neue Testament kennt natürlich diese Traditionen. Wenn Christen glauben, Jesus sei der Messias, können sie Menschen aus der jüdischen Glaubenstradition diesen Anspruch am einfachsten verständlich machen, wenn sie Geschichten erzählen, in denen Elija vorkommt. Die Taborgeschichte erfüllt u. a. diese Aufgabe. Elija ist gekommen, er spricht mit Jesus und wird ihm durch die Stimme aus dem Himmel untergeordnet.

Die Jünger sind keine passiven Zuschauer. Sie sind engagiert und begreifen die wahre Identität ihres Herrn. Auch sie selber werden verändert, was Lukas in der Formulierung vom Wachen und Schlafen ausdrückt. „Im Schlaf und Traum glaubte der antike Mensch dem Göttlichen nahe zu sein" (Evangelisch-Katholischer Kommentar, Seite 497). Insofern hat die Verklärungsgeschichte von den Zeiten der Urkirche an die Funktion, die gottmenschliche Identität des Sohnes zu offenbaren und die Verbindung der Kirche mit ihm, dem „geliebten Sohn" des Vaters, auszudrücken.

Was sich tatsächlich auf dem Tabor ereignet hat, ist nicht nachweisbar. Es ist auch nicht notwendig. Entscheidend ist, was dieser Bericht oder diese Geschichte sagen will. Das gilt für viele Texte der Bibel. In unserer nüchternen Ausdrucksweise würden wir sagen: „Das, was Jesus sagt, ist für uns wichtiger als das, was Mose und Elija sagen." Eine solche rationale Formulierung ist für einen Orientalen zu kraftlos. Er macht eine Geschichte daraus, die diese Gedanken plastischer und einprägsamer ausdrückt. Jesus selbst ist als orientalischer Jude einer der größten Erfinder von Geschichten, denn es heißt von ihm: „Er redete nur in Gleichnissen zu ihnen" (Mt 13,34). Um es anders zu sagen: Wenn jemand diese Taborgeschichte als eine Art Reportage einer wirklich so passierten Ereignisabfolge verstehen möchte und er keine Schwierigkeiten dabei hat, mag er das tun. Ein anderer wird skeptisch fragen: Eine Wolke am lichten Tag? Eine Stimme aus der Wolke? Zwei längst verstorbene Gestalten erscheinen im strahlenden Licht? Ihre Stimmen kann man verstehen? Bin ich gezwungen, die Geschichte als wirklichen Tatsachenbericht zu verstehen? Einem solchen darf man – denke ich – mit gutem Gewissen auf der Basis einer gesicherten Exegese sagen: Wenn Sie das Ganze als eine Geschichte auffassen, die uns die überragende Bedeutung Jesu gegenüber allen vorhergehenden Propheten und Lehrern verkündet, dann haben Sie den Lukastext sicher gut verstanden! Wie gesagt, was sich tatsächlich hier ereignet hat, kann weder der eine noch der andere überzeugend nachweisen. Der skeptisch Hinterfragende hat mit seinem Verständnis dieses Textes aber vermutlich die besseren Argumente auf seiner Seite. Den Sinn der Taborgeschichte können beide erfassen, ob sie die Geschichte als Ereignisgeschichte oder als Lehrgeschichte verstehen. In beiden Auffassungen kann die eigentliche Aussage des Textes erfaßt werden: Jesus ist das entscheidende Sprachrohr Gottes. Ihm sind Mose und Elija – bei aller Hochschätzung – zugeordnet. Schöner als in der Taborgeschichte läßt sich diese Überzeugung nicht ausdrücken. Deshalb sind wir dankbar, daß wir sie haben.

Die Richterin Debora, Sisera und Jaël

Der Tabor wird auch im Buch der Richter im Zusammenhang mit einer für Israel gut ausgehenden Schlacht erwähnt. In diesem Bericht erfährt man einige interessante Dinge, die mit dem Kampf selbst nichts zu tun haben, z. B. daß es auch Prophetinnen in Israel gab. Debora wird als Prophetin namentlich genannt. Sie war gleichzeitig Richterin, d. h., sie sprach Recht bei Streitfragen zwischen den Stämmen und bei Konflikten, die von den Ältesten innerhalb eines Stammes nicht beigelegt werden konnten. Außerdem hatte sie als Richterin ein entscheidendes Wort mitzusprechen, wenn es um kriegerische Angelegenheiten mehrerer Stämme gegen einen Feind ging.

[4] Damals war Debora, eine Prophetin, die Frau des Lappidot, Richterin in Israel. [5] Sie hatte ihren Sitz unter der Debora-Palme zwischen Rama und Bet-El im Gebirge Efraim, und die Israeliten kamen zu ihr hinauf, um sich Recht sprechen zu lassen. [6] Sie schickte Boten zu Barak, dem Sohn Abinoams aus Kedesch-Naftali, ließ ihn rufen und sagte zu ihm: Der Herr, der Gott Israels, befiehlt: Geh hin, zieh auf den Berg Tabor, und nimm zehntausend Naftaliter und Sebuloniter mit dir! [7] Ich aber werde Sisera, den Heerführer Jabins, mit seinen Wagen und seiner Streitmacht zu dir an den Bach Kischon lenken und ihn in deine Hand geben. [8] Barak sagte zu ihr: Wenn du mit mir gehst, werde ich gehen; wenn du aber nicht mit mir gehst, werde ich nicht gehen. [9] Sie sagte: Ja, ich gehe mit dir; aber der Ruhm bei dem Unternehmen, zu dem du ausziehst, wird dann nicht dir zuteil; denn der Herr wird Sisera der Hand einer Frau ausliefern. Und Debora machte sich auf und ging zusammen mit Barak nach Kedesch. [10] Barak rief Sebulon und Naftali in Kedesch zusammen, und zehntausend Mann folgten ihm (auf den Tabor) hinauf. Auch Debora ging mit ihm.
[11] Der Keniter Heber aber, der sich von Kain, von den Söhnen Hobabs, des Schwiegervaters des Mose, getrennt hatte, hatte sein Zelt an der Eiche von Zaanannim bei Kedesch aufgeschlagen.
[12] Als man nun Sisera meldete, daß Barak, der Sohn Abinoams, auf den Berg Tabor gezogen sei, [13] beorderte Sisera alle seine Wagen – neunhundert eiserne

Kampfwagen – und das ganze Kriegsvolk, das er bei sich hatte, von Haroschet-Gojim an den Bach Kischon. ¹⁴ Da sagte Debora zu Barak: Auf! Denn das ist der Tag, an dem der Herr den Sisera in deine Gewalt gegeben hat. Ja, der Herr zieht selbst vor dir her. Barak zog also vom Berg Tabor herab, und die zehntausend Mann folgten ihm. ¹⁵ Und der Herr brachte Sisera, alle seine Wagen und seine ganze Streitmacht [mit scharfem Schwert] vor den Augen Baraks in große Verwirrung. Sisera sprang vom Wagen und floh zu Fuß. ¹⁶ Barak verfolgte die Wagen und das Heer bis nach Haroschet-Gojim. Das ganze Heer Siseras fiel unter dem scharfen Schwert; nicht ein einziger Mann blieb übrig.

¹⁷ Sisera war zu Fuß zum Zelt der Jaël, der Frau des Keniters Heber, geflohen; denn zwischen Jabin, dem König von Hazor, und der Familie des Keniters Heber herrschte Frieden. ¹⁸ Jaël ging Sisera entgegen und sagte zu ihm: Kehr ein, Herr, kehr ein bei mir, hab keine Angst! Da begab er sich zu ihr ins Zelt, und sie deckte ihn mit einem Teppich zu. ¹⁹ Er sagte zu ihr: Gib mir doch etwas Wasser zu trinken, ich habe Durst. Sie öffnete einen Schlauch mit Milch und gab ihm zu trinken; dann deckte sie ihn wieder zu. ²⁰ Er sagte zu ihr: Stell dich an den Zelteingang, und wenn einer kommt und dich fragt: Ist jemand hier?, dann antworte: Nein. ²¹ Doch Jaël, die Frau Hebers, holte einen Zeltpflock, nahm einen Hammer in die Hand, ging leise zu Sisera hin und schlug ihm den Zeltpflock durch die Schläfe, so daß er noch in den Boden drang. So fand Sisera, der vor Erschöpfung eingeschlafen war, den Tod. ²² Da erschien gerade Barak, der Sisera verfolgte. Jaël ging ihm entgegen und sagte: Komm, ich zeige dir den Mann, den du suchst. Er ging mit ihr hinein; da sah er Sisera tot am Boden liegen, mit dem Pflock in seiner Schläfe.

²³ So demütigte Gott an diesem Tag Jabin, den König von Kanaan, vor den Israeliten. (Ri 4,4-23)

Ein erfahrener Heerführer will den Kampf nur wagen, wenn Debora, eine Frau, mitgeht. Debora gehört in die lange Reihe starker Frauen in Israel. Der feindliche Heerführer Sisera begeht den Fehler, daß er seine Streitwagen in das feuchtsumpfige Gebiet am Bach Kischon beordert. Pferde und Wagen versinken. Sisera flieht. Im Zelt tötet ihn Jaël. Auch Jaël hat seitdem einen festen Platz in der Reihe der großen Frauen Israels. Dargestellt wird sie in der christlichen Kunst mit den Attributen Hammer und Nagel.

Die Zahlenangaben sind – wie oft in der Bibel – symbolhaft gemeint oder nach orientalischer Manier übertrieben. Hier sollen sie den Sieg angesichts einer feindlichen Übermacht betonen. Außerdem werden so meist relativ kleinere Fehden in größere Dimensionen gerückt, so daß wiederum die eigene Tüchtigkeit und – nach damaligem Verständnis – die Macht der eigenen Götter deutlich werden. Die Bibel ist kein Katechismus mit Fragen und Antworten. Sie spiegelt als Heilsgeschichte die Geschichte Gottes mit den Menschen wider. Gott ist mit den Menschen im Kontakt, auch wenn sie untereinander Unheil anrichten. Gutes und Böses berichtet die Bibel von Menschen. Auch Kriege werden geschildert. Daß Götter zu bestimmten Kriegen anstifteten, die Feinde zermalmten und die Sieger triumphieren ließen, ist in allen Kulturen der Antike, von Ägypten bis Mesopotamien, allgemeine Überzeugung. Hätte Israel anders formuliert, wäre es weder von den eigenen Leuten noch von anderen verstanden worden. Auch Kriege im 20. Jahrhundert werden noch im Namen Gottes geführt. Noch heute versuchen Politiker, Gott in ihre Kriege einzubeziehen, sozusagen ein göttliches Plazet und noch mehr einzuholen. Und was die Grausamkeiten angeht, stehen sie den alten Greueltaten gewiß in nichts nach. Auch deshalb wäre etwas Zurückhaltung geboten, wenn man sich über antike Kriegsführung entrüstet, ganz

abgesehen von der meist unsachlichen Interpretation solcher biblischer Texte.

Tatsache ist, daß Kriege mit der Bibel nicht zu rechtfertigen
sind und daß es für Gott keinen Gegner und keinen Sieger
gibt, sondern nur geliebte Geschöpfe, die leider nicht immer
nach seinen Weisungen leben.

Wüste Juda

Das Gleichnis vom barmherzigen Samariter siehe S. 95.

Anhang

Die Vorbereitung einer Israelfahrt

Eine Israelfahrt beginnt längst vor dem tatsächlichen Antritt der Reise. Mit dem Entschluß, eine solche kostenaufwendige Reise zu unternehmen, die in geographischer, religiöser und politischer Hinsicht zu den interessantesten Fahrten überhaupt gehört, beginnt die mentale Beschäftigung mit der Reise. Die Eindrücke und Informationen am Ort sind derart überwältigend und vielseitig, daß eine gründliche Vorbereitung unbedingt notwendig ist. Es ist nicht möglich, in zehn, zwölf oder vierzehn Tagen alles am Ort zu verkraften. Eher gelingt es, wenn schon vorher vieles gehört und auf Dias gesehen wurde.

In den letzten Jahren wurde jede von mir geleitete Israelfahrt an zehn Abenden vorbereitet. Eingeladen waren in erster Linie die Teilnehmer, aber auch andere Interessierte. In den Gottesdiensten und in der Tagespresse kann auf die Abende hingewiesen werden. Wie die Erfahrung zeigt, ist es heute kein Problem, aus einer Entfernung von 60 Kilometern zu diesen Vorbereitungsabenden anzureisen. Ob die Fahrt im Frühjahr oder Herbst durchgeführt wird, auf jeden Fall sollte man das vorhergehende Winterhalbjahr zur Vorbereitung nutzen. Ein letzter Abend wird ca. zwei bis drei Wochen vor Antritt der Fahrt angesetzt. Dann können Taschen, Liederbücher, Kofferanhänger und dergleichen ausgehändigt werden und letzte organisatorische Dinge geklärt werden.

Mögliche Themen zur Vorbereitung einer Israelfahrt

- Eine Israelreise – Erlebnisbericht mit Farbdias
- Abraham, Isaak und Jakob – Die Zeit der Patriarchen
- Mose und die Befreiung Israels aus Ägypten

- Die Könige Israels und ihr Nachwirken auf das mittelalterliche Königtum
- Die Reichsteilung Israels, Exil und Wiederaufbau Jerusalems
- Der Hellenismus in Israel und die weitere Entwicklung bis zur Staatsgründung 1948
- Die Bedeutung der Schriftrollen von Qumran am Toten Meer für die Echtheit der biblischen Textüberlieferung
- Die Festung Massada am Toten Meer, Geschichte und Gegenwart
- Religiöse Strömungen zur Zeit Jesu (Pharisäer, Sadduzäer, Zeloten)
- Die griechisch-orthodoxe Kirche und die altorientalischen Kirchen in Jerusalem
- Der Islam – Eine Einführung in die jüngste Weltreligion
- Israel und die Palästinenser in Geschichte und Gegenwart

Aufbruch und Ankunft der Pilgergruppe – Pilgersegen und geistliche Texte

Noch vor einigen Jahrzehnten war es aus finanziellen und verkehrstechnischen Gründen nur wenigen möglich, eine Fahrt ins Heilige Land zu unternehmen. Heute kann man nach vier Stunden Flugzeit in Tel Aviv landen. Trotzdem ist eine Reise ins Heilige Land auch heute im Zeitalter des Massentourismus immer noch eine besondere Fahrt. Viele mußten lange für die Reise sparen. Für manche ist es die erste Flugreise. Einige haben Angst um ihre Sicherheit in Israel; sie fürchten Bombenanschläge. Und schließlich ist eine Fahrt nach Israel trotz der bequemen und schnellen Reisemöglichkeit immer noch etwas anderes als eine Autofahrt nach Holland und Österreich. Das spürt jeder. Man reist in das Land, von dem die Bibel berichtet, in dem Jesus gelebt und gewirkt hat. All das trägt zu einer prickelnden Erwartungshaltung bei.

Falls möglich, sollte man vor Abfahrt des Busses zum Flughafen die Kirche aufsuchen und mit Lied, Gebet und Segen die Fahrt beginnen. Einerseits kommt dadurch die Besonderheit einer solchen Fahrt zum Ausdruck, zum andern breitet sich eine wohltuende, verbindende Ruhe in der Gruppe aus. Wenn die Teilnehmer direkt zum Flughafen anreisen, kann man auch in der Flughafenkapelle den Reisesegen sprechen. So könnte er gestaltet werden:

Lied GL 803

1. Wie freue ich der Botschaft mich,
   wie höre ich sie gern,
   Herz und Gemüt erheben sich:
   „Wir gehn zum Haus des Herrn!"
   Dein Tempel ist die hohe Stadt,
   darin dein Volk die Heimat hat.
   Auf deinen Ruf, Herr, kommen wir,
   zu singen und zu danken dir.

2. Gott, unsre Füße wollen stehn
   in deinem Heiligtum.
   Laß deine Gnad an uns geschehn
   zu deines Namens Ruhm!
   Herr, Gott, dein Haus ist unser Haus,
   wir gehn in Freude ein und aus;
   im Überfluß schenk uns dein Heil,
   daß alle Gläubgen haben teil.

Psalm 121 (Gotteslob 752)

Vertraut auf den Herrn; er ist Helfer und Schild

1. Ich hebe meine Augen auf zu den Bergen:
   Woher kommt mir Hilfe?

2. Meine Hilfe kommt vom Herrn,
   der Himmel und Erde gemacht hat.

3. Er läßt deinen Fuß nicht wanken;
   er, der dich behütet, schläft nicht.

4. Nein, der Hüter Israels
   schläft und schlummert nicht.

5. Der Herr ist dein Hüter, der Herr gibt dir Schatten,
   er steht dir zur Seite.

6. Bei Tag wird dir die Sonne nicht schaden
   noch der Mond in der Nacht.

7. Der Herr behüte dich vor allem Bösen,
   er behüte dein Leben.

8. Der Herr behüte dich, wenn du fortgehst und wieder-
   kommst,
   von nun an bis in Ewigkeit.

9. Ehre sei dem Vater und dem Sohn
   und dem Heiligen Geist,

10. wie im Anfang, so auch jetzt und alle Zeit
    und in Ewigkeit. Amen.

Reisesegen

Gott, du hast deinen Knecht Abraham auf allen Wegen
unversehrt behütet. Du hast die Söhne Israels auf trockenem
Pfad mitten durch das Meer geführt. Durch den Stern hast
du den Weisen aus dem Morgenland den Weg zu Christus
gezeigt.
Geleite auch deine hier versammelten Gläubigen auf ihrer
Wallfahrt (Pilgerfahrt) ins Heilige Land. Laß sie deine Gegenwart erfahren, mehre ihren Glauben, stärke ihre Hoffnung,
und erneuere ihre Liebe. Schütze sie vor allen Gefahren, und
bewahre sie vor jedem Unfall. Führe sie glücklich ans Ziel
ihrer Fahrt, und laß sie wieder unversehrt nach Hause
zurückkehren. Gewähre ihnen schließlich, daß sie sicher das

Ziel ihrer irdischen Pilgerfahrt erreichen und das ewige Heil erlangen.
Darum bitten wir dich durch Christus, unseren Herrn.
A: Amen.

Der Herr segne euch und behüte euch; der Herr lasse sein Angesicht über euch leuchten und sei euch gnädig; er wende euch sein Antlitz zu und schenke euch seinen Frieden!
Das gewähre euch der dreieinige Gott, der Vater und der Sohn und der Heilige Geist.
A: Amen.
Gehet hin in Frieden.
A: Dank sei Gott, dem Herrn.

Lied GL 595

Maria, breit den Mantel aus,
mach Schirm und Schild für uns daraus;
laß uns darunter sicher stehn,
bis alle Stürm vorübergehn.
Patronin voller Güte,
uns allezeit behüte.

Die Ankunft im Heiligen Land unterscheidet sich meist nicht von der Landung auf anderen Flughäfen. Die Gruppe ist froh über die sichere Landung und ein wenig abgespannt vom Flug. Dann Paßkontrolle, Abholung des Gepäcks, Empfang durch die örtliche Reiseleitung und Besteigung des Busses. Der geistliche Leiter drückt im Bus kurz die Freude über die sichere Ankunft in Israel aus, stellt den israelischen Guide mit Namen vor und übergibt ihm das Mikrofon. Irgendwann erreicht man die Unterkunft. Am anderen Morgen wird man, falls möglich, den ersten Gottesdienst feiern. Wenn das Programm dies nicht zuläßt oder kein geeigneter Ort zu finden ist, wird man einen Tag später zum Gottesdienst zusammenkommen.
Jerusalem als Höhepunkt der ganzen Reise erreicht man

meist erst einige Tage nach der Ankunft in Israel, nachdem man die Orte am See Gennesaret besucht hat. Aber unabhängig davon: Die Ankunft in Jerusalem sollte sich von der Ankunft in Mailand oder auf Mallorca unterscheiden. Mit dem Guide bespricht man, auf jeden Fall kurz auf den Ölberg zu fahren. Dort steigt die Gruppe aus und hat zum erstenmal die Altstadt von Jerusalem greifbar nah vor sich liegen. Bevor der Guide vielleicht auf wichtige Gebäude hinweist, kann man – nicht unbedingt mit voller Lautstärke – eine oder zwei Strophen von „Großer Gott, wir loben dich" singen. Der alte Wallfahrtspsalm (Psalm 122), von ungezählten jüdischen Pilgern gesungen, paßt hervorragend in diese Ankunftssituation. Die kurze Andacht bewegt sich auf einem Grat zwischen zu nüchtern und zu emotional. So könnte sie aufgebaut sein:

Lied GL 257

Großer Gott, wir loben dich,
Herr, wir preisen deine Stärke.
Vor dir neigt die Erde sich
und bewundert deine Werke.
Wie du warst vor aller Zeit,
so bleibst du in Ewigkeit.

Psalm 122

Ich freute mich, als man mir sagte:
„Zum Haus des Herrn wollen wir pilgern."

Schon stehen wir in deinen Toren, Jerusalem:
Jerusalem, du starke Stadt,
dicht gebaut und fest gefügt.

Dorthin ziehen die Stämme hinauf,
die Stämme des Herrn,
wie es Israel geboten ist,
den Namen des Herrn zu preisen.

Denn dort stehen Throne bereit für das Gericht,
die Throne des Hauses David.

Erbittet für Jerusalem Frieden!
Wer dich liebt, sei in dir geborgen.

Friede wohne in deinen Mauern,
in deinen Häusern Geborgenheit.

Wegen meiner Brüder und Freunde
will ich sagen: In dir sei Friede.

Wegen des Hauses des Herrn, unseres Gottes,
will ich dir Glück erflehen.

Lied GL 257 (3.)

Heilig, Herr Gott Zebaot!
Heilig, Herr der Himmelsheere!
Starker Helfer in der Not!
Himmel, Erde, Luft und Meere
sind erfüllt von deinem Ruhm;
alles ist dein Eigentum.

Der (geistliche) Leiter und der israelische Guide

Man kann davon ausgehen, daß die Guides in Israel gut aus-
gebildet sind und ihr Land kennen und lieben. Sie sind ver-
antwortlich für die Einhaltung des Programms und – soweit
es an ihnen liegt – für Wohlergehen und Sicherheit der
Gruppe.
Ein gutes, entspanntes und kooperatives Verhältnis zwi-
schen Guide und geistlichem Leiter ist für die Gruppe von
Vorteil. Normalerweise erläutert der Guide die biblischen
Orte unter historischen und archäologischen und, wenn
kein geistlicher Leiter anwesend ist, auch unter biblischen
Gesichtspunkten.
Man muß ihm weder nach dem ersten noch im letzten Satz

ins Wort fallen, ihn korrigieren oder ergänzen. Man läßt ihn wohlwollend ausreden, knüpft nach Möglichkeit an das Gesagte an und leitet zur Schriftlesung über, bzw. wenn eine Überleitung zu gewollt klingen würde, schlägt man die Bibel sofort auf. Abends sollte man sich mit dem Guide zusammensetzen und das Programm des nächsten Tages durchgehen. Dabei sind Programmumstellungen manchmal aus aktuellen Anlässen sinnvoll. Der Guide weiß auch wegen seiner absoluten Ortskundigkeit am besten, wann man am nächsten Morgen aufsteht, frühstückt und losfährt.

Gelegentlich muß man darauf achten, daß die Besuche christlicher Stätten zeitlich gegenüber den geographischen oder politischen Interessen des Guides nicht zu kurz kommen. Wenn beispielsweise der Guide entgegen der Programmabfolge vorschlägt, am frühen Morgen zuerst nach Massada, zum Toten Meer und nach Qumran zu fahren und abends bei der Rückkehr in Jerusalem Gottesdienst zu feiern, sollte man durchaus darauf bestehen, den Tag mit dem Gottesdienst zu beginnen, weil am Abend die Gruppe nach einer solchen Tagesfahrt mit Sicherheit erschöpft zurückkommt und der Gottesdienst dann vielleicht zu einer lästigen Pflichterfüllung degradiert wird.

Manchmal läßt der Guide wiederholt verlauten, daß man heute wenig Zeit habe. Das zu sagen ist unklug. Die Teilnehmer bekommen das Gefühl, daß ihnen einiges entgeht. Wenn ein Tag wirklich ein gedrängtes Programm hat, muß man dies nicht eigens betonen. Statt dessen kann man der Gruppe sagen: „Wir gehen jetzt weiter, bzw. wir begeben uns zum Bus, weil wir noch einige interessante Besichtigungen vor uns haben." Und wenn ein Guide in Nazaret umständlich das mehrsprachige Namensschild eines Zahnarztes erläutert, auf dem steht, daß er die hebräische Universität in Jerusalem mit Erfolg besucht habe, und später meint, zum Besuch der Josefskirche reiche die Zeit nicht mehr, darf man ihn darauf hinweisen, daß der Besuch der Josefskirche für die Gruppe sicher so wichtig ist wie das Studium eines Namensschildes, und dann freundlich die Josefs-kirche besuchen.

Es gibt Orte, an denen der geistliche Leiter die Führung übernehmen könnte oder sollte, z. B. am Ölberg. Wenn man dem Guide abends sagt, am nächsten Vormittag könne er mitgehen und sich ausruhen, wird er sicher einverstanden sein. Der Gang von der Himmelfahrtskirche zur Vaterunser-kirche, zur Vaterunsergrotte, zur Kapelle Dominus flevit und zu den Heiligtümern am Fuß des Ölberges – Kirche der Nationen, Mariengrab, Verratsgrotte – kann ein schöner biblisch-meditativer Vormittagsspaziergang werden ohne lange baugeschichtliche Erklärungen. Selbstverständlich betritt man unterwegs den jüdischen Friedhof am Ölberg, wo der Guide zuständiger ist und sicher gern etwas erläu-tert. Der geistliche Leiter sollte auch in der Via Dolorosa und in der Grabeskirche die Führung übernehmen, vorausge-setzt, er kennt sich auch etwas in der Baugeschichte der Grabeskirche aus. Diese kann auch vom Guide auf dem Vor-platz der Kirche vorgetragen werden. Der Gang durch die Via Dolorosa und der Besuch der Grabeskirche sollten auf meditativer Grundlage stattfinden und nicht zerredet wer-den. (Näheres Seite 283.)

Daß man sich jeden Abend kurz vor dem Aussteigen aus dem Bus beim Guide und Fahrer für den Tag bedankt, dürf-te selbstverständlich sein. Sollten sich menschlich verständ-liche Zuneigungen zwischen Fahrer und Reiseteilnehmern entwickeln – manchmal wird die Zuneigung ausschließlich und gezielt und mit bestimmter Absicht auf eine weibliche Teilnehmerin gerichtet –, ist ein sensibles, undramatisches Gespräch mit der betreffenden Dame angebracht. Auch der Busfahrer sollte auf seinen Dienst als Fahrer hingewiesen werden. Harmlos beginnende Episoden – gelegentlich auch mit dem israelischen Guide – können im Orient schnell eska-lieren und schon beim Rückflug zu Ernüchterung und Selbst-vorwürfen führen. Manchmal beginnen die Probleme auch erst nach neun Monaten. In den 40 Jahren meiner Israelfahrten habe ich einiges registriert, und ich hielte es für verantwortungslos, diese Beobachtungen zu tabuisieren. Aber dies sind zum Glück wirkliche Ausnahmen. Und nicht jede harmlose Freundlichkeit sollte Anlaß zu Vermutungen sein.

Der Besuch in Schmuckgeschäften und Andenkenläden kann zahlenmäßig und zeitlich limitiert werden. Die meisten Gruppen sind auf Pilgerfahrt und nicht auf Einkaufsreise. Oft läßt es sich nicht vermeiden, daß man nach einem gemeinsamen Mittagessen plötzlich in einem Souvenirgeschäft steht. Aber man muß in dem Geschäft keine Wurzeln schlagen.

Schön, wenn der Guide den Eindruck gewinnt: Das war eine nette Gruppe, freundlich und interessiert. Schön, wenn der Guide den Eindruck gewinnt: Der Geistliche Leiter ist ein angenehmer Mitmensch, sensibel und tolerant und in den Schriften des Alten und Neuen Testamentes bewandert.

Meditationstexte

Wenn der Bus morgens losfährt, kann man nach einem „Guten Morgen" einen kurzen Meditationstext lesen. Die folgenden kurzen Texte stammen von Frère Roger aus Taizé. Sie sind dem Buch „Jeder Tag ein Heute Gottes" (Herder-Verlag, Freiburg) entnommen. Frère Roger leitete das ökumenische Begegnungszentrum in Taizé in Burgund und stand einer ökumenischen Mönchsgemeinschaft vor. Insofern dürften seine Gedanken von Christen verschiedener Kirchenzugehörigkeit ohne Vorbehalte angenommen werden.

Wichtig ist, daß morgens nicht eine Fülle von Gedanken ausgebreitet wird, sondern ein einziger, der im Laufe des Tages vielleicht ab und zu wieder lebendig wird. Die Meditationstexte sollten lebensbezogen sein. Nach einer kurzen Stille von einer knappen Minute nach dem Vortrag des Meditationstextes kann man ein Morgengebet sprechen und mit einem Lied enden. In der Reihenfolge ist Flexibilität angesagt. Auch die Folge Lied – Meditationstext – Lied ist sinnvoll oder Meditationstext – Gebet – Lied und was es noch an Varianten gibt. Verschiedene Reiseveranstalter verschicken eigene Liederbücher. Ansonsten kann man selber Lieder zusammenstellen. Die Liederbücher kann man bereits während der Abfahrt des Busses in der Heimat verteilen.

(Die Überschriften sind eine kurze Inhaltsangabe für den Leiter und sollten nicht vorgelesen werden.)

Montag

Ökumene heißt Versöhnung

Kann man noch über Ökumene sprechen, ohne sich unverzüglich und konkret zu versöhnen? Wenn wir nur die lieben, die auch uns lieben und uns gleichen – tun das nicht auch die Nichtglaubenden? Die Inkonsequenz der Spaltungen unter den Christen nimmt ihren Worten die Glaubwürdigkeit und hält eine neue Generation von der Kirche fern.

Dienstag

Heute

Jeden Morgen den heraufziehenden Tag in Empfang nehmen. In jedem Menschen schafft Gott Neues. Im Heute Gottes leben, das ist das wichtigste. Morgen wird wieder ein Heute sein.

Mittwoch

Verzeihen

Man verzeiht nicht mit dem Hintergedanken, den andern dadurch zu ändern. Das wäre erbärmliche Berechnung, die nichts mit der Selbstlosigkeit der Liebe zu tun hat. Man verzeiht um Christi willen. Verzeihen heißt sogar noch darauf verzichten, herauszufinden, was der andere mit unserem Verzeihen anstellt.

Donnerstag

Treue

Es können Augenblicke kommen, in denen die Treue nicht mehr spontan lebendig ist: Das Ja wird zur Last, es wird ohne Liebe aufrechterhalten. Dann kann es – aber nur vorübergehend – notwendig werden, es wie ein Gesetz anzuwenden, bis die Liebe von neuem aufbricht.

Freitag

Christus bei uns

Am Abend seiner Auferstehung begleitete Jesus zwei seiner Jünger, die in das Dorf Emmaus gingen. Aber sie erkannten ihn zunächst nicht. Es gibt Zeichen im Leben, in denen auch uns nicht bewußt wird, daß er an unserer Seite geht. Dennoch, erkannt oder unerkannt, erahnt oder abgelehnt, ist er da, selbst wenn alle Hoffnung auf ihn erloschen ist. Er betet in uns, in der Stille des Herzens.

Samstag

Jeder hat Gaben

In jedem Menschen liegen einzigartige Gaben. Warum an diesen Gaben zweifeln? Warum sich mit andern vergleichen, warum ihre Gaben haben wollen und darüber die eigenen verkennen?

Sonntag

Fest des verlorenen Sohnes

Jeden Morgen steckt Christus uns den Ring des Verlorenen, den Ring des Festes an den Finger.

Montag

Beten

Verzichten wir darauf, uns im Gebet zu quälen. Gott begreift, was wir sagen wollen.

268

Dienstag

Liebe – Freiheit
Wenn wir einen Menschen mit allen Fasern lieben, möchten wir ihm die Freiheit lassen, unsere Liebe im gleichen Maße zu erwidern, aber auch die Freiheit, es nicht zu tun.

Mittwoch

Zukunft
Gott verurteilt niemanden zu Unbeweglichkeit. Niemals verbaut er den Weg. Immer bahnt er neue Wege, mögen sie manchmal auch eng sein.

Donnerstag

Verzeihen
Was ist Verzeihen? Die unerhörteste, unwahrscheinlichste, umfassendste Wirklichkeit des Reiches Gottes.

Freitag

Mitleiden
Gott läßt den Menschen frei, aber er sieht nicht untätig zu, wie er leidet. Er leidet mit ihm. Durch Christus besucht er uns bis in die Wüste unseres Herzens.

Samstag

Ebenbild
Es gibt keine Möglichkeit, festzustellen, welche Ausstrahlung wir haben. Viele Menschen auf der Erde strahlen Gott aus, ohne es zu wissen, ja vielleicht sogar, ohne es zu wagen, daran zu glauben.

Sonntag

Tod als Übergang
Den tiefsten Grund der Freude glaube ich bei mir darin zu entdecken, daß ich bereit bin, eines Tages das irdische Leben zu verlassen, um in ein neues Leben hinüberzugehen, das

nie enden wird. Zu wissen, daß ich einmal in Frieden meine Augen schließen und Christus begegnen kann, ist für mich Grund zum Fest. Die Zustimmung zum eigenen Tod läßt mich einen Lebensstrom neu entdecken.

Montag

Lebensalter

Jedes Lebensalter hat seine Harmonie. Warum den körperlichen Verfall fürchten, bringen die Jahre doch innere Einsicht mit sich, eine Milde. Ist dies das Wehen des Heiligen Geistes? Ist dies die Seele des Menschen: der verborgene Pulsschlag eines unbeschreiblichen Glücks?

Morgengebete

Beim aufgehenden Morgenlicht preisen wir dich, o Herr; denn du bist der Erlöser der ganzen Schöpfung. Schenk uns in deiner Barmherzigkeit einen Tag, erfüllt mit deinem Frieden. Vergib uns unsre Schuld.
Laß unsre Hoffnung nicht scheitern. Verbirg dich nicht vor uns. In deiner sorgenden Liebe trägst du uns; laß nicht ab von uns. Du allein kennst unsre Schwäche. O Gott, verlaß uns nicht. Ostsyrische Christen

Vater im Himmel,
Lob und Dank sei dir für die Ruhe der Nacht;
Lob und Dank sei dir für den neuen Tag;
Lob und Dank sei dir für alle deine Liebe und Güte und Treue in meinem Leben.
Du hast mir viel Gutes erwiesen; laß mich auch das Schwere aus deiner Hand annehmen. Du wirst mir aber nicht mehr auferlegen, als ich tragen kann. Du läßt deinen Kindern alle Dinge zum Besten dienen. Dietrich Bonhoeffer

Wir sind erwacht. Der Schlaf ist noch in unseren Augen, aber auf unseren Lippen soll sofort dein Lob sein. Wir loben und wir preisen dich und beten dich an. Wir, das ist die Erde, das Wasser und der Himmel. Das sind die Gräser und Sträucher und Bäume. Das sind die Vögel und all das andere Getier. Das sind die Menschen hier auf der Erde. Alles, was du erschaffen hast, freut sich an deiner Sonne und an deiner Gnade und wärmt sich daran. Darum sind wir so froh in dieser Morgenstunde, o Herr. Mach, daß die Stunden und Minuten nicht in unseren Händen zerrinnen, sondern in deine Fülle münden.   Aus Afrika

Morgensegen

Ich danke dir, mein himmlischer Vater,
durch Jesus Christus, deinen lieben Sohn,
daß du mich diese Nacht vor allem Schaden
und Gefahr behütet hast;
und bitte dich, du wollest mich diesen Tag
auch behüten vor Sünden und vor allem Übel,
daß dir all mein Tun und Leben gefalle.
Denn ich befehle mich,
meinen Leib und Seele und alles in deine Hände.
Dein heiliger Engel sei mit mir,
daß der böse Feind keine Macht an mir finde.
Amen.

Mohammeds Morgengebet

Es ist Morgen geworden
für uns und für die Schöpfung …
Die Schöpfung ist Gottes,
das Lob ist Gottes,
die Majestät ist Gottes,
die Größe ist Gottes,
Sein ist Erschaffung und Befehl;
Tag und Nacht und was darinnen ruht,
ist Gottes.

O Gott,
mache den Anfang dieses Tages heilsam,
seine Mitte erfolgreich
und sein Ende gedeihlich,
o du Allbarmherzigster!

Sonnengesang

Du höchster, allmächtiger, guter Herr,
dein sind der Lobpreis,
der Ruhm und die Ehre
und jede Benedeiung.
Dir allein, Höchster, gebühren sie,
und kein Mensch ist würdig,
deinen Namen zu nennen.

Gelobt seist du, mein Herr,
mit allen deinen Geschöpfen,
zumal mit der Herrin, der Schwester Sonne;
sie erhellt den Tag
und leuchtet uns mit ihrem Licht.
Und wie ist sie schön
und strahlend im mächtigen Glanz,
von dir, Höchster, trägt sie das Sinnbild.

Gelobt seist du, mein Herr,
durch Bruder Mond und die Sterne;
am Himmel hast du sie geformt
so klar und kostbar und schön.

Gelobt seist du, mein Herr,
durch Bruder Wind
und durch die Luft und die Wolken
und heitres und jegliches Wetter,
durch das deinen Geschöpfen
du gibst die Nahrung.

Gelobt seist du, mein Herr,
durch Schwester Wasser;
sehr nützlich ist es, demütig
und köstlich und keusch.

Gelobt seist du, mein Herr,
durch Bruder Feuer,
durch das du erleuchtest die Nacht;
und wie ist es schön
und fröhlich und kraftvoll und stark.

Gelobt seist du, mein Herr,
durch unsre Schwester, die Mutter Erde,
die uns ernährt und versorgt
und herbringt allerlei Früchte
mit bunten Blumen und Gras.

Gelobt seist du, mein Herr, durch jene,
die verzeihen durch deine Liebe
und geduldig sind
in Krankheit und Drangsal.
Selig, die das ertragen in Frieden;
denn von dir, du Höchster,
werden sie gekrönt.

Gelobt seist du, mein Herr,
durch unseren Bruder, den leiblichen Tod,
ihm kann kein lebender Mensch entrinnen.
Wehe jenen, die in Todsünden sterben!
Selig jene, die er findet
in deinem allheiligen Willen;
denn der zweite Tod
tut ihnen kein Leid an.

Lobet und preiset meinen Herrn,
und erweist ihm Dank,
und dient ihm
mit großer Demut.

An diesem Morgen, Gott, möchten wird dir Dank sagen. Was anders auch könnten wir tun, wenn wir unser Herz zu dir wenden!

Daß wir heute morgen unsere Sinne wieder gebrauchen können, ist ein Wunder und ein Werk deiner Gnade.

Wieviel Schönes wirst du uns heute wieder sehen lassen! Wieviel Gutes werden wir hören!

Laß uns in der Dankbarkeit verharren, denn „es ist in Wahrheit würdig und recht, dir immer und überall zu danken".
Amen.   Aloys Butzkamm

Mit der erwachenden Schöpfung preisen wir dich, Gott, den Unbegreiflichen. Wir dürfen dich Vater nennen. An vielen Orten dieser Erde rufen dich heute Menschen unter verschiedenen Namen an. In diesen großen Chor fügen wir uns ein und preisen dich, denn du bist groß und dein Wesen ist die Liebe. Du liebst uns nicht, weil und wenn wir etwas leisten. Deine Liebe zu uns ist bedingungslos und unwiderrufbar. Jeden von uns blickst du mit Wohlwollen an. Jeder von uns ist in deinen Augen wertvoll. Jeden von uns hast du als einmaliges, unwiederholbares Individuum gewollt. Laß uns heute denken, reden und tun, was wohlgefällig ist vor dir und unserem Nächsten von Nutzen ist, darum bitten dich durch Jesus, deinen Sohn, der unser Bruder geworden ist.
Amen.   Aloys Butzkamm

Gottesdienste:
Eucharistiefeiern und Wortgottesdienste

Neben den Schriftlesungen und Schriftauslegungen an den jeweiligen biblischen Orten gehören die Gottesdienste zu den bleibenden Eindrücken. Viele der Gruppenteilnehmer kennen nur die üblichen Sonntagsgottesdienste in ihren Heimatkirchen, manchmal nicht einmal diese. Anzahl und Gestaltung der Eucharistiefeiern hängen von der Gruppenzusammensetzung ab. Die tägliche Meßfeier kann zu einer Übersättigung führen und auch mit dem Tagesprogramm in

Konflikt kommen. Aus meiner Erfahrung sind bei einer einwöchigen Israelfahrt drei bis vier Eucharistiefeiern sinnvoll. Zeitlich sollte eine möglichst am Tage nach der Ankunft in Israel gefeiert werden, der Abschlußgottesdienst am Vorabend der Abreise.

Die Gestaltung muß nicht überzogen werden. Wenn die Schrifttexte gut vorgetragen und erläutert werden, einige allen bekannte Lieder gesungen und aktuelle Fürbitten vorgetragen werden und der Ort gut gewählt ist, stimmen die Rahmenbedingungen. Es sollte durchaus auch eine schrittweise Steigerung in der Gestaltung der Eucharistiefeiern geben. Bei jeder Meßfeier können neue Elemente hinzutreten: Friedensgruß, Psalmen und Kanonlieder, verschiedene Kanontexte, spontan und frei von den Teilnehmern formulierte Fürbitten. All diese Elemente sofort in den ersten Gottesdienst aufzunehmen würde einige Teilnehmer ängstigen und überfordern.

Bei den meisten Gruppen sind auch evangelische Teilnehmer. Oft ist es ihr erster Kontakt mit einer katholischen Meßfeier. Ein gläubiger Protestant glaubt, daß er beim Empfang des Abendmahles Christus in besonderer Weise begegnet und empfängt. Das ist vielen Katholiken nicht bekannt. Es sollten keine unnötigen Barrieren aufgerichtet werden, auch nicht gegenüber katholischen Christen, die vielleicht jahrelang der Kirche gegenüber in kritischer Distanz waren. Jeder muß das Gefühl haben, daß er willkommen und akzeptiert ist, ob er die heilige Kommunion empfängt oder sich aus irgendwelchen Gründen zurückhält.

Die Wahl des Ortes für den Gottesdienst ist wichtig. Es gibt ideale Stätten, die jedoch von Pilgern sehr überlaufen sind. Aus meiner Erfahrung ist einer der schönsten und unvergeßlichsten Orte der Berg der Seligkeiten, und zwar nicht die Kapelle selbst, sondern der Garten. Hier gibt es mehrere Orte mit Altären und Sitzgelegenheiten. Man ist in der freien Natur, umgeben von gepflegten Blumen und Sträuchern, man blickt auf den See Gennesaret und hört das Zwitschern der Vögel. Seit einigen Jahren besitzt der Deutsche Verein vom Heiligen Lande ein eigenes Pilgerhaus am See. Auch hier gibt es draußen direkt am See einen sehr beeindruckenden Ort für die Feier der Eucharistie. All diese Eindrücke münden ein in die Dankfeier durch und mit Jesus Christus an den himmlischen Vater. Sollte es regnen, begibt man sich in die Kapelle des Schwesternhauses oberhalb der kleinen Zentralkirche auf dem Berg der Seligkeiten. Diese selbst ist für Gottesdienste wegen des großen Altaraufbaues im Zentrum des Raumes denkbar ungeeignet. Ruhig und schön gelegen ist auch der Ort am See bei Tabgha. Die Kapelle „Dominus flevit" am Ölberg ist ebenfalls geeignet. Während der Eucharistiefeier sorgen die Patres dafür, daß keine anderen Gruppen die Kapelle betreten. Auch die Verratsgrotte am Fuße des Ölberges garantiert eine ungestörte Meßfeier. Die Gruppe ist eng um den Altar versammelt. In der Grabeskirche verfügen die Franziskaner über einen abschließbaren Kapellenraum für Gottesdienstfeiern. Den Abschlußgottesdienst halte ich gern in der Kirche der Dormitio auf dem Berge Sion im deutschen Benediktinerkloster. Der Abt gestattet, daß die Gruppe im Chorgestühl Platz nimmt. Der Priester darf den Sitz den Abtes einnehmen. So entsteht ein großes, zum Altar hin offenes Oval. Besonders und eigentlich nur für größere Gruppen von ca. 30 bis 40 Personen ist dieser Ort ideal. Insgesamt gilt nach meiner Erfahrung: Es ist wichtiger, einen ruhigen Ort zu finden und die Gruppe eng um den Altar zu versammeln als unter allen Umständen direkt an oder auf dem betreffenden biblischen Ort Gottesdienst zu feiern.

Wie gesagt, man muß nicht täglich und an jeder heiligen Stätte die Messe feiern. Bei einem Besuch in En-Karim, der Stätte der Visitatio, kann man die entsprechende Schriftstelle lesen und ein Gesätz vom Rosenkranz beten, natürlich hier mit dem Zusatz: „Den du, Jungfrau, zu Elisabet getragen hast". Es ist auch durchaus hilfreich, bevor man zum erstenmal den Rosenkranz hervorholt, mit ein paar Sätzen den Sinn dieses Gebetes zu erläutern: daß im ersten Teil Sätze aus dem Lukasevangelium zitiert werden; daß das Gebet marianisch und christologisch ist und auf Jesus hinzielt; daß es wiederholende Gebete in allen Religionen gibt; daß wir uns in einen Gebetsfluß hineinbegeben, der uns trägt. Wenn wir während des Gebetes mit den Gedanken oft woanders sind – vermutlich bei wichtigen Problemen oder bei bestimmten Personen –, können wir diese Situation mit in den Gebetsfluß hineinnehmen. Ein vollständiges Rosenkranzgebet mit fünf Gesätzen führt sicher zu Frustrationen. Lieber ein Gesätz in Ruhe meditieren!

Schriftlesungen an den biblischen Orten

Zu den nachhaltigsten, bleibenden Eindrücken sollten nach den Eucharistiefeiern die Schriftlesungen an den biblischen Orten gehören. Meist wird im Anschluß an die Erläuterungen des israelischen Guides aus der Schrift gelesen. Für die Gruppe wählt man einen schattigen Ort – der Guide kennt solche Stellen – und läßt sie möglichst nah zusammen bequem Platz nehmen. Wenn möglich, setzt sich auch der geistliche Leiter während der Lesung. Nach meiner Erfahrung sollte der Leiter die Texte selbst vortragen, und zwar aus zwei Gründen: Viele fühlen sich überfordert und werden nervös, wenn sie einen Text spontan vor einer Gruppe vortragen sollen. Der Hauptgrund: Als Vortragender kann man während der Lesung schon ganz kurze Hinweise zum besseren Verstehen geben. Oft genügt ein anderes Wort, ein knapper Satz, die Wiederholung eines Wortes oder Satzes, der Hinweis auf Kommendes oder eine rhetorische Zwischenfrage. Nach der Lesung muß der Text kurz erschlossen werden, jedoch so, daß aus der Erklärung weder eine Predigt noch eine Vorlesung wird. Man muß auch nicht ausgerechnet in Betlehem das Lukasevangelium exegetisch auseinanderpflücken. Auf keinen Fall – das wäre auch bibelwissenschaftlich unhaltbar – darf den Zuhörern der Eindruck vermittelt werden, die Bibel sei überholt oder unwahr. Beides ist sie nicht. Die Bibel muß im Licht heutiger gesicherter exegetischer Erkenntnisse interpretiert werden, und zwar so, daß Menschen, die mehr einer historisch-realistischen Sichtweise der Bibel anhängen, sich nicht verletzt, bloßgestellt oder unter Druck gesetzt fühlen. Die kurze Interpretation der Textstelle kann auch durch Bemerkungen oder Fragen aus der Gruppe eingeleitet werden; oder man gibt zum Schluß seiner Erläuterung die Möglichkeit, zum Text oder zur Erklärung Fragen zu stellen oder Ergänzungen zu machen. In den meisten Fällen kann man dann den betreffenden Ort verlassen, ohne jedesmal lange Gebete anzuschließen. Manchmal ist es jedoch sinnvoll, zum Beispiel ein Gesätz des Rosenkranzgebetes zu sprechen oder das Vaterunser zu beten oder ein Gebet spontan frei zu formulieren. In der Geburtsgrotte zum Beispiel kann man kurz auf die Örtlichkeiten hinweisen und dann ein Gesätz des Rosenkranzes beten, hier mit dem Zusatz: „Den du, o Jungfrau, hier geboren hast". Ob man das Weihnachtsevangelium liest, hängt vom Andrang an Besuchern ab. Auf dem Kalvarienberg ist fast ständig Gedränge, oft ein sehr unwürdiges. Nach einer kurzen Orientierungshilfe, die man schon draußen vor der Kirche ausführlicher gegeben hat, sollte man lieber eine fünf bis zehn Minuten lange Stille halten und dann die Möglichkeit geben, daß jeder, der möchte, sich vor den Altar über dem Kreuzigungsort hinkniet und – wenn er mag – den Felsen berührt. Vieles hängt von der jeweiligen Situation ab. Flexibilität ist gefordert. Es sollte auch nicht zuviel gelesen werden. Wenn die Zeit drängt oder Hunger und Durst sich bemerkbar machen, muß man sich auf weniger beschränken. Bei längeren Busfahrten kann man die Schrift lesen; manchmal muß man es. Wenn man zum Beispiel die Gilboa-Berge vom fahrenden Bus aus sieht, weist der Guide normalerweise auf die Bergkette hin, und es wird dann im fahrenden Bus die entsprechende Stelle aus dem Samuelbuch gelesen (s. Seite 76). Man kann neben den Hirtenfeldern unter Olivenbäumen das Buch Rut beginnen und im Bus weiterlesen. Bei einer abendlichen Runde nach dem Essen kann man auf einzelne Bibelfragen genauer eingehen und im Gespräch vieles klären.

Eine Israelfahrt bildet eine hervorragende Gelegenheit, die Bibel zum Leuchten zu bringen. Die meisten Teilnehmer haben ein naives Verständnis von der Schrift. Seit Kindertagen haben sie nichts Kompetentes an Schriftauslegung gehört. Am Schluß einer Schriftlesung und Schrifterklärung und vor allen Dingen im Rückblick auf eine Israelfahrt müßte etwas von dem Empfinden der Emmausjünger lebendig werden: „Brannte uns nicht das Herz in der Brust, als er unterwegs mit uns redete und uns den Sinn der Schrift erschloß?" (Lk 24,32).

Abendliche Gesprächsrunden mit der Gruppe

Die Eindrücke während eines Tages im Heiligen Land beanspruchen Augen, Ohren und Herz oft bis an die Grenzen. Auch im physiologischen Sinn werden Herz und Kreislauf strapaziert.

Wenn die Gruppe abends in der Unterkunft eintrifft, ist sie normalerweise müde, abgespannt und voller Tageseindrücke. Abendessen und die anschließende Zeit zur freien Verfügung sind in der Regel sehr willkommen.

Trotzdem sollte man am ersten oder zweiten Abend eine gemeinsame Runde ansetzen. Wenn sich die Gruppenmitglieder noch nicht kennen, ist zu Beginn eine Vorstellungsrunde sinnvoll. Danach können offengebliebene Fragen vom Tag besprochen werden. Eine kurze erläuternde Vorstellung des Programms des nächsten Tages wird gern zur Kenntnis genommen. Man sollte eine solche Runde nicht künstlich in die Länge ziehen.

Bei einer acht- oder zehntägigen Reise ist in der Hälfte der Zeit eine weitere Gesprächsrunde angebracht. Sicher haben sich nun schon mehr Fragen angesammelt. Ansonsten kann auch der Leiter ein Thema vorschlagen, zum Beispiel über die Beurteilung Jesu im heutigen Judentum oder über die Apokryphen oder über religiöse Gruppierungen zur Zeit Jesu. Wenn die Vorbereitung umfassend war, kann auf die Diskussion solcher Themen verzichtet werden. Ansonsten hängt die Anzahl der abendlichen Runden vom Bedürfnis der Teilnehmer und von der Zusammensetzung der Gruppe ab. Man muß ein gutes Mittelmaß finden. Eine tägliche abendliche Gesprächsrunde kann man nicht jeder Gruppe zumuten. Weder bei Meßfeiern noch bei Schriftauslegungen, noch bei Gesprächsrunden darf sich bei den Teilnehmern Widerwillen regen in Form von: „Schon wieder!" Ob dies eintritt oder nicht, ist nicht in erster Linie eine Frage der Quantität, sondern vielmehr der Qualität solcher Runden.

Auf jeden Fall muß man sich am vorletzten Abend vor der Abreise versammeln. In jeder Unterkunft wird man einen Raum angewiesen bekommen, wo man ungestört sitzen und sprechen kann. An diesem Abend sollte auch der jüdische Guide dabeisein. Er wird etwas sagen über die gemeinsam verbrachte Zeit und sich in der Regel bei der Gruppe für die Aufmerksamkeit bedanken. Der geistliche Leiter hat die Aufgabe, dem Guide für seine Erläuterungen und vielfältigen Hilfestellungen zu danken. An diesem Abend wird ihm auch im Namen der Gruppe ein Umschlag mit Trinkgeldern überreicht. Die Höhe wird meist von den Reiseveranstaltern in Deutschland vorgeschrieben. Wenn Gruppe und geistlicher Leiter mit dem Guide zufrieden waren, kann man das in Form einer Erhöhung des Trinkgeldes zum Ausdruck bringen, ohne dies verbal anzumerken. Zu diesem Abend sollte auch der Busfahrer eingeladen werden. Besonders ihm sollte der Dank verbal und mit Briefinhalt ausgedrückt werden. Der Fahrer sitzt täglich stundenlang am Steuer und muß den Bus über kurvenreiche Straßen mit großen Höhenunterschieden steuern. In der Regel sind es arabische Fahrer, die eine kinderreiche Familie zu unterhalten haben. Eine Erhöhung des Trinkgeldes wird dankbar angenommen. Ist der Fahrer an diesem Abend verhindert, wird ihm der Umschlag

am letzten Tag während der Fahrt zum Flughafen überreicht.

Erklärungen im Abendmahlssaal

Die beiden Berichte (s. Seite 108/109) motivieren zu einer
Fülle von Erklärungen und Erläuterungen. Beschränkung ist
angesagt! Statt alles zu sagen, was einem im Zusammenhang mit der Eucharistiefeier in den Sinn kommt, ist es besser, einen oder zwei Akzente zu setzen.

Sinnvoll wären ein paar Gedanken über den Zusammenhang
von Paschamahl und Eucharistiefeier, formell und inhaltlich
(s. Seite 112). In beiden Feiern geht es um Befreiung, Lösung
und Erlösung. Die Bedeutung und die Konsequenzen gemeinsamen Essens und Trinkens als gemeinschaftskonstitu-
ierend könnten aufgezeigt werden (s. Seite 112). Der Wandel in der Gestaltung von Eucharistiefeiern im Lauf der Geschichte wäre ein Thema.

Da Jerusalem zum christlichen Osten gehört, könnte auf
einige Aspekte des orthodoxen Eucharistieverständnisses
verwiesen werden, zum Beispiel-Liturgiefeier als Repräsen-
tation himmlischer Liturgie im Kirchenraum, auf die stärkere
Betonung des Geheimnisvollen.

Wie gesagt, der eine oder andere Akzent sollte gesetzt werden. Es gibt sicher auch noch ganz andere gute Gedanken,
die im Anschluß an die Schriftlesung geäußert werden können. Länge und Inhalt aller Erklärungen hängen auch immer
von der Aufnahmefähigkeit der Gruppe ab.

Durch die Via Dolorosa

Der Gang durch die Via Dolorosa verlangt neben dem
Besuch der Grabeskirche ein hohes Maß an Sensibilität. Beides kann sehr enttäuschend sein, falls eine gründliche Vorbereitung fehlt. Vor der Meditation der ersten Station sollte

man in der Kapelle oder im Hof des Franziskanerklosters auf folgendes hinweisen:

Der genaue Verlauf des Weges, den Jesus nach seiner Verurteilung gegangen ist, kann nicht mit Sicherheit rekonstruiert werden. Er ist abhängig von der Lage des Prätoriums, wo das Urteil des Pilatus gesprochen wurde. Befand es sich in der Burg Antonia, also dort, wo die Via Dolorosa („der schmerzhafte Weg") heute ihren Anfang nimmt, oder war es in der Oberstadt? Die Kenntnis des exakten Weges ist für den Pilger nicht von zentraler Bedeutung, auch das sollte betont werden.

Um Irritationen zu vermeiden, muß auch darauf hingewiesen werden, daß der Kalvarienberg ursprünglich außerhalb der Stadt lag. Tote wurden in antiken Städten grundsätzlich außerhalb der Stadtmauern begraben. Im Laufe der Zeit wurden und werden die Altstadt von Jerusalem und das sie umgebende Gebiet immer weiter bebaut, so daß der Kalvarienberg heute mitten in der Altstadt von Jerusalem liegt.

Einleitend kann man auch die Kreuzigungsprozeduren kurz und nicht sadomasochistisch erläutern. Die Evangelien verzichten darauf, weil die Kreuzigungsstrafe den Zeitgenossen damals bekannt war und weil es ihnen um die Deutung der Passion Jesu ging.

Es bietet sich hier auch eine gute Gelegenheit, zu betonen, daß das jüdische Volk nicht als Ganzes den Tod Jesu gefordert hat und daß die Verantwortlichen ja auch durchaus religiöse Gründe hatten, Jesus zu beseitigen. Das jüdische Volk ist nicht von Gott verflucht, was in vielen christlichen Kreisen noch unterschwellig angenommen wird, sondern nach wie vor von Gott geliebt. Auch die Stellung des Judas kann in diesem Zusammenhang neu bedacht werden als eines Zeloten, der Jesus nun unbedingt in eine Entscheidungssituation bringen wollte.

Es gibt verschiedene Möglichkeiten, den Leidensweg Jesu nachzugehen. Da sich heute auf der gesamten Strecke bis zur Grabeskirche an beiden Seiten der Via Dolorosa Geschäfte und Werkstätten befinden und sich viele Menschen hier drängen, sind lange Gebete an den einzelnen Stationen nicht empfehlenswert. Zwar wird einen niemand daran hindern, aber die Ablenkungsquellen visueller und akustischer Art sind doch sehr intensiv. Man könnte statt dessen schweigend gehen und an den einzelnen Stationen das Thema angeben, das meist an der Wand neben der entsprechenden Zahl angegeben ist. Eine willkommene Oase bietet die sechste Station: „Veronika reicht Jesus das Schweißtuch". Diese Station wird von den „Kleinen Schwestern" betreut. Man kann die Kapelle besuchen und ungestört lesen, erläutern und beten. Im Chorraum befindet sich ein Veronikabild. Veronikabilder wurden im ausgehenden Mittelalter oft gemalt. Ihr Erkennungszeichen ist immer der fehlende Hals. Ein Veronikabild zeigt nur das Antlitz. Oft ist das Tuch (Sudarium) der Veronika hinter dem Kopf ausgebreitet, manchmal wird es von Engeln gehalten.

In der Grabeskirche

Neben dem Gang durch die geschäftige Via Dolorosa gehört der Komplex der Grabeskirche zu den biblischen Orten, die am meisten enttäuschen können. Eine vorbereitende Hinführung ist unumgänglich.

Am besten sammelt man zunächst die Gruppe vor dem Betreten der Kirche auf dem Vorplatz. Da man offensichtlich eine Kirche aus der Kreuzfahrerzeit vor sich hat, ist ein kurzer baugeschichtlicher Überblick notwendig: heidnischer Tempel des Hadrian, konstantinische Basilika, Kreuzfahrerkirche.

Auf das, was einen im Innern erwartet, sollte hingewiesen werden: daß mittlerweile leider das Posieren und Fotografieren auf dem Kalvarienberg üblich ist; daß nicht nur fromme Pilger die Kirche besuchen, sondern auch viele respektlose Touristen; daß es vor dem Heiligen Grab oft eine lange Warteschlange gibt; daß man zu dritt oder viert in das Heilige Grab eingelassen wird; daß man tief gebeugt hinein- und herausgeht, um sich nicht den Kopf zu stoßen; daß man im innersten Raum etwa eine Vaterunser-Länge neben- einander knien bleibt; daß man sich nicht erschrecken soll, wenn im Heiligen Grab ein Mönch mit einem Kollekten- körbchen steht. Der Weg, den man gehen wird, sollte kurz skizziert werden. Am besten steigt man zunächst auf den Kalvarienberg hinauf.

Auch das Verhalten auf dem Kalvarienberg sollte kurz besprochen werden. Wenn gerade nicht zu viele Pilger in der Kapelle auf dem Kalvarienberg sind, kann man eine Passage aus der Leidensgeschichte vorlesen, am sinnvoll- sten den Textabschnitt, der vom Sterben Jesu berichtet. Ansonsten ist wohl Schweigen dem Ort angemessen. Es sollte draußen darauf hingewiesen werden, daß die Pilger vor einem Altar niederknien und mit der Hand in eine Öff- nung auf dem Boden fassen, wo man den Felsen von Gol- gota berühren kann. Nach dem Abstieg über eine andere Treppe steht man unten am Fuß des Kalvarienberges vor dem Grab Adams. Dies ist ein theologischer, kein histori- scher Ort. Wie sinnvoll, hier das Grab Adams zu lokalisie- ren! Das Blut des Gekreuzigten fließt auf sein Grab und erlöst ihn und damit das ganze Menschengeschlecht. Etwa ab dem 10. Jahrhundert sieht man auf Kreuzigungsdarstel- lungen oft am Fuß des Kreuzes einen Schädel. Es ist der Schädel Adams in Anlehnung an die Örtlichkeit des Kalvari- enberges in Jerusalem.

Auf die koptische Kapelle hinter dem Heiligen Grab sollte hingewiesen werden. In der Kapelle steht ein Mönch und verteilt geweihtes Wasser und kleine Bildzettel mit getrock- neten Blumen aus dem Heiligen Land. Ein paar Schritte wei- ter am äußeren Umgang kann man in der Kapelle der Syrer noch mehrere Felsengräber sehen. Nach einer weiteren Vier- telkreisbewegung im Uhrzeigersinn kommt man in den Bereich der Franziskaner. Hier wird der Begegnung zwischen Maria aus Magdala und dem Auferstandenen gedacht. Eine

284

neuere Noli-me-tangere-Darstellung hält die Begegnung lebendig. Wenn man ein paar Schritte im Uhrzeigersinn weitergeht, kann man über eine breite Treppe in die Kapelle der Armenier hinabsteigen. Von hier führt eine schmalere Treppe noch tiefer hinab in die Kreuzauffindungskapelle. Hier erzählt man die Geschichte von der Kreuzauffindung durch die Kaiserinmutter Helena. Auch ein kurzer Exkurs über Kreuzreliquien könnte gegeben werden. Im Dommuseum in Limburg an der Lahn kann man eine der wertvollsten Staurotheken aus Byzanz sehen, also ein kostbares Reliqiar für Kreuzpartikel. Auch auf die oft polemisch geäußerte Bemerkung, man würde mit allen in der Welt verehrten Kreuzpartikeln mehrere Kreuze zusammenstellen, kann man eingehen und entgegnen, daß viele Kreuzpartikel Berührungsreliquien sind und daß die historische Echtheit nicht im Vordergrund steht, sondern die Brückenfunktion dieser Teile als Hinführung zur Passion. Viele Nichtkatholiken sind immer wieder erstaunt, wenn sie hören, daß kein Katholik zur Reliquienverehrung verpflichtet ist. Andererseits ist ein verweltlichter Reliquienkult heute weit verbreitet, wenn es um Gegenstände geht, die mit Medienstars zu tun haben. Natürlich muß man das alles nicht in dieser Kreuzauffindungskapelle erzählen. Oft drängt die Zeit zum Mittagessen oder zur Fahrt zu einem anderen biblischen Ort. Der eine oder andere Akzent, vielleicht auch über die neue Entwicklung der Kirche unter Konstantin, kann hier gesetzt werden. Auch in einer abendlichen Runde können diese Themen behandelt werden.

Rücksichtnahme

In Israel merkt man sehr bald, daß sich dort nicht nur die eigene Gruppe aufhält. In der Hochsaison stehen Dutzende Busse in Cäsarea am Meer, auf dem Berg der Seligkeiten, im Kidrontal oder auf dem Sionsberg. Christen verschiedener Kirchenzugehörigkeit aus nahezu allen Ländern der Erde besuchen die heiligen Stätten. Hautfarbe und Sprache lassen auf die Herkunftsländer schließen. Manche verlangsamen die Schritte, wenn sie an einer Gruppe vorbeikommen, um zu hören, aus welchem Land sie kommt. Schnell bilden sich Urteile, noch schneller werden Vorurteile erhärtet. Im sogenannten Ausland trägt jeder Verantwortung auch für sein Land.

Manchmal gibt es Gedränge, wenn mehrere Gruppen zum Beispiel die Geburtsgrotte oder die Vaterunsergrotte zur gleichen Zeit besuchen wollen. Die Ellenbogen muß man nicht bemühen, und auch die Stimme sollte geschont werden. Etwas Wartezeit oder langsames Gehen kann für eine stille Meditation genutzt werden. Befindet man sich selber bereits in einem engen Raum, kann man der wartenden Gruppe kurz anzeigen, daß es nur noch eine oder zwei Minuten dauern wird. Eine lange Schriftlesung oder die anschließende Erläuterung kann man auch draußen an einem anderen Ort fortführen. Rücksichtnahme ist angesagt und nicht ein stures Pochen auf seine Rechte!

Oft wird die Gruppe von Getränkeverkäufern und Anbietern religiöser Artikel regelrecht attackiert. Meist genügt die freundlich vorgetragene Bitte, die Sachen später anzubieten, und schon hat man Ruhe für die Schriftlesung und für Erklärungen.

Mittlerweile muß man auch christliche Pilger zur Rücksichtnahme gegenüber den heiligen Stätten und den dort betenden und meditierenden Pilgern ermahnen. Mehr und mehr wird zum Beispiel der Kalvarienberg zu einem touristisch interessanten Denkmal, auf dem man sich – wie manche meinen – selber unbedingt fotografieren lassen muß, am besten mit der Hand am Felsen.

Der islamische Felsendom ist nur zu bestimmten Stunden für Nichtmuslime geöffnet. Und man betritt ihn ohne Schuhe. Und wenn sich jemand auf den Boden setzt, wird man freundlich gebeten aufzustehen. Man erwartet, daß der Besucher weiß, wo er sich aufhält, und sich entsprechend benimmt. Offensichtlich wissen immer weniger Leute, was der Kalvarienberg bedeutet.

Begegnungen mit Menschen im Heiligen Land

So wichtig und vorrangig das Kennenlernen der biblischen Orte ist, falls eben möglich, sollte man auch die Begegnung mit Menschen suchen.

Die heiligen Stätten sind keine musealen Ausstellungsstücke für Pilger und Touristen. Auch ohne sie werden sie von einheimischen Christen seit 2 000 Jahren in ununterbrochener Kontinuität gepflegt und verehrt. Im Heiligen Land leben Menschen verschiedener Religionen und unterschiedlicher christlicher Kirchenzugehörigkeit mit eigenen Traditionen. Ihnen zu begegnen, von ihnen selbst etwas zu hören über ihre Gemeinsamkeiten mit anderen und über ihre spezifischen Traditionen weitet den Glaubenshorizont.

Es gibt ein differenziertes Schul- und Bildungssystem. Es gibt respektgebietende sozial-karitative Einrichtungen, zum Beispiel für Waisenkinder, für geistig und körperlich Behinderte, für Alte. Die Reiseorganisationen vermitteln Kontakte zu Kirchen und Sozialeinrichtungen. Ansonsten kann man sich in diesen Fragen an das Sekretariat des Deutschen Vereins vom Heiligen Land in Köln wenden (Steinfelder Gasse 17, 50670 Köln, Tel.: 02 21 / 13 53 78, Fax: 02 21 / 13 78 02, E-Mail: reisen@heilig-land-verein.de).

Hier werden Begegnungsmöglichkeiten mit örtlichen Einrichtungen gern und kostenlos vermittelt, z. B. mit christlichen Schulen in Jerusalem und Nazaret, mit Altenheimen, Kinderheimen, mit dem Babyhospital in Betlehem, um nur einige zu nennen. Auch Kontakte mit Vertretern der verschiedenen christlichen Kirchen können hergestellt werden. Solche Kontakte sind nicht nur für die Pilger interessant, sondern sind auch wichtig für alle, die im Heiligen Land leben und arbeiten. Jeder Besuch zeigt ihnen, daß sie nicht allein gelassen werden. Den Pilgern bleiben gerade solche Kontakte mit Menschen in lebhafter Erinnerung. Sie erfahren, daß es im Heiligen Land nicht nur schöne Kirchen an den biblischen Orten gibt. Sie sehen mit eigenen Augen, daß dort unter schwierigsten politischen Verhältnissen Menschen leben und arbeiten, sie lachen und weinen können und den Besuchern zeigen, was Hoffnung und Durchhalten bedeutet.

In diesem Zusammenhang darf darauf hingewiesen werden, daß sich der Deutsche Verein vom Heiligen Lande die Aufgabe gestellt hat, Sozialeinrichtungen in verschiedenen Ländern des Vorderen Orients zu unterstützen. Der Verein unterhält auch in eigener Verantwortung mehrere solcher Einrichtungen

Nachbereitung einer Israelfahrt

Eine Israelfahrt, die gut vorbereitet und durchgeführt wurde, muß nicht sang- und klanglos mit der Kofferabholung an der Gepäckausgabe am Flughafen oder mit der Rückkehr des Busses in der Heimat beendet sein.

Die Teilnehmer kommen gern zu einer Nachbereitung. Manchmal kann jemand das eine oder andere Foto nicht mehr identifizieren. Gern werden auch Fotos ausgetauscht. Den Termin des Treffens vereinbart man am besten schon am Ende der Fahrt in Israel oder unterwegs im Transferbus vom Flughafen in die Heimatstadt. Um Dias und Videos ordnen zu können, sollte man einen Zeitraum von ca. vier Wochen nach Beendigung der Fahrt abwarten. Ein Sonntagnachmittag bietet sich oft als günstiger Termin an. Natürlich sollte auch für Essen und Trinken gesorgt sein.

Manche sind auch für eine Möglichkeit dankbar, weiterhin irgendwie mit dem Heiligen Land in Kontakt zu bleiben. Ein Weg ist die Mitgliedschaft im Deutschen Verein vom Heiligen Land. Mit einem Jahresbeitrag von 12,– Euro unterstützt man viele Sozialeinrichtungen im Vorderen Orient und erhält dreimal im Jahr eine bebilderte Zeitschrift mit Berichten aus dem Heiligen Land.

Anmerkungen zur Geschichte Israels und zum Umgang mit biblischen Texten unter historischen Aspekten

Je weiter man die Geschichte eines Volkes zurückverfolgt, desto mehr werden Fakten durch Annahmen und Vermutungen ersetzt. Mit der Herausbildung staatlicher Strukturen wird die Geschichte greifbarer, weil sie deutlichere literarische und bauliche Spuren hinterläßt. Für Israel beginnt eine solche Zeit mit der Schaffung des Königtums, also grob gesagt um 1000 v. Chr. Nun werden Königslisten geführt. Auch in den Annalen benachbarter Großmächte werden Ereignisse festgehalten, in die Israel involviert ist.

Eine wichtige Quelle ist die Bibel. Sie ist allerdings keine historische Quelle im Sinn moderner Geschichtsschreibung. Einige Texte sind erst ein halbes Jahrtausend nach den vermuteten Ereignissen aufgeschrieben worden. Sie verraten deshalb mehr über die Zeit ihrer Niederschrift als über die tatsächlichen Verhältnisse, über die zu berichten sie vorgeben. Man wird an Werke der Bildenden Kunst erinnert. Matthias Grünewald verlegt auf dem Isenheimer Altar die Verkündigung an Maria in einen spätgotischen Kirchenraum. In einem solchen Ambiente hat die Verkündigung nie stattgefunden. Aber das Bild gibt uns einen Einblick in die moderne spätgotische Architektur zur Zeit Grünewalds. – Auf dem Triptychon von Dirik Bouts in der St.-Peters-Kirche in Leuven sitzt Jesus beim Letzten Abendmahl mit seinen Jüngern in einem vornehmen flandrischen Patrizierraum des 15. Jahrhunderts. Niemand wird sagen, daß der Abendmahlssaal so ausgesehen hat. Ähnlich spiegeln viele biblische Texte mehr die Verhältnisse der Zeit, in der sie aufgeschrieben wurden. Etwas provozierend kann man einen weiteren, noch wichtigeren Gedanken formulieren: Auch die historisch anmutenden Texte der Bibel wollen nicht objektiv berichten. Es sind

geschriebene Glaubenszeugnisse. Die Bibel ist kein Geschichtsbuch, sie ist ein Geschichtenbuch. Was und wie sie
erzählt, handelt vom Wirken Gottes mit den Menschen. Das
Aufzählen historischer Fakten nur der Dokumentation wegen ist der Bibel fremd. Alles wird betrachtet und gedeutet
unter dem Beziehungsaspekt Gott–Mensch. Um diese Beziehung zu verdeutlichen, werden auch Geschichten erfunden. Von Jesus heißt es, er habe nur in Bildern und Gleichnissen zu den Menschen gesprochen (Mt 13,34). Wenn Jesus von der Güte des himmlischen Vaters spricht, kann er
wohl kaum auf einen konkreten Mann aus dem Bekannten-
kreis der Zuhörer hinweisen. Die Güte Gottes sprengt jeden
irdischen Vergleich. Deshalb beginnt er: „Ein Mann hatte
zwei Söhne … (Lk 15,11-32). Er erzählt ein Gleichnis. Es
hört sich an wie eine tatsächliche Begebenheit. Einige Details können sich auch so ereignet haben. Aber so wie die
Geschichte vorliegt, will sie keine Begebenheit aus dem Alltag erzählen. Sie benutzt zwar Elemente aus dem täglichen
Leben, baut diese aber so zusammen, daß diese Geschichte
durchlässig wird für eine neue Wirklichkeit. Gottes über-
menschliche Güte kann geahnt und im Glauben angenommen werden.

Es gibt zwei extreme Haltungen bezüglich der Bewertung
der Bibel als historischer Quelle. Von einigen wird sie ohne
Wenn und Aber wie ein Tatsachenbericht betrachtet. Alles
ist so passiert, wie es in der Bibel steht. Die Bibel sei wahr.
Vernünftige Einwände von Fachleuten werden abgetan mit
der Bemerkung, die Wissenschaft habe sich schon oft geirrt.
Außerdem könne Gott Wunder wirken. Und schließlich habe
man es als Kind schon so gelernt. Eine solche Haltung ist
verbreiteter, als man glaubt.

Das andere Extrem: Mit einer lässigen Handbewegung wird
die gesamte Bibel als historisch unbrauchbar und märchen-
haft abgetan. Was in der Bibel steht, habe mit dem Glauben
zu tun, aber nichts mit den Abläufen des realen Lebens.

Beide Meinungen sind m. E. auch Ausdruck einer intellektuellen Bequemlichkeit. Eine Schwarzweißmalerei weicht der komplexen Realität aus. Wenn die Bibel auch insgesamt eine religiöse Tendenzschrift ist, muß sie für den Historiker nicht uninteressant sein. Andererseits: Wenn sie etwas berichtet, was so auch in einem Geschichtsbuch stehen könnte, muß es sich trotzdem nicht um einen Tatsachenbericht handeln. Die Knochen und Wagen der ägyptischen Soldaten, die im Schilfmeer bei der Verfolgung von Flüchtenden umkamen, werden Archäologen nie finden, weil es sie nicht gibt und nie gegeben hat. Diese Geschichte will – wie später noch erläutert wird – etwas anderes und Wichtigeres sagen. Die alttestamentliche Wissenschaft hat in den letzten Jahrzehnten vieles zum besseren Verstehen der sehr unterschiedlich konzipierten biblischen Bücher beigetragen. Wenn man mit diesen Erkenntnissen die Texte der Bibel liest, wird man abschätzen können, welche Inhalte nahe an der Historie sind und welche daran überhaupt kein Interesse haben und was die Botschaft des Textes ist.

Warum ist eine Kenntnis der Geschichte Israels in den Hauptlinien überhaupt sinnvoll? Mit Sicherheit wird ein Israelbesucher mit Namen konfrontiert werden wie David, erster und zweiter Tempel, Makkabäer, Hellenismus, Exodus, Kreuzfahrer, Landnahme, Richter, Herodes, Hadrian und Essener. Vieles ist ohne Kenntnis des roten Fadens der Geschichte Israels nicht einzuordnen und nicht zu verstehen.

Wie sollte der rote Faden aussehen? Wie lang und wie dick soll er sein? Das ist die Frage, die jeder Autor entscheiden muß. Es gibt umfangreiche Werke zur Geschichte Israels. Solche Bücher muß ein Pilger nicht lesen. Sie sind sinnvoll für Theologiestudenten und für Studierende der Geschichtswissenschaft. Es gibt tabellarische Übersichten im Anhang mancher Bücher. Man liest z. B. „Um 1000 Saul" oder „926 Reichsteilung". Wenn nur eine Zahl mit einem Stichwort genannt wird und im Text kein Bezug genommen wird auf das, was sich hinter der Zahl und dem Begriff verbirgt, ist eine solche Tabelle überflüssig. Es ist zu wenig. Sie ist nur für den sinnvoll, der die Ereignisgeschichte bereits kennt und sich vor einem Vortrag oder vor einer Israelfahrt die Daten noch einmal vergegenwärtigen möchte.

Die folgende Übersicht ist so kurz gehalten wie möglich und so ausführlich wie nötig. Sie berücksichtigt neue archäologische Ergebnisse. Diese stehen oft im Widerspruch zu den Schilderungen der Bibel. Wenn die Archäologie eindeutige Interpretationen auf Grund von Funden vorlegt und die Bibel dazu im Widerspruch steht, muß sie anders als bisher ausgelegt werden. Schon oft waren naturwissenschaftliche Erkenntnisse Anlaß für einen neuen Zugang zu biblischen Texten.

Archäologie hat nicht die Aufgabe, die Wahrheit der Bibel zu beweisen. Sie muß unabhängig sein. Sie darf sich weder von staatlichen noch von religiösen Instanzen instrumentalisieren lassen.

Die mehrere Jahrtausende umfassende Geschichte Israels kann man so unterteilen:

A. Die vorstaatliche Zeit

I. Die Zeit der „Patriarchen" (15.-13. Jh.)
II. Der Exodus aus Ägypten (13./12. Jh.)
III. Die sogenannte „Landnahme" unter Josua
IV. Die Richterzeit

B. Die staatliche Zeit

V. Die Königszeit (ab 1050)
VI. Das Königtum Davids
VII. Das Königtum Salomos
VIII. Die Reichsteilung und die Entwicklung im Nordreich (926-722)
IX. Die Entwicklung im Südreich (bis 587)
X. Das Exil und die Heimkehr (587/86-538)
XI. Der Hellenismus in Israel (323-165)
XII. Israel unter römischer Herrschaft (63 v. Chr. bis 326 n. Chr.)

A. Die vorstaatliche Zeit

I. Die Zeit der Patriarchen

Diese Epoche wird im Buch „Genesis" behandelt. Es ist das erste Buch in der Bibel. Genesis heißt „Entstehung" und „Ursprung". Weil die Bibel mit einer Art Hymnus auf den Schöpfer und sein Werk beginnt, heißt dieses Buch „Genesis". Nach einem Blick auf die Entstehung der Welt und das Verhalten der Menschen erzählt das Genesisbuch über viele Seiten hinweg Geschichten von den Erzeltern Israels. Feministische Theologinnen haben in den letzten Jahrzehnten zu Recht betont, daß diese zuerst mündlich und dann schriftlich fixierten Geschichten nicht nur von den „Vätern", sondern auch von den „Frauen" dieser Männer handeln. Wichtige Aufgaben in der Heilsgeschichte fallen Frauen zu. Deshalb sprechen Theologen heute lieber von den „Erzeltern" als nur von den „Erzvätern".

Die spannenden Geschichten beginnen mit Abraham und seinen Frauen. Abraham genießt in den drei monotheistischen Religionen Judentum, Christentum und Islam ein hohes Ansehen. Deshalb werden sie auch die drei „abrahamitischen" Religionen genannt.

Die biblischen Geschichten über Abraham, seine Frauen und Kinder wollen nicht biographisch verstanden werden. Viele Generationen haben im Prozeß der mündlichen Überlieferung an diesem Stoff gewebt. Die Geschichten, wie sie heute in der hebräischen Bibel stehen, sind großartige und unverzichtbare Erzählungen. Sie stellen einen Mann vor, der im Gewissen überzeugt ist, seine Heimat verlassen und in eine unsichere Zukunft aufbrechen zu müssen. Er ist bereit, auf Gottes prüfende Forderung seinen eigenen Sohn zu opfern. Gott verhindert diese Tat im letzten Augenblick. Menschenopfer sollen in Israel tabu sein.

Spannende Geschichten werden auch von den Kindern Abrahams erzählt. Zu ihnen gehören die Josefsgeschichten. Höhen und Tiefen menschlichen Lebens kommen zur Sprache: versuchter Mord, Verleumdung, Verrat, Vergebung, Armut und Reichtum. Unter dem Strich steht: Gott kann Unrecht und Bosheit zur Erreichung seiner Ziele nutzen. Gott kann auch auf krummen Zeilen gerade schreiben.

Die neuere Forschung ist sich einig, dass die erwähnten Personen, so wie sie in der Bibel vorgestellt werden, nie gelebt haben. Trotzdem enthalten sie wichtige Botschaften. Die Tatsache, daß sie nicht der Geschichtsschreibung im modernen Sinn entsprechen, ist kein Grund, sie aus der Bibel zu eliminieren. „In der Tat ist die Josefserzählung für die Zeiten, auf die sie sich bezieht, als historische Quelle nicht verwertbar".[1]

Als Märchen darf man solche Geschichten nicht abtun. In der Bibel gibt es keine Märchen. Auch wenn die Bibel das Alter des Abraham bei Ankündigung der Geburt seines Sohnes Isaak mit 100 Jahren angibt und das seiner Frau Sara mit 90, so sind das keine Märchen. Es sind auch keine mathematischen Angaben. Niemand ist verpflichtet, diese Zahlen als feste Altersangaben zu verstehen, nur weil sie in der Bibel stehen und Gott Wunder wirken kann. Natürlich kann er das. Die Botschaft dieser Altersangaben ist: „Dieses Kind ist in besonderer Weise ein Geschenk Gottes. Es wird geboren, weil Gott es will. Er hat Großes mit diesem Kind vor." Was hier in drei Sätzen umständlich formuliert wird, sagt die Bibel mit einer Zahl.

Manchmal verbergen sich in fremdartigen Texten, die sich einer vorschnellen Deutung entziehen, besonders wichtige Botschaften wie das folgende Beispiel zeigt:

„Der Herr antwortete ihm [Abraham]: Hol mir ein dreijähriges Rind, eine dreijährige Ziege, einen dreijährigen Widder, eine Turteltaube und eine Haustaube! Abram brachte ihm all diese Tiere, zerteilte sie und legte je eine Hälfte der anderen gegenüber; die Vögel des Himmels aber zerteilte er nicht … Die Sonne war untergegangen, und es war dunkel geworden. Auf einmal waren ein rauchender Ofen und eine lodernde Fackel da; sie fuhren zwischen jenen Fleischstücken hindurch. An diesem Tag schloß der Herr mit Abram folgenden Bund: Deinen Nachkommen gebe ich dieses Land" (Gen 15,9-18).

Abraham hatte vor Gott seine Kinderlosigkeit beklagt. Das geht diesem Text voraus. Gott verspricht ihm Nachkommenschaft. Die Zusage Gottes sollte eigentlich genügen. Aber Gott verlangt von Abraham, Tiere zu schlachten, sie der Länge nach zu teilen und die Hälften mit einem kleinen Zwischenraum spiegelbildlich nebeneinander auf den Boden zu legen. Dann fährt Feuer und anschließend Rauch durch die Tierhälften hindurch.

Für einen normalen Leser ohne alttestamentliche Kenntnisse ist dieser Text unverständlich. Zur Zeit der Entstehung dieser Geschichte schloß man einen größeren Vertrag, indem man zur Besiegelung des Gesagten ein Tier schlachtete und die Hälften gegenüberlegte. Dann gingen beide Vertragspartner zwischen den Tierhälften hindurch. Damit dokumentierten sie, daß es dem, der sich nicht an den Vertrag hält, so ergehen soll wie dem Tier. Danach hat man das Tier vermutlich gebraten und gegessen. Mit einem gemeinsamen Essen werden auch heute noch manche Verträge besiegelt.

Feuer und Rauch sind in der Bibel Zeichen für die Erscheinung und Anwesenheit Gottes. Die Theologen sprechen von „Theophaniezeichen". Gott selbst bindet sich an den Vertrag bzw. an sein Versprechen. Er wird das Versprechen halten. Abraham kann sich auf Gott, der ihm Land und Nachkommen versprochen hat, verlassen. In diesem Fall handelt es sich um einen einseitigen Vertrag, um eine Zusage Gottes an Abraham. Deshalb gehen nur die Zeichen seiner Gegenwart durch die Tierhälften. Gott bindet sich. Seine Zusage wird er wahrmachen. Als eine solche Geschichte damals erzählt wurde, hat man die Bedeutung verstanden. Vielleicht haben auch einige Hörer problemlos angenommen, daß tatsächlich Feuer und Rauch zu sehen war. Für den heutigen Hörer ist es oft schwer, die Botschaft hinter einer Erzählung herauszuhören. Er bleibt am äußeren Erzählrahmen, hält diesen für eine Art Tatsachenbericht und kommt dann logischerweise in Denk- und Glaubensschwierigkeiten.

Zur Historizität der Erzelternerzählungen heißt es bei Kinet: „Israel hat seine eigenen Wurzeln, den Anfang seiner Geschichte an den Gestalten des Abraham, Isaak und Jakob festgemacht … Diese Überlieferungen über die vorstaatliche Zeit Israels weisen allerdings so starke verklärende, sagenhafte und generalisierende Züge auf, daß sie dem Historiker unmöglich machen, in ihnen einen eventuell vorhandenen historischen Kern freizulegen. Wie das Sagenmaterial in schriftlicher Form mit seinem aufgedrückten theologischen Rahmen in den Texten des AT vorliegt, ist es in seiner historischen Verwertbarkeit umstritten und problematisch. Die Verfasser schreiben keine Geschichte im modern-kritischen Sinne, sondern religiöse Historiographie, die nicht empirische Fakten beschreiben will, sondern Entwicklungen und Zustände vor dem Hintergrund bestimmter Glaubensvorstellungen und des eigenen Selbstverständnisses begreiflich machen möchte. In diesen ‚Geschichten' macht sich im besten Falle eine Erinnerung an bestimmte Vorgänge und Strukturen der eigenen Vergangenheit bemerkbar, wobei die Sage allerdings keinen Wert auf eine möglichst genaue und unbeteiligte Wiedergabe der Ereignisse und Verhältnisse legt, sondern in vereinfachender, erzählerischer Form auch komplizierte und differenzierte Sachverhalte auf eindeutige Situationen und anekdotische Gegebenheiten reduziert. Die Sagen verraten etwas über den geschichtlichen Hintergrund, den Charakter und das Selbstverständnis des

Redaktors, viel mehr jedenfalls als über die konkreten historischen Begebenheiten aus dem Leben der beschriebenen
Gestalten selbst."[2]

II. Der Exodus aus Ägypten

Neben den Erzelterngeschichten gibt es aus der Frühzeit
noch zwei weitere wichtige Traditionsbereiche: Exodus und
Bundesschluß.

Das zweite Buch der Bibel heißt „Exodus", auf Deutsch
„Auszug". Es ist das entscheidende Stichwort für den Inhalt.
Mose, so schildert die Bibel, gelingt es, das Volk aus der
Knechtschaft in Ägypten herauszuführen. Für die Frühzeit
ist Mose die wichtigste Gestalt. Was ist in den vielen dramatisch erzählten Geschichten über Mose als historisch gesi-
chert anzunehmen? „Es ist unmöglich, hinter diesen Traditionen zu einem historisch verifizierbaren Bild dieser Gestalt
zu gelangen, zumal die meisten Traditionen in Form von
Sagen vorliegen, die erst in einem komplizierten überliefe-
rungs- und redaktionsgeschichtlichen Prozeß zusammenge-
wachsen sind und mit der Person des Mose verbunden wurden. Die Gestalt des Mose ist in der biblischen Literatur in
eine bunte Sammlung von Geschichten eingebunden, in der
sich die Gruppe, die Gesellschaft des nachexilischen Israels
wiederfinden wollte … Wie immer man diesen Mann ein-
ordnet und beurteilt – als Gesetzgeber, Prophet, Priester,
Ahnherrn des sich formierenden Volkes oder eines seiner
Bestandteile –, jede dieser Kategorien ist keine erschöpfende
Charakterisierung für eine Gestalt, die Israel in seinem späteren Selbstverständnis und in seiner Vergangenheitsdeu-
tung ins Maßlose glorifiziert hat. Historisch gesicherte Fakten sind aus dieser in die Vergangenheit projizierten und
idealisierten Leitfigur nicht zu gewinnen."[3]

Von vielen Großen der Weltgeschichte erzählte man früher
wunderbare Dinge, die sich bei deren Geburt ereigneten.
Oft sind es Verfolgungs- und Rettungsgeschichten. Romu-

lus und Remus, die legendären Stadtgründer Roms, wurden ausgesetzt und von einer Wölfin genährt. Als Muhammad geboren wurde, ging ein Lichtstrahl bis nach Basra. Selbstverständlich mußte man auch von Mose entsprechende Geschichten erzählen und dadurch zeigen, wie berühmt und wichtig er war. Spannend wird die Geschichte von der Rettung des kleinen Mose durch die Tochter des Pharao erzählt. Daß es kein realitätsgetreuer Bericht ist, merkt man der Erzählung an. Sinn dieser Erzählung ist, die Wichtigkeit dieser Person zu betonen. Der junge Mose wird Zeuge, wie ein Ägypter einen Hebräer bei der Fronarbeit schlägt. „Mose sah sich nach allen Seiten um, und als er sah, daß sonst niemand da war, erschlug er den Ägypter und verscharrte ihn im Sand" (Ex 2,12). Das Gerechtigkeitsempfinden des späteren Gesetzgebers wird hier schon betont, ob die Geschichte so passiert ist oder nicht.

Moses erfährt im brennenden Dornbusch den Namen Gottes: JHWH. In diesem Namen offenbart Gott, daß er da ist, daß er im Leben der Menschen anwesend ist und durch sie wirksam werden will.

Nach der Meinung des Pharao vermehren sich die Fremden zu stark. Er befürchtet eine Überfremdung. Deshalb sollen die hebräischen Hebammen auf Anweisung des Pharao die männlichen Nachkommen der hebräischen Frauen während des Geburtsvorganges töten (Ex 1,16). Wie nebenbei werden in solchen Geschichten auch wichtige Botschaften vermittelt. Die Hebammen Schifra und Pua widersetzen sich diesem Befehl nach der Devise: Man muß Gott mehr gehorchen als den Menschen! Zur Rechenschaft gezogen, antworten sie geschickt: „Bei den hebräischen Frauen ist es nicht wie bei den Ägypterinnen, sondern wie bei den Tieren: Wenn die Hebamme zu ihnen kommt, haben sie schon geboren" (Ex 1,19).

Eine Häufung von schlimmen Naturereignissen und schließlich die Totgeburten der ägyptischen Knaben zwingen schließlich den Pharao, die Zugezogenen aus der Fronarbeit zu entlassen. Jedem dürfte der Bericht von dem dramatischen Durchzug durch das Rote Meer bekannt sein. Wer die Geschichte einmal gehört hat, wird sie nie vergessen. Die Botschaft lautet: „Gott hat uns befreit. Unser Gott ist ein Gott der Freiheit." Wenn die Bibel dann den Untergang der „ganzen" Streitmacht des Pharao (Ex 14,28) ausmalt, darf man auch hier keinen Tatsachenbericht annehmen. Das Meer steht wie eine Mauer, die Israeliten gehen hindurch. Dann kommen die Ägypter, und das Meer stürzt über ihnen zusammen. Es handelt sich um eine Rettungsgeschichte. Der Untergang der Feinde gehört als negative Folie zur Erzählstruktur. So wird der Sieg erst richtig deutlich.

Wenn solche Geschichten auch nicht tatsächlich so in diesen Details passiert sind, teilen sie wichtige Botschaften mit. Das kann nicht oft genug betont werden. Die aus Ägypten entkommene Gruppe hat sicher eine Rettungserfahrung gemacht. Vielleicht hat diese etwas mit Wasser zu tun. Aus dem biblischen Bericht aber kann man einen historischen Kern nicht freilegen.

Im Auftrag Gottes erteilt Mose dem Volk Verhaltensregeln. Diese „Gebote" sind „Weisungen". Wenn Israel danach lebt, wird es die eben erlangte Freiheit auch in Zukunft bewahren können. Wenn Meineide geschworen werden und gestohlen wird, wenn die alten Eltern vernachlässigt werden, dann wird das Volk wieder in eine vielleicht noch schlimmere Sklaverei zurückfallen.

Jahrzehntelang hielten sich die der Sklaverei Entkommenen in der Wüste und in den Steppengebieten auf. Der Zug durch die Wüste war keine Prozession mit Tausenden von Leuten. Wie hätten sie sich ernähren sollen? Es müssen kleinere Gruppen gewesen sein. Über die genaue Route gibt es in der Bibel unterschiedliche Angaben. Irgendwann kamen einige Gruppen im heutigen Jordanien an und sickerten von Osten über den Jordan in das Land Kanaan ein. Die Bibel erwähnt, daß Mose von den Bergen einen Blick in die Jordansenke werfen durfte. Dort starb er. Niemand kennt sein Grab.

Außerbiblische Quellen zum Exodus gibt es nicht. Aus den vielen biblischen Geschichten zum Exodus-Geschehen lassen sich zwei Tatsachen festhalten:

1. „1. Einige vorisraelitische Sippen sind nach Ägypten eingewandert und haben sich dort eine Zeitlang aufgehalten."

2. „Diese Gruppe ist wieder aus Ägypten ausgezogen."[4] Auch Miranda (S. 47) äußert sich ähnlich: „Einzig der ägyptische Aufenthalt einer Bevölkerungsgruppe, die im späteren Volk Israel aufgegangen ist, darf mit Sicherheit angenommen werden."[5] Ägyptische Texte belegen diese These.

Die biblischen Geschichten, die sich um den Exodus ranken, sind in der vorliegenden Form nicht als Schilderungen historischer Ereignisse zu verstehen. Sie sind Ausdruck der Überzeugung dieser Gruppe: Unser Gott JHWH hat uns aus der Knechtschaft in Ägypten befreit. Die beiden unterschiedlichen Berichte über das Meerwunder sind „theologische Deutungen einer erfahrenen Rettung aus Lebensgefahr".[6]

III. Die sogenannte „Landnahme" unter Josua

Nachfolger des Mose wurde Josua. Ihm fiel – wie die Bibel schreibt – die Aufgabe zu, die Stämme über den Jordan nach Westen zu führen. Das biblische Buch „Josua" schildert dieses Vordringen. Dieser Prozeß wird als „Landnahme" bezeichnet. Der Begriff ist nicht ganz glücklich gewählt. Er suggeriert, die Israeliten hätten das Land so nebenbei genommen, wie man einen Apfel vom Baum pflückt. Das Land war nicht menschenleer. Dort lebten bereits die Kanaanäer. Nach ihnen wird das Land „Kanaan" genannt. Etwa um 1200 drang ein anderes Volk vom Mittelmeer her in das Land Kanaan ein, die Philister. Von diesem Volk her rührt der Name Palästina. Das Seefahrervolk der Philister gründete Städte an der Küste: Gaza, Aschkelon, Aschdod, Ekron und Gat. Sie besaßen Streitwagen. Mit beiden Völkern, mit den

Kanaanäern und mit den eingedrungenen Philistern, sollte das nun ankommende Israel noch Schwierigkeiten bekommen.

Das Josuabuch liest sich wie ein Kriegsbericht. So wie dort geschildert, hat sich die Landnahme auf keinen Fall abgespielt. Es sind verklärende Berichte aus einer Zeit, in der Israel bereits seßhaft und als Staat etabliert war. In der Rückschau konnte man sich auch damit brüsten, man habe damals mit Gottes Hilfe Jericho erobert. Die zerstörten Mauern seien Zeugen davon. Archäologen haben aber nachgewiesen, daß die Mauern bereits gefallen waren, längst bevor – wie die Bibel erzählt – die Stämme vom Jordan her nach Westen vordrangen. Im 2. Jahrtausend war Jericho nicht mehr besiedelt. Trotz dieser Ungereimtheit zwischen biblischer Erzählung und archäologischer Forschung ist der entsprechende Bibeltext bedeutsam. Die Israeliten ziehen in der Art einer liturgischen Prozession um die Stadtmauer herum. Beim Schall der Trompeten und nicht durch Waffengewalt fallen die Mauern. Gott ist es, der das Land schenkt. Ihm gehört es.

Hier stellt sich die Frage, wer aus Ägypten in das Land Kanaan kam und auf welche Weise man eindrang. Vier Erklärungen der „Landnahme" wurden bislang vorgelegt:

1. Das Invasionsmodell oder Eroberungsmodell:

Nach diesem Modell sind die zwölf Stämme Israels gewaltsam in Kanaan eingedrungen und haben sich dort niedergelassen, so wie es im Buch Josua beschrieben wird. Dagegen sprechen eindeutige Befunde: Auf keinen Fall waren alle zwölf Stämme in Ägypten, und auf keinen Fall ist die Landnahme generell durch militärische Aktionen vollzogen worden. Hinter dieser These steht auch die überholte Auffassung, Israel sei als fertiges Volk nach Kanaan gekommen.

2. Das Infiltrationsmodell:

Dieses Modell wird von vielen bis heute vertreten. Die Landnahme hat sich nach diesem Modell zunächst friedlich vollzogen. Halbnomaden seien mit ihrem Kleinvieh im Verlauf des jährlichen Weidewechsels aus den Steppenregionen in die unfruchtbaren Bergregionen gekommen. Dort kam es wegen fehlender oder dünner Besiedlung nicht zu Konflikten mit der einheimischen Bevölkerung. Erst in der zweiten Phase einer dauernden Ansiedlung und im Zuge der Ausdehnung ihres Siedlungsgebietes gerieten die Stämme in Streitereien mit den Kanaanäern.

„Das Problem dieser beiden Hypothesen ist, daß die Existenz von in das palästinensische Kulturland eindringenden fremden Nomaden bzw. Halbnomaden kaum nachzuweisen ist. Aus diesen und anderen Gründen werden sie heute kaum noch vertreten. Mehr Plausibilität wird zwei neueren Hypothesen zugesprochen: dem sogenannten Revolutionsmodell und der sogenannten Evolutionshypothese."[7]

3. Das Revolutionsmodell:

Soziale Randgruppen in Kanaan waren nach diesem Modell die Ursache zur Bildung eines egalitären Stämmebundes. Die Moseschar aus Ägypten verband sich mit den unzufriedenen Bauern. Sie brachte den Glauben an JHWH mit, dem sie die Befreiung aus Ägypten zuschrieb. Die Städte seien zerstört worden und danach habe es ein friedliches Zusammenleben gegeben. Es gab nach dieser These keine Auseinandersetzungen zwischen fremden, eindringenden Stämmen und den Einwohnern Kanaans, sondern es war ein „innerkanaanäischer Konflikt".[8]

4. Das Evolutionsmodell:

Die Landnahme ist nach diesem Modell als friedlicher Prozeß innerhalb der Gesellschaft Kanaans verlaufen. Ein Großteil des späteren Israel rekrutiert sich aus der kanaanäischen Bevölkerung. Nachdem die Stadtstaaten aus verschiedenen Gründen ihre Attraktivität verloren hatten, konnten sich die unzufriedenen Gruppen von ihnen lösen und sich in den Bergregionen ansiedeln. Dieses Modell kann vermutlich die Bedeutung des Gottes JHWH nicht angemessen erklären ohne die Annahme einer Mosegruppe. Jedenfalls ist sich die Forschung einig: „Ein ‚Eroberungszug Israels' hat nie stattgefunden".[9]

Und: „Die Bezeichnung ‚Einwanderung Israels' nach Kanaan und ‚Eroberung' Kanaans durch ‚Israel' entsprechen nicht dem historischen Verlauf der Frühgeschichte Israels."[10] „So wird ein – möglicherweise modifiziertes – Revolutionsmodell am ehesten in der Lage sein, die Entstehung Israels plausibel zu erklären."[11]

IV. Die Richterzeit

Die Stämme Israels lebten im Land der Kanaanäer lange Zeit ohne eine stammesübergreifende Organisation. Gelegentlich kam es zu Streitereien zwischen den Stämmen. Probleme mit den Philistern blieben nicht aus. In solchen Situationen brauchte man eine übergeordnete Autorität. Männer, die sich berufen fühlten, in Krisensituationen zu handeln, werden „Richter" oder „Retter" genannt; „Richter", weil sie wohl gelegentlich – aber seltener, als man früher annahm – Recht sprachen. Die Hauptaufgaben der „Retter" lagen vermutlich auf militärischem Gebiet. Außerbiblische Quellen zur Richterzeit fehlen. Die Richterzeit ist besonders wichtig, weil in dieser Periode verschiedene Gruppen unterschiedlicher Herkunft dazu tendierten, mit ihren eigenen Traditionen und Glaubensvorstellungen zu einer neuen übergreifenden Gemeinschaft zusammenzuwachsen. Der Theologe N. Noth formulierte 1930 die „Amphiktyonie"-Hypothese. Demnach sollen sich in dieser Zeit die zwölf Stämme zusammengeschlossen haben (= Amphiktyonie) und über ein zentrales Kultheiligtum verfügt haben. Mittlerweile ist diese Hypothese aufgegeben, weil sie die Staatsbildung zu früh ansetzt.

Zuverlässig rekonstruieren läßt sich die Richterzeit nicht. Die Geschichten der Bibel, die sich auf diese Zeit beziehen, haben sich so nicht ereignet. Sie dürfen deshalb nicht als Protokolle von Zeitzeugen verstanden werden. Sie müssen nach anderen Kriterien ausgelegt werden.

Das Buch der „Richter" hat eine lange, komplizierte Redaktionsgeschichte hinter sich. Einzelsagen aus den Traditionen der Stämme wurden zusammengetragen. Die Endredakteure sind der Auffassung: Gott beruft bestimmte Menschen und betraut sie mit konkreten Aufgaben. Sie sind Werkzeuge Gottes, durch die er in die Geschichte eingreift. Oft erfüllen sie die ihnen übertragene Aufgabe nicht. Dann werden sie verworfen, und Gott beruft andere. Nach diesem Schema sind die Geschichten im Buch der Richter aufgebaut. Gott ruft Frauen und Männer. Die bekannteste Richterin ist Debora. „Sie hatte ihren Sitz unter der Debora-Palme zwischen Rama und Bet-El im Gebirge Efraim, und die Israeliten kamen zu ihr hinauf, um sich Recht sprechen zu lassen" (Ri 4,5). Der Heerführer Barak will nur in den Kampf ziehen, wenn Debora mitkommt. Der Kampf wird wiederum durch die mutige Tat einer Frau entschieden. Sie heißt Jaël. Sie tötet den gegnerischen Heerführer Sisera.

Populärer ist der Richter Simson. Für ihn war das Richteramt wegen der anhaltenden Kämpfe gegen die Philister eine Art Dauerstellung. „Simson war zwanzig Jahre lang Richter in Israel" (Ri 16,31). Ähnlich wie die Bibel von einigen Taten aus der Jugendzeit des Mose berichtet, die ihn schon als den späteren gerechten Gesetzgeber charakterisieren, so kann man im Buch der Richter schon den künftigen starken Krieger ahnen, wenn man liest, wie der junge Simson wie nebenbei einen jungen Löwen zerreißt (Ri 14,6). Als er später seiner Frau Delila, einer Philisterin, auf deren Drängen hin das Geheimnis seiner unbändigen Kraft preisgibt, schneidet sie ihm während des Schlafes die Haare ab. Damit schwindet seine Kraft. Um ihn vollends unschädlich zu machen, wird er auch noch geblendet, d. h., mit einem glühenden Eisen wurden ihm die Augen ausgebrannt.

Simson wird im Keller einer Philisterfestung gefangengehalten. Während einer ausgelassenen Feier kommt einer auf die Idee, man könnte doch Simson aus dem Keller holen. Wenn man dann Unfug mit machen würde, gäbe es sicher viel zu lachen. So geschieht es. Simson wird geholt. Man führt ihn in den Festsaal. Er bittet Gott, ihm doch noch einmal Kraft zu verleihen wie früher. Simson greift dann rechts und links je eine Säule und stemmt sie hoch. Das Gebäude stürzt zusammen. Tausende von Philistern sterben, auch Simson.

Zu den im Buch Richter (13-16) erzählten Geschichten äußert sich Kinet so: „Die Sammlung von Anekdoten und Kuriositäten fällt völlig aus dem Rahmen der sonstigen Richtererzählungen im Richterbuch heraus."[12] Und: „An historisch Verwertbarem ist in diesen Geschichten – außer, daß Erinnerungen an die Spannungen und Übergriffe zwischen Philistern und einzelnen Stämmen in diesen Erzählungen fortleben – nichts enthalten."[13] Dem kann nicht widersprochen werden. Eine solche Feststellung zielt aber nicht darauf ab, solche Geschichten aus der Bibel zu streichen. Ob eine biblische Geschichte historisch belegbar ist oder nicht – immer muß man fragen: Was ist die Aussage dieser Geschichte? Weshalb wird sie durch Jahrhunderte weitergereicht? Welche existentielle Botschaft enthält sie?

Obwohl die folgenden Hinweise nicht zur Geschichte Israels gehören, zeigen sie die Wirkungsgeschichte biblischer Personen und dürften für Israelfahrer nicht uninteressant sein.

In der Krypta von St. Pantaleon in Köln sind in einem Bodenmosaik Szenen aus dem Leben des Simson dargestellt. Simson gilt wegen seiner Stärke als Präfiguration Christi. So wie Simson viele Philisterfeinde besiegte, sogar noch in seinem Tod, so hat Christus noch schlimmere Feinde besiegt, wie Dämonen, Tod und Teufel. Eine solche Gegenüberstellung von alt- und neutestamentlichen Personen nennt man „typologische Schriftauslegung".

Nicht nur in der Musik, auch in der Bildenden Kunst hat Simson in einem Gemälde von Rembrandt im Städelschen Museum in Frankfurt ein bleibendes Gedenken erfahren. Drastisch wird die Blendung dargestellt.

In der Oper „Simson und Dalila" von Camille Saint-Saëns hat er außerhalb der biblischen Texte ein bleibendes Andenken erhalten.

Ein letzter Hinweis: In der Legende über das Martyrium der hl. Katharina von Alexandrien leuchtet der Bibeltext durch. Ähnlich wie Simson bittet Katharina Gott um ein letztes Wunder. Daraufhin zerspringt das Rad, auf dem sie gefoltert werden sollte. Die auseinanderfliegenden Stücke töten viele der umstehenden Heiden.

B. Die staatliche Zeit

V. Die Königszeit

Die in der Bibel erwähnten Richter stehen in keinem guten Licht. Viele waren bestechlich. Oft gab es einen schnellen Wechsel. Wäre es nicht besser – so dachten viele –, wenn man nicht einen König hätte wie die Nachbarvölker? Die Kanaanäer hatten Könige in ihren Stadtstaaten, auch die Philister. Auch in Ägypten gab es Könige. Davon erzählte man in Israel. Und es gab sie immer noch. Der Ruf nach einem König wurde immer lauter.

Aber es gab auch Gegenstimmen. War nicht Gott selbst seit alters König in Israel? Hat ein Königtum nicht auch viele Nachteile? Der Prophet Samuel gehört zu der Gruppe, die neben Gott keinen König in Israel haben möchte. Die Argumente gegen ein Königtum werden von ihm farbig zusammengefaßt: Text 1 Sam 8,10-22. Kinet meint zu diesem und ähnlichen Texten: „Diese sog. ‚königskritischen' Texte (vgl.

Dtn 17,14-20; Ri 8,22f.; 9,8-15; 1 Sam 8; 10,17-27; 11,12-14; Hos 3,4; 7,3; 13,10f.) wurden in späterer Zeit komponiert, als man schon negative Erfahrungen mit dem Königtum gemacht hatte. Sie spiegeln den inneren Widerstand und das tiefverwurzelte Unbehagen gegen eine Institution wider, die erst nachträglich theologisch mit der Ablehnung der Königsherrschaft Jahwes begründet wurde (vgl. vor allem Ri 8,22f.). Es ist nicht angebracht, die anfängliche Ablehnung einer weltlichen Königsherrschaft in Israel aus der theokratischen Idee einer Jahweherrschaft abzuleiten. Vielmehr hatte das sich formierende Israel genauso Probleme bei dem gesellschaftlichen Wandel seiner Herrschaftsformen wie seine Nachbarvölker. Erst die ‚leidvollen' Erfahrungen nach dem Verlust des ‚Großreiches' sowie die Bildung einer nationalen Dynastie in Juda führen zu einer geschichtstheologischen Rückbesinnung, die sich negativ zum profanen Königtum äußerte."[14]

Von einem eigentlichen Königreich kann unter Saul noch nicht die Rede sein. Es fehlt ein Beamtenapparat, ein Abgabensystem, eine Residenz. Saul gehört vermutlich eher in die Reihe der Richter. Er war eine charismatische Persönlichkeit, hauptsächlich mit Kämpfen gegen die Philister beschäftigt. Von einem Übergang zum Königtum unter Saul könnte man eher sprechen, nicht aber von einem etablierten Königreich. Nach Auskunft der Bibel wird Saul vom Propheten Samuel zum König von Israel gesalbt. Es ist die Zeit um 1000 v. Chr. Durch die Salbung wird Saul ein „Gesalbter", hebräisch „Messias", griechisch „Christos". Später, lange nach dem Untergang des Königtums, sehnen sich viele nach einem neuen Gesalbten. Da Jesus aus der alten davidischen Dynastie stammt, sehen viele in ihm den neuen Gesalbten oder Messias oder Christus. Das Wort „Christus" wird von den meisten wohl wie ein Eigennahme verstanden. Es ist aber ein Titel. Paulus spricht gelegentlich von „Jesus, der Christus". In dieser Formulierung wird noch deutlich, daß Christus kein Personennahme ist.

An dieser Stelle sei ein kurzer Exkurs erlaubt:

Auf die Salbung Sauls greifen später im Merowingerreich die fränkischen Hausmeier zurück. Die Merowinger hatten den Titel König, die tatsächliche Macht aber lag in den Händen der fränkischen Berater, der Hausmeier. Nach einem Briefwechsel mit dem damaligen Papst entschied dieser, daß derjenige König sein solle, der die Macht ausübe. Daraufhin wurde ein Hausmeier zum König gesalbt. Es war die erste Salbung eines Königs im Abendland. Die Salbung ersetzte die königliche Abstammung. Man erinnerte sich an Saul, der auch ein Mann aus dem Volk war und durch eine Salbung König wurde.

Der bekannteste König Israels ist sicher David. Wie die Bibel berichtet, wurde er als Knabe von Saul in sein Haus gerufen. Von „Palast" zu sprechen, würde falsche Vorstellungen wecken. Saul besaß vermutlich nur ein etwas größeres Haus als seine Landsleute. Saul bewunderte den tapferen jungen Mann. Aber er witterte auch Konkurrenz. Der älteste Sohn Sauls, Jonatan, war mit David eng befreundet. In kritischen Situationen vermittelte er zwischen Vater und Freund. In einem Kampf gegen die Philister auf dem Gilboagebirge fallen drei Söhne des Königs. Saul stürzt sich in sein Schwert und stirbt. Er möchte nicht in die Hände der Philister fallen. Als David davon erfährt, stimmt er ein ergreifendes Lied auf den toten König und seinen gefallenen Freund Jonatan an. Das Lied ist Weltliteratur.

„Israel, dein Stolz liegt erschlagen auf deinen Höhen. Ach, die Helden sind gefallen!
Meldet es nicht in Gat, verkündet es nicht in Aschkelons Straßen, damit die Töchter der Philister sich nicht freuen, damit die Töchter der Unbeschnittenen nicht jauchzen.
Ihr Berge von Gilboa, kein Tau und kein Regen falle auf euch, ihr trügerischen Gefilde. Denn dort wurde der Schild der Helden befleckt, der Schild des Saul, als wäre er nicht mit Öl gesalbt.

Ohne das Blut von Erschlagenen, ohne das Mark der Helden kam der Bogen Jonatans nie zurück; auch das Schwert des Saul kehrte niemals erfolglos zurück.

Saul und Jonatan, die Geliebten und Teuren, im Leben und im Tod sind sie nicht getrennt. Sie waren schneller als Adler, waren stärker als Löwen.

Ihr Töchter Israels, um Saul müsst ihr weinen; er hat euch in köstlichen Purpur gekleidet, hat goldenen Schmuck auf eure Gewänder geheftet.

Ach, die Helden sind gefallen mitten im Kampf. Jonatan liegt erschlagen auf deinen Höhen.

Weh ist mir um dich, mein Bruder Jonatan. Du warst mir sehr lieb. Wunderbarer war deine Liebe für mich als die Liebe der Frauen.

Ach, die Helden sind gefallen, die Waffen des Kampfes verloren" (2 Sam 1,19-27).

Wegen der Formulierung in Vers 26 meinen manche, zwischen David und Jonatan habe ein homosexuelles Verhältnis bestanden. Die poetische Formulierung soll wohl eher die tiefe Zuneigung zwischen den beiden ausdrücken, die deshalb nicht unbedingt sexueller Natur sein muß. Gegen die homoerotische Deutung dieses Verses spricht auch die Tatsache, daß David mehrere Frauen hatte und Vater vieler Kinder war.

Gegen die Philister führte David viele Kämpfe, obwohl er anfangs im Dienst eines Philisterfürsten stand. Die Erzählung vom Riesen Goliat ist ein Bild für die Übermacht und waffentechnische Überlegenheit der Philister im Vergleich mit den Israeliten. Wie bei der „Eroberung" Jerichos entscheidet auch in diesem Zweikampf nicht die physische Kraft. Das Kleine und Schwache, in diesem Fall der kleine David, ist der Erfolgreiche.

VI. Das Königtum Davids

Nachdem David die Jebusiterstadt Jerusalem erobert hatte, machte er sie zur Hauptstadt und Residenzstadt. Über den genauen Hergang der Eroberung gibt es unter den Archäologen keine einhellige Meinung. Die lange vertretene These, einige Soldaten wären durch einen Wasserschacht in das Innere der Stadt gelangt, ist aufgegeben. Möglich oder wahrscheinlich ist, daß David die Stadt auf dem Verhandlungsweg erhalten hat.

Für David war es vorteilhaft, daß die Stadt nicht auf dem Gebiet eines der Stämme lag. Er konnte die Stadt deshalb als sein persönliches Eigentum betrachten. Es war „seine" Stadt oder „die Stadt Davids", wie es in den biblischen Texten oft heißt. Auch Betlehem, seine Geburtsstadt wird „Stadt Davids" genannt, z. B. im Lukasevangelium (2,4). Die transportable Bundeslade ließ er als künftiges nationales Heiligtum dort aufstellen, vermutlich in einem bereits existierenden Tempel der Jebusiter. So wurde Jerusalem politisches und religiöses Zentrum.

Die Jebusiterstadt war nach neueren Forschungen eine kleine Stadt oder ein größeres Dorf. Wenn man heute auf dem Ölberg steht, sieht man links neben dem Tempelbereich einen Abhang. Hier lag die Jebusiterstadt, das Jerusalem zur Zeit Davids.

Die Bibel spricht von einem Großreich unter David. Die Kämpfe gegen die Philister konnte David für sich entscheiden. In Damaskus habe David Statthalter eingesetzt. Östlich des Jordans habe er mehrere Königreiche unterworfen, z. B. die Ammoniter, Moabiter und Edomiter. Miranda schreibt dazu: „Die biblischen Angaben über die unterworfenen Völker und Reiche sind an außerbiblischen Quellen nicht überprüfbar."[15] Die Herrschaft über die Stämme im Norden wurde ihm vertragsmäßig angeboten (2 Sam 5,3). Von einem „Großreich" Davids sprechen Theologen und Archäologen heute nur mit größter Zurückhaltung. Im Vergleich mit den

Reichen der Babylonier, Ägypter, Assyrer, Hethiter und Römer war es bestenfalls ein Mittelreich, vielleicht nicht einmal das. Da es zur Zeit Davids ein Machtvakuum in den benachbarten Ländern gab, konnte er die Grenzen seines Reiches zwar relativ weit ausdehnen, aber sie waren immer noch nicht weit genug, um von einem Großreich zu sprechen. Auch „die Listen der Beamten Davids in 2 Sam 8,15; 22,23-26 zeugen nicht von einem Verwaltungsapparat für ein Großreich, zumal auch kein Statthalter oder Gouverneur der unterworfenen Gebiete namentlich erwähnt wird".[16]

Über die Regierungszeit Davids gibt es zumindest einen außerbiblischen Befund. Auf einer Inschrift des 9. Jahrhunderts aus der Stadt Dan im Norden Israels stehen die Worte „Haus Davids". Man nennt sie die „Tel-Dan-Inschrift". Sie stammt allerdings nicht aus der Zeit Davids, sondern ist etwa hundert Jahre jünger. An der Existenz eines Königs David wird man aber seit diesem Fund nicht mehr zweifeln können.

Zur historischen Brauchbarkeit der biblischen Texte über David schreibt Miranda: „Eine im modernen Sinn historisch verantwortete Untersuchung kann nicht einfach die biblischen Erzählungen – zumal in der Endgestalt des Textes – darbieten."[17] Das heißt andererseits nicht, daß nicht doch viele Erinnerungen in den vorliegenden Texten bewahrt und verarbeitet sind. Noch einmal sei daran erinnert, daß die Bibel kein Geschichtswerk im modernen Sinn sein will und sein kann. Die Bibel schildert und deutet, wobei sie sich nicht verpflichtet fühlt, das Gedeutete im modernen Sinn zunächst historisch zu überprüfen.

Zu den dramatischen Geschichten in der Bibel gehört der Ehebruch Davids mit Batseba. Er wird nicht ausgemalt, wie das eine Boulevardzeitung tun würde. Was dem Ehebruch vorausgeht und nachfolgt, ist wichtig für die Hörer und wird geschildert. Ihr Mann Urija kämpft für David gegen die Ammoniter. Der König will den Ehebruch vertuschen. Urija erhält deshalb ein paar Tage Heimaturlaub. Urija geht aber nicht zu seiner Frau, sondern schläft auf dem Boden am Tor des Königshauses mit den Wächtern. Solange die Soldaten auf freiem Feld schlafen, will er keine Vergünstigung annehmen. Schließlich gibt der König dem Urija einen Brief an seinen obersten Feldherrn Joab mit. Darin weist der König Joab an, er solle Urija in die erste Schlachtreihe stellen, damit er dort getötet werde. Das ist natürlich nicht das Ende der Geschichte. Der Prophet Natan geht im Auftrag Gottes zu David. In einer beeindruckenden Gleichnisrede überführt er David (2 Sam 12,1-14). Dieser weint und bereut seine Tat. Gott verzeiht ihm. Der König nimmt Batseba zur Frau. Das Kind stirbt. Der zweite Sohn heißt Salomo.

Inwieweit diese Geschichte etwas wirklich so Geschehenes aus dem Leben Davids berichtet, ist wohl nicht eindeutig zu beantworten. Ein vorschnelles Nein dürfte schwer zu begründen sein, zumal hier etwas Negatives über den König von Generation zu Generation weitergereicht wird. In der vorliegenden Form allerdings ist die Geschichte komponiert. Sie ist dramatisch erzählt und enthält auf diese Weise Botschaften, die weit über die objektive Beschreibung eines Tatbestandes hinausgehen.

VII. Das Königtum Salomos

Nach Auskunft der Bibel übertrug David in hohem Alter die Herrschaft seinem Sohn Salomo, nicht ohne die Intervention seiner Frau Batseba. „Es fehlen bis heute außerbiblische Zeugnisse über Salomo und seine Herrschaft", schreibt Miranda.[18] Und: „Die anfängliche Euphorie über angebliche archäologische Funde aus der Zeit Salomos ist inzwischen einer Ernüchterung gewichen. Die häufig der Salomozeit zugewiesenen Großbauten in Hazor, Megiddo und Geser sind jüngeren Datums. Die berühmten ‚Pferdeställe' Megiddos werden in die 1. Hälfte des 9. Jh. v. Chr., in die Zeit Ahabs, datiert. Auch der Hafen von Ezjon-Geber bei Elat (1 Kön 9,26 f) wurde trotz großer Bemühungen noch nicht gefunden. Und Ausgrabungen in Timna (von B. Rothenberg ab 1959 durchgeführt) zeigen, daß die Kupferminen (‚Säulen') Salomos schon zwischen dem 12. und 10. Jh. v. Chr. aufgegeben wurden. So wie uns in der Aufstiegsgeschichte Davids hauptsächlich Davidbilder begegnen, ist es auch in der Salomogeschichte; Bilder sind zwar für eine historische Rekonstruktion unbrauchbar, aber für das politische und religiös-theologische Denken der späteren Zeit nicht wertlos, im Gegenteil!"[19]

Nach Auskunft der Bibel pflegte Salomo freundschaftliche Beziehungen zu König Hiram von Tyrus. Er erhält Zedernholz und liefert dafür Lebensmittel nach Tyrus. Salomo schenkt dem König zwanzig Städte in Galiläa. Manche sehen in dieser Bemerkung einen indirekten Hinweis auf ein mögliches Vasallenverhältnis, auf eine Abhängigkeit Salomos vom König in Tyrus.

Salomo ist sprichwörtlich bekannt wegen seiner Weisheit. Man spricht ja bekanntlich von der „salomonischen Weisheit". Diese hatte er von Gott geschenkt bekommen. In einem Traum konnte der junge König einen Wunsch äußern. Er bat um Weisheit, um ein hörendes Herz. Diese zeigt sich, als zwei Frauen zu ihm kommen. Sie bringen einen Säugling mit. Jede behauptet, das Kind gehöre ihr. Salomo verlangt ein Schwert, mit dem er das Kind teilen will. Jede Frau soll dann eine Hälfte bekommen. Eine schreit und bittet den König, das Kind nicht zu töten. Sie erhält das Kind. Ein solcher Bericht ist wohl eher Ausdruck einer späteren Idealisierung und nicht Wiedergabe eines Ereignisses. „Eher Legendenbildung ist die Episode des Besuchs der Königin von Saba (1 Kön 10,1-13)", heißt es bei Miranda.[20]

Salomo errichtet nach Auskunft der Bibel einen Tempel. Wie bereits erwähnt, handelt es sich vermutlich um eine Erweiterung und Verschönerung. Der salomonische Tempel, ob von Salomo gebaut oder restauriert, wird „der erste Tempel" genannt. Archäologisch greifbar ist er nicht, weil Grabungen auf dem Tempelplatz von den palästinensischen Behörden

313

nicht erlaubt werden. Seit dem 7. Jahrhundert steht hier der Felsendom, das drittwichtigste islamische Heiligtum nach den Moscheen in Mekka und Medina. An dieser Stelle ist der Prophet Muhammad nach islamischer Tradition auf seinem Pferd Burak in den Himmel aufgefahren – und wieder zurückgekehrt. Auch fromme Juden lehnen Grabungen in diesem Bereich ab, weil man per Zufall in den Bereich des Allerheiligsten gelangen könnte, der damals nur vom Hohenpriester einmal im Jahr betreten werden durfte.

VIII. Reichsteilung und die Entwicklung im Nordreich

Nach Salomos Tod trennen sich die zehn Nordstämme von den zwei Stämmen im Süden. Anlaß zur Trennung waren die hohen Abgaben, die sie in die Hauptstadt im Süden an das Königshaus abzuliefern hatten. Der Nachfolger Salomos kündigte an, er werde die Abgaben noch erhöhen und noch mehr Frondienste fordern.

Erster König im Nordreich wurde Jerobeam. Er regierte von 926-907. Ein mächtiger, dynastiebildender König des Nordreiches ist Omri (881-870). Er kaufte Land in Samaria und errichtet dort seine Residenz. Ähnlich wie David Jerusalem als Eigentum besaß, so hat Omri Samaria als persönlichen Besitz. Nicht nur Omri, sondern auch die übrigen Könige des Nordreiches werden in den biblischen Texten aus der Perspektive des Südreiches betrachtet. Sie sind von Mitgliedern des Südreiches geschrieben. Das bedeutet, dass das Nordreich generell in einem schlechten Licht erscheint.

Das Nordreich hieß Israel, das Südreich mit der Hauptstadt Jerusalem wurde Juda genannt. In assyrischen Quellen wird das Nordreich „Haus Omri" genannt. Das Nordreich existierte bis 722. In diesem Jahr wurde es von den Assyrern, der damals beherrschenden Macht im Vorderen Orient, erobert. Vorausgegangen war die Einstellung der Tributzahlungen des Königs Hoschea (732-723) an die assyrische Oberherrschaft. Es war assyrische Praxis, die Oberschicht

aus einem eroberten Land zu deportieren und Fremde anzu-
siedeln. So geschah es auch in Israel. Es entstand eine Mischbevölkerung. Auch religiös kam es dadurch zwangsläufig zu
einer Vermischung. „Synkretismus" heißt ein Zusammen-
fließen verschiedener geistiger und religiöser Strömungen.
Die Menschen im Südreich sprachen mit Verachtung über
sie und mieden jeden Kontakt. Nur der Jude Jesus stellte
zum Ärger seiner Landsleute öfter Menschen aus diesem
Völkergemisch als vorbildlich hin.

IX. Die Entwicklung im Südreich

Der kleine Rumpfstaat im Süden lag zwischen zwei Groß-
mächten: Assyrien im Osten und Ägypten im Süden. Schlimm
konnte es werden, wenn sich Juda auf die falsche Seite
schlug und die andere die Oberhand gewann. Der Prophet
Jesaja warnt erfolglos vor einer Koalition mit Ägypten. König
Hiskija wollte sich aus der Oberhoheit der Assyrer befreien
und suchte den Anschluss an Ägypten. Schon stand im Jahr
701 der assyrische König vor den Toren Jerusalems. Vermutlich aus innenpolitischen Gründen mußte der König die Bela-
gerung abbrechen und zurückkehren. Hätte er bleiben können, würde Jerusalem schon ab jetzt nicht mehr existieren.
Mächte kommen und gehen. Auch die Macht der Assyrer
begann zu schwinden. Ein Volk mit einer langen Geschichte
trat wieder auf den Plan. Es sind die Babylonier, die zur
Unterscheidung ihrer mächtigen Vorfahren im 2. Jahrtausend v. Ch. „Neubabylonier" genannt werden. Im Jahr 605
eroberten sie Syrien und Palästina. Jojakim, der König von
Juda, stellte nach drei Jahren die Tributzahlungen an die
neue Macht ein. Bald erschien der babylonische König
Nebukadnezar und nahm im Jahr 597 Jerusalem ein. Er ließ
den Tempel und die königliche Wohnung plündern. Der
König und seine Familie wurden deportiert. Nebukadnezar
setzt einen neuen König namens Zidkija ein. Dieser veran-
staltet schon nach kurzer Zeit eine Revolte gegen seinen

obersten Herrn. Diesmal greift der Herrscher von Babel hart durch. Jerusalem wird wieder belagert und 587/86 eingenommen. Zidkija wird auf der Flucht gefangengenommen. Seine Söhne läßt der König von Babel vor den Augen des Vaters töten. Zidkija wird geblendet und gefesselt nach Babel gebracht. Der Tempel wird zerstört. Dieses Ereignis muß besonders deprimierend auf die Bevölkerung gewirkt haben. Sind die Götter Babylons doch mächtiger als ihr Gott JHWH? Die Oberschicht wird an den Euphrat deportiert. Die „Babylonische Gefangenschaft" beginnt. Was erwartet die Exilanten in Babylon?

X. Das Exil und die Heimkehr

Die meisten Bewohner Jerusalems konnten wohl nach der Eroberung durch die Babylonier in Jerusalem bleiben. Die Oberschicht wurde ins Exil gebracht. Auch gute Handwerker konnte man in Babel gebrauchen. Im Unterschied zur Praxis der Assyrer siedelten die Babylonier keine Fremden in den unterworfenen Gebieten an, und die Deportierten konnten in der Fremde als Volksgruppe zusammenleben. Offensichtlich waren die Jahrzehnte im Exil auch theologisch bedeutsam. Man dachte darüber nach, wie es zur Katastrophe kommen konnte. Hatte Gott das Volk tatsächlich verlassen? War es ihm gleichgültig geworden? War alles vorbei? Sollten sie sich lieber den Göttern Babylons zuwenden? Die Erkenntnis reifte, daß Israel die jetzige Situation selbst verschuldet habe. Das Exil wurde als Strafe Gottes gedeutet. Es wurden Texte geschrieben und gesammelt. Man war gezwungen, Gottesdienste ohne Opfer zu feiern. Der Tempel in Jerusalem war zerstört, und in Babylon gab es keinen Tempel für die Exilierten. „Es ist anzunehmen, daß sich Vor- und Urformen des späteren Synagogalgottesdienstes herauszubilden begannen."[21] Auch im Exil gab es Propheten, die dem Volk Mut machten. Ezechiel, ein Mann aus priesterlichen Kreisen Jerusalems, und ein Mann, der Deuterojesaja

(= zweiter Jesaja) genannt wird, weil sein eigentlicher Name nicht bekannt ist, trösten das Volk und sind überzeugt, daß es bald eine Heimkehr geben wird.

Im Zusammenhang mit der Eroberung Jerusalems durch die Babylonier flohen viele Juden nach Ägypten. Später entwickelte sich in Alexandrien eine der berühmtesten Diasporagemeinden. Die hebräische Bibel wurde hier im 3. Jh. v. Chr. in die griechische Sprache übersetzt. Sie wird Septuaginta genannt, abgekürzt LXX. Siebzig Gelehrte sollen in siebzig Tagen dieses Werk vollbracht haben. Deshalb die lateinische Bezeichnung „Septuaginta" (= 70).

Das Volk Israel hatte wiederholt erfahren, daß Weltmächte kommen und gehen. Auch das Neubabylonische Reich wird abgelöst, und zwar durch die Perser. Es sind die Perser, die ein paar Jahrzehnte später in Griechenland einrücken und die Bauten auf der Akropolis in Athen zerstören. Im 4. Jahrhundert nimmt Alexander der Große Rache dafür und führt erfolgreich einen gewaltigen Kriegszug gegen das Perserreich. Aber zunächst sind erst die Perser die führende Macht im Orient. Im Jahr 539 erobern sie die Hauptstadt Babel. Der Sieg wurde ihnen leichtgemacht, weil sich der regierende König von Babel mit seiner Priesterschaft überworfen hatte. Er wollte den Mondkönig Sin über den Staatsgott Marduk erheben. Die Priester des Marduk koalierten daraufhin mit dem Perserkönig.

Ihren Herrschaftsbereich dehnten die Perser systematisch nach Westen aus. Vom Indus bis zum Mittelmeer erstreckte sich das Perserreich. Kambyses, der Sohn Kyros' des Großen (559-530), erobert 525 Ägypten. Damit gewinnt die Provinz Juda als Brücke nach Ägypten wieder an Bedeutung. Das Reich war gut organisiert. Das Straßensystem war intakt. An den wichtigen Straßen befand sich nach einer Tagesreise ein Gebäude zur Kontrolle und zum Übernachten. Es gab Vasallenherrscher, Satrapen, die im Auftrag des Großkönigs überschaubare Territorien verwalteten. In religiösen Fragen waren die Perser sensibel. Sie zwangen die unterworfenen Völker nicht zur Übernahme der persischen Götter. Dieses Verhalten entsprang wahrscheinlich nicht dem modernen Toleranzbegriff. Es war politisches Kalkül. Die Perser wußten, daß die zwanghafte Verordnung neuer Kulte Ursache von Konflikten sein würde. Im Jahr 538 erlaubte – wie die Bibel berichtet – der persische König Kyros II., auch „der Große" genannt, den exilierten Juden die Rückkehr nach Jerusalem und mahnte sie, ihren Tempel wiederaufzubauen.

Nach Meinung der meisten Alttestamentler und Archäologen hat Kyros wohl die Kultgeräte, die von den Babyloniern geraubt worden waren, nach Jerusalem zurückgeschickt, aber den Exilierten noch nicht die Heimkehr erlaubt. Solche Geräte wurden normalerweise nicht veruntreut oder profaniert. Im Tempel wurden sie aufbewahrt. Man hoffte auf diese Weise auch auf die Huld fremder Götter. Auf einem erhaltenen Zylinder mit Keilschrift, dem „Kyros-Zylinder", erwartet Kyros eine Verlängerung seiner Lebenszeit auch von fremden Göttern.

Erst im Jahr 520 v. Chr. kehrte unter Darius I. eine erste Gruppe von Exilierten nach Juda zurück. Mit Billigung des Darius sollten sie den Tempel wiederaufbauen. Mit diesem Jahr endet offiziell die Babylonische Gefangenschaft. Manche Juden legten aber mittlerweile keinen Wert auf die Heimkehr. Sie hatten sich in Babel gut eingerichtet. Die Fremde war zur Heimat geworden. Die Zurückkehrenden begannen auch nicht sofort mit dem Wiederaufbau des Tempels. Sie werden sich zunächst um die alten und neuen Besitzverhältnisse gekümmert haben. Schließlich kam es zum Wiederaufbau des von den Babyloniern zerstörten Tempels. Dieser Tempel wird „der zweite Tempel" genannt. Daß der Tempel von Grund auf neu errichtet wurde, ist unwahrscheinlich. Die Babylonier hatten zwar Stadt und Tempel zerstört. Das heißt aber nicht, daß sie peinlich genau jeden Stein abgetragen haben. Der Tempel wurde unbrauchbar gemacht. Vermutlich konnte er ohne allzugroßen Aufwand notdürftig instandgesetzt werden.

XI. Der Hellenismus in Israel

Wie angedeutet, besiegte Alexander das persische Reich. Nach seinem Tod wurde es unter den am Zug gegen die Perser beteiligten Generälen aufgeteilt. Diese „Nachfolger" werden „Diadochen" genannt und ihre Teilreiche „Diadochenreiche". In Ägypten regierte ein General namens Ptolemäus. Man spricht deshalb von dem Ptolemäerreich in Ägypten und von den Ptolemäern, wenn man die Herrscher in Ägypten meint. Der Raum mit dem Kernland Syrien wurde von dem General Seleukos übernommen. Entsprechend spricht man von dem Seleukidenreich und ihren Führern, den Seleukiden. Syrien und Ägypten waren die wichtigsten Diadochenreiche. Palästina wurde anfangs dem Ptolemäerreich zugeschlagen, später geriet es in den Machtbereich der Seleukiden.

Die Herrscher in diesen Teilreichen waren griechisch gebildet. Ihr Lebensstil war bestimmt von der modernen und aufgeklärten griechischen Kultur. Während des Alexanderzuges hatten sie auch einheimische kulturelle Traditionen in den besetzten Gebieten kennengelernt und zum Teil auch übernommen. In den Diadochenreichen entwickelte sich eine kulturelle Symbiose aus Griechentum, aus vorderasiatischen und lokalen Elementen. Im gesamten Vorderen Orient war Griechisch die Sprache der Mittel- und Oberschicht. Man könnte es mit der Verbreitung des Englischen in der Welt vergleichen. Kein Wunder, daß auch die Evangelien in dieser Weltsprache verfaßt wurden. „Hellenismus" ist die Bezeichnung für diese fast dreihundert Jahre dauernde Epoche. „Hellenen" ist eine Bezeichnung für die Griechen. Der Begriff „Hellenismus" macht deutlich, daß die griechische Kultur mit ihrer Baukunst, Philosophie und mit ihrem Götterpantheon die Richtung angab. Die anfängliche Herrschaft der Ptolemäer war relativ tolerant. Der moderne Lebensstil wurde niemanden aufgezwungen. Mit der Übernahme der Macht durch die Seleukiden änderten sich die Verhältnisse.

In einem nach griechischen Vorbildern errichteten Gymnasion mußten die jungen Männer nackt trainieren. Im Tempel wurde im Jahr 167 v. Chr. eine Statue des Zeus aufgestellt, des höchsten Gottes der Griechen. Weitere Tempel wurden zu Ehren fremder Götter gebaut. Die jüdischen Speisegesetze wurden aufgehoben. Die Beschneidung wurde verboten. Die biblischen Bücher sollten abgeliefert werden. Es war verboten, den Sabbat und andere jüdische Festtage zu begehen. Unter dem Seleukidenherrscher Antiochus IV. Epiphanes (175-164) erreichte die Hellenisierungswelle einen Höhepunkt. Manche begrüßten diese moderne Lebensauffassung. Andere bangten um den Verlust des Glaubens der Väter. Innerhalb des Judentums kam es zu Auseinandersetzungen zwischen den mehr traditionsbewußten Kreisen und den prohellenistisch orientierten. Es blieb nicht bei verbalen Konfrontationen. Die Urheber des Bösen sollten bekämpft werden. Und das war die syrische Besatzungsmacht. Ein Mann namens Mattatias scharte Widerstandskämpfer um sich. Einer seiner Söhne, Judas, erhielt wegen seiner Tapferkeit den Beinamen „Makkabäer", was man mit „Hammer" übersetzen kann. Nach dem Tod des Vaters 166 v. Chr. übernahm dieser Judas Makkabäus die Führung des Widerstandes. Der Name ging dann auf alle über, die sich gegen die hellenistischen Machthaber auflehnten. In der nichtbiblischen Literatur werden die Makkabäer „Hasmonäer" genannt. Der immer größer werdenden Gruppe gelang es, im Jahr 164 v. Chr. in Jerusalem einzumarschieren und die heidnischen Ausstattungsstücke aus dem Tempel zu entfernen. Dieser Erfolg war nur möglich, weil der syrische Herrscher Antiochus IV. in Kämpfe gegen die Parther im Osten involviert war. Um Jerusalem konnte er sich nicht gleichzeitig kümmern.

„Der Aufstand der Makkabäer verband religiöse mit sozialen Motiven, denn er kann als Aufstand der traditionalistischen Landbevölkerung gegen die hellenistisch akkulturierte Oberschicht der Stadt interpretiert werden. Dabei ging es

320

nicht um einen gesellschaftlichen Umsturz, sondern nur darum, zum alten Standard der sozialen Ordnung zurückzukehren. So fanden die Makkabäer schnell viele Mitstreiter."[22] Weiter: „So war das Ganze an sich zunächst ein innerjüdischer Konflikt zwischen traditioneller und hellenistischer jüdischer Lebensart, der auf die Hellenisierungspolitik der Seleukiden zurückging, die die Selbst-Hellenisierung der Untertanen gefördert hatten. Die Jerusalemer Oberschicht lebte ein an hellenistischen Standards orientiertes Leben (Import griechischer Luxuswaren) und bereitete die Umwandlung Jerusalems in eine griechische Polis vor, was der konservativen Landelite zuwider war."[23]

Heute erinnert das Chanukkafest an die Zeit der Makkabäer. Als der Hohepriester die Lichter am siebenarmigen Leuchter anzünden will, merkt er, daß das koschere Öl nicht für die nächsten sieben Tage reichen wird. Auf wunderbare Weise aber reicht das Öl. Heute werden acht Kerzen nacheinander im Lauf von acht Tagen angezündet. Die Kerze, mit der die anderen angezündet werden, hat den Namen „Shamas", Dienerkerze. Sie leuchtet am ersten Abend in der Nähe der ersten Kerze. Am letzten Abend leuchten also mit der Dienerkerze insgesamt neun Kerzen. Deshalb nennt man den Chanukkaleuchter im Unterschied zur siebenarmigen Menora auch den „achtarmigen Leuchter" bzw. den „neunarmigen", wenn man den Shamas mitzählt. Mindestens eine halbe Stunde lang sollen die Kerzen öffentlich sichtbar brennen und so den Sieg des Lichtes über die finsteren Mächte andeuten. – In unseren Breiten stellen auch Christen in der Adventszeit einen neunarmigen Leuchter auf. Den meisten ist vermutlich nicht bewusst, daß dieser Leuchter aus dem Ritus des Chanukkafestes entlehnt ist.

Den Makkabäern gelang es, 164 die hellenistische Herrschaft abzuschütteln und einen selbständigen Staat zu errichten, der sich immerhin bis 63 v. Chr. halten konnte. In diesem Jahr marschierten die Römer unter Pompeius in Jerusalem ein. In den beiden Makkabäerbüchern werden die

Auseinandersetzungen lebhaft geschildert. Wiederum sind diese biblischen Texte keine Kriegstagebücher. Sie sind später aufgeschrieben. Sie haben nicht den Zweck, etwas Vergangenes nur aus historischen Gründen kommenden Generationen zu übermitteln. Das Erzählte und später Aufgeschriebene soll etwas bewirken bei denen, die es hören und lesen. Ähnliche Krisen wie die in der hellenistischen Zeit kann es auch in Zukunft geben. Dann sollen die Menschen in solchen Geschichten Kraft zum Durchhalten finden.

Eine der ergreifendsten Geschichten aus den Anfängen des Makkabäeraufstandes ist die von der Witwe, die an einem Tag sieben Söhne verlor (2 Makk 7). Die Geschichte hat sich so sicher nicht ereignet. Aber sie enthält viel von den Problemen aus der Zeit der Makkabäer. Und – wie gesagt – die Erzählung will in den Lesern die Treue zum Glauben in schwierigen Zeiten stärken.

XII. Israel unter römischer Herrschaft

Eine neue Großmacht hatte sich inzwischen im Westen etabliert: Rom. Sizilien war das erste Gebiet außerhalb Italiens, das von Rom im Lauf des Ersten Punischen Krieges im 3. Jahrhundert vor Christus besetzt wurde. Nach den drei auch für Rom verlustreichen Punischen Kriegen wurden schließlich alle Völker rund um das Mittelmeer von Rom kontrolliert. Palästina wurde 63 v. Chr. von Pompeius dem Römischen Reich angegliedert. Drei Monate belagerte er die Stadt. Nach der Eroberung richtete er unter den Verteidigern ein entsetzliches Blutbad an. Er betrat das Allerheiligste im Tempel. Unter den Überlebenden mußte das wie ein nicht zu überbietender Frevel betrachtet werden, denn nur einmal im Jahr durfte der Hohepriester diesen Raum betreten.

Der im Neuen Testament im Zusammenhang mit dem Kindermord in Betlehem erwähnte Herodes wurde im Jahr 40 v. Chr. vom Senat in Rom zum König von Judäa und Samaria ernannt. Christen verbinden mit dem Namen Hero-

des den Kindermord zu Betlehem. Ob dieses Ereignis historisch ist, sei dahingestellt. Wenn nicht, ist die Geschichte
trotzdem wichtig. Sie sagt etwas aus über die Bedeutung
dieses Kindes Jesus. Wie viele berühmte Gestalten der
Geschichte sollte auch Jesus als Kind aus dem Weg geräumt
werden. In diesem Kontext ist die Ähnlichkeit mit Mose
wichtig. Auch er sollte getötet werden. Wenn Jesus zu den
Großen der Weltgeschichte gehört – nach dem Glauben der
Christen ist er noch viel mehr –, dann muß eine Verfolgungs-
geschichte von ihm erzählt werden. Wenn man den Bericht
„nur" historisch betrachtet, wird man sich über die Grau-
samkeit des Herodes ärgern und sich freuen, daß die Heilige
Familie mit dem Jesuskind entkommen konnte. Das aber ist
keine Botschaft. Wenn Lukas diese Geschichte erzählt, will
er etwas aussagen über die überragende Größe des Kindes.
Und er will sagen: Mit Jesus tritt ein neuer Mose auf. Denn
wie Mose kommt Jesus aus Ägypten. Deshalb muß er natürlich erst dorthin gelangen. Und das wird möglich durch die
Flucht nach Ägypten. Von dort kommt der neue und größere Mose in das Gelobte Land.

Eine Geschichte wie die vom Kindermord hätte durchaus
von Herodes befohlen sein können. Nachweislich war er
mißtrauisch. Mehrere Verwandte und angesehene Personen
in Jerusalem ließ er umbringen. Ein Menschenleben – außer
seinem eigenen – bedeutete ihm offensichtlich nichts. Jeder,
der seiner Macht gefährlich werden konnte, wurde aus dem
Weg geräumt.

Herodes war der größte Baumeister in der Geschichte Israels. Kein König vor ihm hat so viel gebaut wie er, nicht einmal Salomo. Bis heute gibt es viele archäologische Zeugnisse
in relativ gutem Zustand aus seiner Zeit. Kürzlich erst, im
Jahr 2007, hat man sein Grab entdeckt auf einem von ihm
künstlich aufgeschütteten Berg in der Nähe von Betlehem.
An einem Hang des schwerzugänglichen, weil steil aufra-
genden Berges Massada in der Nähe des Toten Meeres ließ
er drei übereinanderliegende Wohnterrassen anlegen. Bei

Jericho kann man die Fundamente eines riesigen Palastes sehen. „Winterpalast" wird er genannt, weil dieser Ort einige hundert Meter unter dem Meeresspiegel gerade im Winter wegen des warmen Klimas zum Verweilen einlud. Die Festung Machärus östlich vom Toten Meer ist sein Werk. Vermutlich wurde Johannes der Täufer hier gefangengehalten und umgebracht. Die Hafenstadt Cäsarea am Mittelmeer ist seine Gründung. Sie wurde mit einem wichtigen Hafen versehen und war Sitz des römischen Prokurators. Ein Stein mit dem Namen des Pilatus wurde hier gefunden. Sein größtes Werk war die Erweiterung und Verschönerung des Tempels in Jerusalem. Dieser „zweite Tempel" war bekanntlich von den Heimkehrern aus der Babylonischen Gefangenschaft errichtet. Er muß bescheiden gewesen sein. Herodes baute ihn gigantisch aus. Erhalten ist die Westmauer, von vielen auch „Klagemauer" genannt. Es ist eine weit vor dem eigentlichen Tempelgebäude liegende Stützmauer des Geländes. Seit einigen Jahrzehnten kann man an der Westmauer unteririsch entlanggehen. Man kommt nach einigen hundert Metern am Beginn der Via Dolorosa wieder ans Tageslicht. Beeindruckend sind die gewaltigen Steinblöcke in der Mauer, die man bei diesem Gang sieht. Viele sind länger als zehn Meter. Neben- und übereinandergelegt bilden sie die Stützmauer des Tempelberges. Noch einmal: Was heute als Klagemauer sichtbar ist, ist ein Teil dieser sich – heute – unterirdisch fortsetzenden Stützmauer. Die Burg Antonia an einer Ecke des Tempelplatzes ist ebenfalls ein Werk des Herodes.

„Herodes erhielt den Beinamen ‚der Große', der ihn nicht nur von Nachfolgern mit demselben Namen unterscheiden sollte, sondern er verdiente auch diesen Titel. Nicht nur ist in diesem Zusammenhang seine Bautätigkeit zu erwähnen. Er kümmerte sich auch um das Wohl des Volkes. Der Bau von Bewässerungsanlagen machte eine bessere Bodennutzung möglich. Handel und Wirtschaft nahmen einen Aufschwung. Beim Ausbruch einer Hungersnot 25/24 v. Chr. bemühte er sich um eine Linderung der Not durch Getreideimport und Steuererlaß. Er setzte sich für die Juden in der Diaspora ein, um sie vor Übergriffen zu schützen. Aber Herodes kam im Volk nicht an. Er ist immer ungeliebt geblieben. Seine idumäische Abstammung, seine Freundschaft mit der römischen Fremdherrschaft, seine despotische und autokratische Gewaltherrschaft und seine hellenistische Gesinnung stießen auf Ablehnung. Er machte Griechisch zur offiziellen Sprache seines Königreiches, eine Entscheidung, die kleine Leute und die Landbevölkerung von der Entwicklung ausschloss. Außerdem gewann er seine Anhängerschaft überwiegend aus der Schicht der reichen Großgrundbesitzer, eine Politik, der die arme Landbevölkerung ablehnend gegenüberstand."[24] Herodes starb im Jahre 4 v. Chr. in Jericho und wurde im Herodion, dem erwähnten künstlich erhöhten Berg bei Betlehem, beigesetzt. Im Jahr 2007 wurde sein Grab dort entdeckt.

Das von Herodes dem Großen beherrschte Gebiet wurde unter seinen Söhnen Archelaus, Antipas und Philippus aufgeteilt. Herodes Antipas erhielt Galiläa. Wenn im Neuen Testament Herodes erwähnt wird, ist – mit Ausnahme des Kindermordes – dieser Herodes Antipas gemeint. Er gründet die Stadt Tiberias am Westufer des Sees Gennesaret zu Ehren des römischen Kaisers Tiberius (14-37 n. Chr.).

Einige Jahrzehnte nach dem Tod des Herodes Antipas (39 n. Chr.) gab es zwei Aufstände gegen die römische Besatzung. Der erste jüdische Aufstand dauerte von 66-70. Es gab zwei antirömische Gruppierungen, die Zeloten (= Eiferer) und die Sikarier. Die Sikarier trugen einen Dolch unter ihrem Gewand, für alle Fälle. „Sica" heißt „der Dolch". Hohe Steuerlasten, die Bereicherung der Prokuratoren, die Plünderung des Tempelschatzes führten schließlich zu der wirtschaftlich und religiös motivierten Erhebung gegen die Besatzung. Kaiser Nero schickte Flavius Vespasian, einen seiner fähigsten Feldherrn, nach Palästina. In seiner Begleitung war sein Sohn Titus. Als Vespasian von seinen Soldaten im

Jahre 69 zum Kaiser ausgerufen wurde, begab er sich nach Rom, wo nach dem Tod Neros großes politisches Chaos herrschte. Die Eroberung Jerusalems überließ er seinem Sohn Titus. Im Jahr 70 rückte er in Jerusalem ein. Die Stadt wurde zerstört, der Tempel geplündert und dann in Flammen gesetzt. In einem Durchgangsrelief am Titusbogen in Rom kann man heute noch einige der wertvollsten Beutestücke sehen: den Siebenarmigen Leuchter und silberne Trompeten.

Einige jüdische Kämpfer hatten sich auf die angeblich uneinnehmbare Festung Massada am Toten Meer zurückgezogen. Diese wurde vier Jahre später vom römischen Feldherrn Flavius Silva eingenommen. Er ließ eine gewaltige Rampe bis an die Mauer oben auf dem hochgelegenen Bergplateau aufschütten. So konnte er die Belagerungsmaschinen bis an die Mauer heranfahren. Massada wurde im Jahre 74 n. Chr. erobert. Damit war der erste jüdische Aufstand vollständig beendet. Man kann also die Spanne des Aufstandes angeben mit 66-70 oder 66-74.

Die Geschichte von der Selbsttötung der Juden auf Massada in der ausweglosen Situation vor dem Anrücken der Römer wird von israelischen Archäologen auf Grund neuerer Forschungen für nicht wahrheitsgetreu gehalten. Flavius Josephus, der die Geschichte berichtet, hat eine Selbsttötung, die sich tatsächlich ähnlich in Galiläa ereignet hat, nach Massada verlegt.

Die Schriftrollen von Qumran wurden vermutlich vor den nahenden römischen Truppen in den umliegenden Höhlen in Sicherheit gebracht.

Ein zweiter Aufstand gegen die Römerherrschaft brach unter dem Anführer Simon Bar Kochba (= Sternensohn) im Jahr 132 n. Chr. aus. Er dauerte bis 135. Manche sahen in ihm den verheißenen Messias, der die Römer vertreiben würde. Anfangs war den Aufständischen Erfolg beschieden. Jerusalem konnte besetzt werden. Auch vom Umland fielen viele Gebiete in die Gewalt des Bar Kochba. Er ließ sogar Münzen prägen mit der Aufschrift „Simon, der Fürst von Israel". Solche Erfolge und solche Formulierungen auf Münzen sind Ausdruck eines königlich-messianischen Anspruchs. Das Volk mußte in Begeisterung geraten, nicht aber die Römer. Solche Selbständigkeitsbestrebungen ohne Rücksprache und Duldung durch Kaiser und Senat konnten sie nicht zulassen. Kaiser war damals Hadrian (117-138). Im Jahr 135 befreiten seine Truppen Jerusalem von den Aufständischen. Bar Kochba verlor im Kampf sein Leben. Damit war der drei Jahre dauernde zweite jüdische Aufstand zu Ende. Hadrian griff hart durch. Er wollte endlich Ruhe in diesem Teil des Imperiums haben. Viele Aufständische wurden getötet, andere als Sklaven verkauft. Auf dem Tempelplatz wurde eine Reiterstatue Hadrians aufgestellt. Römische Götter wurden verehrt. Alle Juden mußten Jerusalem verlassen. Es wurde ihnen unter Androhung der Todesstrafe untersagt, die Stadt zu betreten. Später wurde der Erlaß etwas gelockert. Die Stadt erhielt einen anderen Namen: Aelia Capitolina. Namensänderung bedeutet Auslöschung der früheren Existenz. Die Stadt erhält mit dem anderen Namen einen neuen Akzent.

XIII. Israel unter byzantinischer Herrschaft

Im Römischen Reich wuchs die Zahl der Christen. Ein für alle Christen wichtiges Datum war das Jahr 313. Kaiser Konstantin erlaubte allen Christen die freie Ausübung ihres Glaubens. Das Christentum wurde zur „religio licita", zur „erlaubten Religion", erklärt. Einige Jahrzehnte später, im Jahr 380, wird das Christentum von dem christlichen Kaiser Theodosius zur Staatsreligion im Römischen Reich erklärt. Konstantin hatte seine Hauptresidenz und den gesamten Regierungsapparat in die Stadt Byzanz verlegt. Nun erhält sie den Namen Konstantinopel. Palästina mit all den biblischen Stätten gehörte seit Pompeius zum Römischen Reich. Der Kaiser ließ beeindruckend große Kirchen an verschiedenen biblischen Orten bauen, z. B. in Jerusalem, Betlehem, und Ephesus. Das Pilgerwesen blühte. Reliquien wurden von den heiligen Orten mitgenommen. Ein großes „Sammellager" für Reliquien aller Art gab es natürlich in der Hauptstadt. Viele kostbare Reliquien gelangten in den Westen. Was man nicht geschenkt bekam, wurde beim vierten Kreuzzug 1204 aus Konstantinopel geraubt und kam so in den Westen.

Nach einer ersten Welle großer Kirchbauten unter Kaiser Konstantin wurden in den folgenden Jahrhunderten, in der byzantinischen Zeit, Hunderte von Kirchen und Klöstern errichtet. Die Kaiser in Konstantinopel bekannten sich zum christlichen Glauben. Nur Kaiser Julian (361-363) versuchte, die römischen Götter und deren Verehrung wieder zu etablieren. Wegen seines frühen Todes während eines Feldzuges gegen die Perser blieb ihm der Erfolg versagt. Heute sieht man noch an vielen biblischen Orten Fußbodenmosaike aus Kirchen des 6. Jahrhunderts. Die meisten sind mit dem Namen des oströmischen Kaisers Justinian verbunden. Unter seiner Regierung (527-565) gab es eine Flut von Neubauten. Die biblischen Orte im Vorderen Orient gehörten zu seinem Reichsgebiet. Damals war es üblich, Fußböden in Kirchen zu mosaizieren. Auch die Böden der Wohnungen von Angehörigen der Oberschicht waren mit Mosaiken geschmückt.

Eine dritte Welle von Kirchbauten gab es unter den Kreuzfahrern. Da die Bauherren Ritter aus den westeuropäischen Ländern waren, wirken diese Kirchen auf Besucher aus Westeuropa sehr vertraut. Die St.-Anna-Kirche hinter dem Stefanstor in Jerusalem oder die Kirche in Abu Ghosch könnten auch als romanische Kirche in Deutschland oder Frankreich stehen. Der Abendmahlssaal erhielt in der Kreuzfahrerzeit ein gotisches Kreuzrippengewölbe. Wenn man unvorbereitet diesen gotischen Raum aus dem 13. Jahrhundert betritt, kann es Irritationen geben. Ein prächtiges gotisches Gewölbe im Abendmahlssaal? Die Grabeskirche in Jerusalem wurde zwar unter Konstantin erbaut, erhielt aber ihr heutiges Aussehen durch Umbauten in der Kreuzfahrerzeit. Neben den genannten drei Zeiten reger Bautätigkeit von Sakralarchitektur – konstantinische, byzantinische und Kreuzfahrerepoche – sollten auch die vielen Kirchen erwähnt werden, die im 19. und Anfang des 20. Jahrhunderts an vielen biblischen Orten gebaut wurden und als Gottesdiensträume noch in Funktion sind. Darüber hinaus stehen in Jerusalem zum Teil große Nationalkirchen. Die christlichen Länder erwarben Grundstücke in Jerusalem und bauten dort repräsentative Kirchen. Die evangelischen Christen von Deutschland haben ein paar Schritte von der Grabeskirche entfernt eine eigene Kirche. Die Katholiken erhielten das Gelände auf dem Sion, wo nach der Jerusalemer Tradition die Gottesmutter entschlafen sein soll. Die Russen haben einen großen Kirchenkomplex in Jerusalem, die Anglikaner und die Äthiopier.

XIV. Die Kreuzfahrerzeit

Im 7. Jahrhundert bereits wurde Jerusalem von den Muslimen erobert. Im Jahr 1009 zerstörte der Kalif al-Hakim die Grabeskirche in Jerusalem. Im Jahr 1071 verlor der byzantinische Kaiser Romanos IV. die Schlacht von Mantzikert gegen die muslimischen Seldschuken. Einer seiner Nachfolger, Alexios I., bittet den christlichen Westen um Hilfe. Daraufhin ruft Papst Urban II. auf einer Synode im französischen Clermont 1095 die christlichen Ritter aus Europa auf, Jerusalem aus den Händen der Muslime zu befreien.

Man erkennt, daß sich das Ziel etwas verschoben hat. Der byzantinische Kaiser brauchte Hilfe gegen die Seldschuken in Kleinasien, der Papst rief zur Befreiung Jerusalems auf. Sein Aufruf fand ein begeistertes Echo. Im Jahr 1096 brach das Heer auf. Die Teilnehmer konnten sich über mehrere Privilegien freuen: Ihr Eigentum und ihre Familien durften nicht angetastet werden, während sie auf dem Marsch in den Orient waren. Was besonders wichtig war: Sie erhielten Ablässe. Leider wurden schon beim ersten Kreuzzug viele jüdische Gemeinden besonders im Rheinland angegriffen. Unerleuchtete Personen wollten so die Feinde des Christentums bereits hier in der Heimat bekämpfen.

Das erste Kreuzfahrerheer erreichte Jerusalem Ende Juli 1099. Die Stadt wurde nach heftigen Anstrengungen erobert. Ein schlimmes Blutbad wurde unter der Bevölkerung angerichtet. Sie setzten sich im Vorderen Orient fest und gründeten mehrere Reiche: Tripolis, Edessa, Antiochia und Jerusalem. Die Strukturen in der heimischen Bevölkerung ließen sie weitgehend unangetastet. Es ist erstaunlich, daß sich die dünne Schicht der Kreuzfahrer überhaupt etablieren konnte. Ihnen kam zugute, daß die muslimischen Herrscher damals untereinander zerstritten waren. Aber das sollte nicht so bleiben.

Im Jahr 1187 schlug der wegen dieses Sieges wohl bekannteste islamische Feldherr Saladin die Kreuzfahrer auf den Höhen von Hattin westlich vom See Gennesaret. Er lockte die Kreuzfahrer in ihren schweren Kettenhemden am hellen Tage bei größter Hitze in den Kampf und siegte. Auch bei Berücksichtigung aller Legendenbildungen um Saladin muß man ihm taktische Geschick und Milde gegenüber den Besiegten zugestehen. Mit „clementia", mit „Milde" gegenüber den Unterworfenen, zierten sich schon die römischen Kaiser.

Offiziell werden sieben Kreuzzüge in den Orient gezählt. Zweihundert Jahre dauerte die Kreuzfahrerperiode. Viele Burgen wurden errichtet. Krak des Chevaliers in Syrien ist die am besten erhaltene Burg. Ebenfalls gut erhalten ist die im jordanischen Kerak. In Israel zeugen die beeindruckenden Burgruinen Montfort und Nimrud von der Bautätigkeit der Kreuzfahrer.

Auf Dauer war es für die kleine Gruppe europäischer Ritter unmöglich, sich als Herren im Vorderen Orient zu behaupten. Das Thema Kreuzfahrer hinterläßt einen bitteren Beigeschmack. Besonders der vierte Kreuzzug 1204 ist bei den orthodoxen Christen in schlechter Erinnerung. Die Kreuzfahrer plünderten die Stadt Konstantinopel und setzten sich bis 1261 in dieser christlichen Residenzstadt der römischen Kaiser fest. Der Kaiser mußte fliehen. Bis 1261 war Konstantinopel dann ein lateinisches Kaiserreich. In diesem Jahr konnte der rechtmäßige Kaiser die Stadt den „Lateinern" entreißen. Sie existierte bis 1453 unter diesem Namen als christliche Hauptstadt des verbliebenen römischen Reiches weiter. Am 29. Mai 1453 eroberte Mehmet die Stadt. Von diesem Tag an heißt sie Istanbul.

Unter militärischen Aspekten war eigentlich nur der erste Kreuzzug ein Erfolg. Danach ging es merklich bergab. Als letztes Bollwerk fiel im Jahr 1291 die schwer befestigte Hafenstadt Akko am Mittelmeer. Damit endet die Periode der Kreuzfahrer.

XV. Die Staatsgründung 1948 und die Entwicklung bis zur Gegenwart

Jahrhundertelang war der Vordere Orient Teil des Osmanischen Reiches mit der Hauptstadt Istanbul. Nach dem Ersten Weltkrieg wurde er Kolonialgebiet besonders für Engländer und Franzosen. Die Mehrheit der Bevölkerung stellten die Araber. Um 1900 entstand in Europa die Zionistische Bewegung. Ihr Führer war Theodor Herzl. Ziel dieser Bewegung war es, so bald wie möglich für Juden aus aller Welt in Palästina einen selbständigen Staat zu errichten. In der nach dem damaligen Außenminister Balfour benannten „Balfour-Deklaration" von 1917 sagt die britische Regierung zu, „die Schaffung einer nationalen Heimstätte für das jüdische Volk" zu unterstützen. Gleichzeitig wurde auch den Arabern für die Hilfe im Ersten Weltkrieg die Gründung eines panarabischen Reiches versprochen. Wegen der nationalsozialistischen Schreckensherrschaft in Deutschland ab 1933 verlassen viele Juden Deutschland und flüchten nach Palästina.

Die britische Regierung beschränkt ab 1939 die Einwanderung und den Landkauf. Es kommt zu Kämpfen zwischen zionistischen Militäreinheiten und der britischen Militärverwaltung. Am 29. November 1947 empfiehlt die Vollversammlung der Vereinten Nationen (UN), Palästina in einen arabischen und einen jüdischen Staat zu teilen. Einen Tag vor Ablauf des britischen Mandats proklamiert Ben Gurion in der Nacht vom 14. zum 15. Mai den unabhängigen Staat Israel. Am Tag des 15. Mai greifen die Armeen Ägyptens, Jordaniens, Syriens, des Irak und des Libanon den gerade erst einen halben Tag alten Staat Israel an. Die israelische Armee konnte sich nach anfänglichen Schwierigkeiten behaupten. Es kam 1949 zur Unterzeichnung von Waffenstillstandsverträgen. 1956 greift Israel mit französischer und britischer Unterstützung Ägypten an. Im Sechs-Tage-Krieg vom 5.-10. Juni 1967 führt Israel einen Präventivschlag durch gegen die Luftstreitkräfte Ägyptens, Jordaniens, Syriens und des Irak. Die bis dahin geteilte Stadt Jerusalem mit einem einzigen Übergang am Mandelbaumtor wird eingenommen, ebenfalls das Westjordanland, der Gazastreifen, die Sinaihalbinsel und die Golanhöhen. Am 22. November 1967 verlangt der UN-Sicherheitsrat in der Resolution 242 den Rückzug der israelischen Streitkräfte aus den besetzten Gebieten. Ein weiterer Krieg folgt vom 6.-26. Oktober 1973. Er hat den Namen Jom-Kippur-Krieg. So heißt der große Versöhnungstag. Er wird immer an einem Sabbat als Tag der Einkehr, der Umkehr und der Versöhnung mit Gott und den Mitmenschen gefeiert. Alle Kriege hat Israel gewonnen, jedoch nicht ohne viele Opfer in der Zivilbevölkerung und in den Streitkräften.

Es gibt noch viele ungelöste Fragen. Die Palästinenser warten auf die Gründung eines eigenen Palästinenserstaates. Bis heute gibt es im Vorderen Orient noch Flüchtlingslager für Palästinenser. Das Problem einer finanziellen Entschädigung der geflohenen Flüchtlinge oder der möglichen Rückkehr in ihre Heimat, die nun von Israel besetzt ist, gehört zu den

Problemen, die vor der Gründung eines selbständigen Palästinenserstaates gelöst werden müssen. Wo werden die Grenzen verlaufen zwischen Israel und Palästina? Wie wird der Status von Jerusalem sein? Wann hört die Hamas im Gazastreifen auf, israelische Städte mit Raketen zu beschießen? Wann stoppt Israel den Bau von Siedlungen auf palästinensischem Gebiet? Welche Auswirkungen wird die wachsende Zahl von palästinensischen Israelis auf Dauer auf den Staat Israel haben? – Zum Glück gibt es schon Gruppen auf beiden Seiten, die vorleben, dass ein friedliches Miteinander möglich, notwendig und alternativlos ist.

Anmerkungen

[1] Miranda, S. 46
[2] Kinet, S. 207/08
[3] ebd., S. 230
[4] ebd., S. 219
[5] Miranda, S. 47
[6] ebd., S. 49
[7] Moenikes, S. 62
[8] ebd., S.53
[9] Miranda, S. 64
[10] ebd., S. 65
[11] Moenikes, S. 65
[12] Kinet, S. 62
[13] ebd., S. 63
[14] ebd., S. 67
[15] Miranda, S. 101
[16] ebd., S. 102
[17] ebd., S. 97
[18] ebd., S. 105
[19] ebd., S. 105/106
[20] ebd., S. 111
[21] ebd., S. 143
[22] Berlejung, S. 178
[23] ebd., S. 178
[24] Miranda, S. 175

Literatur

Albertz, Rainer, Religionsgeschichte Israels in alttestamentlicher Zeit 1, Göttingen 1992

Berlejung, Angelika, Geschichte und Religionsgeschichte des antiken Israel, in: Gertz, Jan Christian (Hg.) u. a., Grundinformation Altes Testament. Eine Einführung in Literatur, Religion und Geschichte des Alten Testaments, Göttingen 2006

Donner, Herbert, Geschichte des Volkes Israel und seiner Nachbarn in Grundzügen, 2 Bd., Göttingen 1984

Kinet, Dirk, Geschichte Israels, in: Die Neue Echterbibel, Ergänzungsband 2 zum Alten Testament, Würzburg 2001

Miranda, Juan Peter, Kleine Einführung in die Geschichte Israels, Stuttgart 2002

Moenikes, Ansgar, Der sozial-egalitäre Impetus der Bibel Jesu und das Liebesgebot als Quintessenz der Tora, Würzburg 2007

Benutzte Literatur

Albertz, Rainer, Religionsgeschichte Israels in alttestamentlicher Zeit, Göttingen 1992

Arenhovel, D., Erinnerungen an die Väter, Reihe Stuttgarter kleiner Kommentar, Bd. 2, Stuttgart 1976

Buber, M., Schriften zur Bibel, München 1964

Bultmann, R., Das Evangelium des Johannes, Göttingen 1964

Butzkamm, Aloys, Christliche Ikonographie. Zum Verstehen mittelalterlicher Kunst, Paderborn, 2. überarbeitete Auflage 2001

Crüsemann, F., Bewahrung der Freiheit. Das Thema des Dekalogs in sozialgeschichtlicher Perspektive, München 1983

De Vries, S. Ph., Jüdische Riten und Symbole, Wiesbaden ²1982

Evangelisch-Katholischer Kommentar zum Neuen Testament, Hg. Josef Blank, Rudolf Schnackenburg, Eduard Schweizer und Ulrich Wilckens, Bd. I,1, Zürich 1985

Gotteslob, Katholisches Gebet- und Gesangbuch, Stuttgart, Paderborn 1975

Haag, H. (Hg.), Bibel-Lexikon, Zürich, Köln 1951

Lohfink, G., Die Himmelfahrt Jesu – Erfindung oder Erfahrung, Stuttgart 1972

Neue Jerusalemer Bibel, Freiburg, Basel, Wien ⁷1995

Neues Bibellexikon, Hg. M. Görg und B.-Lang, Würzburg 1991

Praktisches Bibelhandbuch, Wortkonkordanz, Stuttgart ¹²1984

Rad, G. v., Das Alte Testament Deutsch. Das erste Buch Mose, Göttingen ¹⁰1976

Regensburger Neues Testament, Hg. A. Wikenhauser und O. Kuss, Bd. 4, Regensburg ²1957

Röwekamp, G., Israel, Freiburg 1994

Schmidt, W.-H., Alttestamentlicher Glaube, Neukirchen ⁸1996

Schnackenburg, R., Die Bergpredigt. Utopische Vision oder Handlungsanweisung?, Düsseldorf ²1984

Schwikart, G., und Wanzura, W. (Hg.), Die großen Gebete: Juden, Christen, Muslime, Graz, Wien, Köln 1996

Schürmann, H., Das Gebet des Herrn, Bautzen 1957

Shire, M. (Hg. und Kommentator), Die Pessach Haggada, München 1998

Weidinger, E., Die Apokryphen – Verborgene Bücher der Bibel, Aschaffenburg 1985

Welt und Umwelt der Bibel – Archäologie und Geschichte, Nr. 6 (1998)

Wilckens, U., Das Evangelium nach Johannes, Göttingen [17]1998
Zenger, E., Das Buch Ruth, Zürich [2]1992
Zenger, Erich, Das Erste Testament, Düsseldorf [3]1993

Index

Schriftstellen

Orte, Personen, Sachen

Abbildungsnachweis

Farbtafeln: Abb. 1, 2, 5, 6, 7, 11, 12, 13, 14, 15, 17, 20 (Wolfgang Aufenanger); Abb. 3, 16 (Rudolf Kohl); Abb. 4, 18, 22 (Willi Pollmann); Abb. 8, 9, 10, 19 (Helmut Daniels); Abb. 21 (Aloys Butzkamm), Abb. 23 (aus: L. Pacomio / P. Vanetti (Hg.), Kleiner Bibelatlas. Geschichte, Geographie, Archäologie der Bibel, Paderborn (Bonifatius) 1987.

Ikonen – eine fremde Welt ?

Was Sie schon immer dazu wissen wollten!

Aloys Butzkamm

Faszination Ikonen

239 Seiten. 45 Farbabbildungen.
Gebunden
ISBN 978-3-89710-356-6

Ikonen üben auf uns westliche Christen oft eine starke Faszination aus, aber verstehen wir auch ihre Bedeutung? Die Gottesmutter mit drei Händen, Christophorus mit einem Hundekopf – derartige Ikonenabbildungen sind für den Betrachter oft ein fremdes Phänomen.
Kompetent, verständlich und gut lesbar erschließt der Autor, der als Theologe und Kunsthistoriker zugleich ein Glücksfall für ein solches Thema ist, die Welt der Ikonen. Die Lektüre verspricht reichen Gewinn, aus Fremdheit wird Vertrautheit. Darüber hinaus gewinnt der Leser, die Leserin einen Einblick in die Entwicklung der Ostkirchen.

Ein künstlerisch-theologisches Lesevergnügen, nicht nur für alle Griechenland- oder Türkei-Reisenden, die mehr Hintergrundinformationen wollen!

Im Buchhandel erhältlich

Druck · Buch · Verlag

Von Aloys Butzkamm liegen vor:

Wer glaubt was?
Religionsgemeinschaften im Heiligen Land
1998. 232 Seiten.
30 s/w-Abbildungen. Kartoniert
ISBN 978-3-89710-021-3

Im Namen Allahs, des Allbarmherzigen
Eine kleine Einführung in den Islam
2002. 121 Seiten.
74 Vierfarbabbildungen. Kartoniert
ISBN 978-3-89710-234-7

Ein Tor zum Paradies
Kunst und Theologie auf der Bronzetür des
Hildesheimer Domes
2004. 162 Seiten. 18 s/w-Abbildungen und
Gesamtansicht als Farbbeilage. Gebunden
ISBN 978-3-89710-275-0

Faszination Ikonen
2006. 239 Seiten.
45 Vierfarbabbildungen. Gebunden
ISBN 978-3-89710-356-6

Mit der Bibel im Heiligen Land
Überarbeitete Neuauflage
344 Seiten. 16 Seiten Farbabbildungen.
Kartoniert
ISBN 978-3-89710-401-3

Im Buchhandel erhältlich

BONIFATIUS
Druck · Buch · Verlag